O futuro de Deus
na missão da esperança

COLEÇÃO INTERFACES
- *A mística do coração: a senda cordial de Ibn 'Arabi e João da Cruz* – Carlos Frederico Barboza de Souza
- *Educar para a sabedoria do amor: a alteridade como paradigma educativo* – Luís Carlos Dalla Rosa
- *O futuro de Deus na missão da esperança: uma aproximação escatológica* – Celso Kuzma
- *Libertação e ecologia: a teologia teoantropocósmica de Leonardo Boff* – Paulo Agostinho N. Baptista

Cesar Kuzma

O futuro de Deus na missão da esperança
Uma aproximação escatológica

Paulinas

Dados Internacionais de Catalogação na Publicação (CIP)
(Câmara Brasileira do Livro, SP, Brasil)

Kuzma, Cesar
   O futuro de Deus na missão da esperança : uma aproximação escatológica / Cesar Kuzma. – São Paulo : Paulinas, 2014. – (Coleção interfaces)

   ISBN 978-85-356-3776-2

   1. Escatologia 2. Esperança - Aspectos religiosos – Cristianismo 3. Moltmann, Jürgen, 1926   4. Reino de Deus – Doutrina bíblica 5. Ressurreição 6. Teologia 7. Teologia da libertação I. Título. II. Série.

14-04661   CDD-234.25

Índice para catálogo sistemático:
1. Esperança : Teologia sistemática : Cristianismo   234.25

1ª edição – 2014
1ª reimpressão – 2014

Direção-geral: Bernadete Boff
Conselho Editorial: Dr. Afonso M. L. Soares
   Dr. Antonio Francisco Lelo
   Ir. Maria Goretti de Oliveira
   Dr. Matthias Grenzer
   Dra. Vera Ivanise Bombonatto
Editores responsáveis: Vera Ivanise Bombonatto e
   Afonso M. L. Soares
Copidesque: Mônica Elaine G. S. da Costa
Coordenação de revisão: Marina Mendonça
Revisão: Equipe Paulinas
Gerente de produção: Felício Calegaro Neto
Projeto gráfico: Telma Custódio
Diagramação: Jéssica Diniz Souza

Nenhuma parte desta obra poderá ser reproduzida ou transmitida por qualquer forma e/ou quaisquer meios (eletrônico ou mecânico, incluindo fotocópia e gravação) ou arquivada em qualquer sistema ou banco de dados sem permissão escrita da Editora. Direitos reservados.

Paulinas
Rua Dona Inácia Uchoa, 62
04110-020 – São Paulo – SP (Brasil)
Tel.: (11) 2125-3500
http://www.paulinas.org.br – editora@paulinas.com.br
Telemarketing e SAC: 0800-7010081
© Pia Sociedade Filhas de São Paulo – São Paulo, 2014

Com amor, à minha esposa Larissa.
Com esperança, aos meus filhos, Julia e Daniel.

Sumário

Agradecimentos 9

Siglas e abreviaturas 11

Prefácio 15

Introdução 17

1. O futuro de Deus na missão da esperança 29

    1.1. O futuro de Deus 33

    1.2. A missão da esperança 52

    1.3. Reflexões conclusivas 76

2. A esperança cristã na Teologia da Esperança de Jürgen Moltmann 79

    2.1. Acenos teobiográficos de Jürgen Moltmann 79

    2.2. A Teologia da Esperança e a sua escatologia 101

    2.3. A Teologia da Esperança e o anúncio da esperança hoje 128

    2.4. Reflexões conclusivas 133

3. A Teologia Latino-Americana da Libertação: nosso ponto de aproximação com a Teologia da Esperança de Jürgen Moltmann 139

    3.1. A Teologia Latino-Americana da Libertação 142

    3.2. A Teologia da Esperança de Jürgen Moltmann e a Teologia Latino-Americana da Libertação 183

    3.3. Reflexões conclusivas 191

4. O futuro de Deus na missão da esperança: consequências teológicas do estudo apresentado 195

    4.1. A Teologia da Esperança de Jürgen Moltmann em aproximação com a Teologia Latino-Americana da Libertação no contexto atual 196

4.2. Consequências teológicas da aproximação entre a Teologia
da Esperança de Jürgen Moltmann e a Teologia Latino-Americana
da Libertação 200

5. Conclusão 209

6. Referências bibliográficas 213

Agradecimentos

A Deus, fonte de nossa esperança.

A minha esposa Larissa, que comigo descobriu na esperança uma fonte segura e íntima de relação no amor. Agradeço, também, à pequena Julia, que tornou nova as nossas vidas; e ao pequenino Daniel, que encheu a nossa casa e a nossa vida de esperança.

A todos os meus familiares, de modo especial, ao meu pai Silvio Augusto, que a cada dia desperta em força e esperança, e a minha mãe Dirce, que desde cedo me incentivou nos caminhos da fé e que hoje já contempla a face amorosa do Deus que sempre nos apresentou. A minha mãe, amor e saudade.

A minha orientadora, Profa Lina Boff. Seu carinho, bondade, dedicação e amizade foram imprescindíveis para a realização deste trabalho. Obrigado! Em seu nome, agradeço às irmãs de sua residência que sempre nos acolheram com carinho e atenção.

Agradeço ao Prof. Abimar Oliveira de Moraes, pelo seu importante trabalho ante a coordenação do Programa de Pós-graduação em Teologia da PUC-Rio. Obrigado pelas orientações e amizade.

Meus sinceros agradecimentos aos professores e professoras, funcionários e funcionárias, alunos e alunas do Departamento de Teologia da PUC-Rio. A amizade por vocês depositada é uma marca que trarei para sempre nas lembranças de minha vida.

À PUC-Rio, pelos auxílios concedidos, sem os quais este trabalho não poderia ter sido realizado.

Minha gratidão à SOTER e à Editora Paulinas pela iniciativa deste Prêmio de incentivo à pesquisa na área de Ciências da Religião e Teologia, e pela oportunidade de publicar nesta prestigiosa coleção *Interfaces*.

Agradeço ao Prof. Mário Antonio Sanches e em seu nome a todos os colegas do Curso de Teologia da PUCPR pelo apoio e incentivo que deles recebi, bem como pela amizade e pelas relações que se construíram durante os sete anos que passei nesta Universidade.

Agradeço ao Prof. Jürgen Moltmann pela simplicidade e paciência com que sempre nos atendeu durante suas passagens pelo Brasil, especificamente no ano de

2008 e em 2011. Suas palavras e orientações foram de grande valia para este trabalho. Agradeço também ao Prof. Levy Bastos, do Instituto Bennett do Rio de Janeiro, pela sua dedicação e atenção durante as visitas de Moltmann ao Brasil.

Agradeço à Profa Monika Prettenthaler, da Graz Universität, na Áustria, pelo envio dos livros de Jürgen Moltmann em idioma alemão.

Agradeço ao Prof. Ulrich Jager, do Goethe Institut de Curitiba, pelas aulas particulares no idioma alemão e ajuda na tradução, redação e interpretação de textos. Em seu nome agradeço aos demais professores do Goethe Institut.

A todos os amigos e amigas que pude fazer neste período de estudos no Rio de Janeiro. Para estes os meus mais profundos agradecimentos.

Àqueles e àquelas que durante toda a minha vida sempre foram referências e exemplos, na vida, na academia e na pastoral.

Siglas e abreviaturas

AG	*Ad gentes* – Documento Vaticano II
ASETT/EATWOT	Associação Ecumênica de Teólogos do Terceiro Mundo
CEBs	Comunidades Eclesiais de Base
CELAM	Conselho Episcopal Latino-Americano
CLAR	Confederação Latino Americana dos religiosos e religiosas
CNBB	Conferência Nacional dos Bispos do Brasil
CRB	Conferência dos Religiosos do Brasil
CT	Consequências teológicas
DAp	Documento de Aparecida
DM	Documento de Medellín
DP	Documento de Puebla
DV	*Dei verbum* – Documento Vaticano II
FMTL	Fórum Mundial de Teologia e Libertação
GS	*Gaudium et spes* – Documento Vaticano II
ISAL	Iglesia y Sociedad en América Latina
LG	*Lumen gentium* – Documento Vaticano II
REB	Revista Eclesiástica Brasileira
SOTER	Sociedade de Teologia e Ciências da Religião
TdE	Teologia da Esperança
TdL	Teologia Latino-Americana da Libertação

"Para nós, contudo, existe um só Deus,
o Pai, de quem tudo procede e para o qual caminhamos,
e um só Senhor, Jesus Cristo, por quem tudo existe
e para quem caminhamos."

(1Cor 8,6)

Prefácio

Escrever, brevemente, o proêmio de uma obra como a que estamos apresentando, neste tempo em que a Teologia, com todo seu leque epistemológico, está revivendo e se apresentando com novas vestes de cor, de postura e cheia de profecia, é um prazer e, ao mesmo tempo, um privilégio. Trata-se de abrir as portas da experiência cristã feita na esperança que perpassa a vida humana de cada pessoa. Este é o fio de ouro que o autor – Cesar Augusto Kuzma – tece, fio por fio, com toda a sua competência e sensibilidade que lhe são próprias, como servidor da fé encarnada e como protagonista do anúncio dessa esperança que tem como espinha dorsal a missão que irrompe dessa esperança, sua encarnação que passa pelo mistério pascal e sua força de atualidade no nosso Continente, sobretudo, no Brasil.

Como orientadora do Cesar Kuzma, nome com que é mais conhecido, sempre digo aos meus alunos e alunas que continuam estudando o mesmo Tratado que deixei como emérita, alunos que me falam na sua linguagem de jovens na caminhada teológica, "professora, hoje tenho aula com seu ex-aluno, doutor como a senhora. Como a gente aprende com ele!" Costumo reagir a estas expressões juvenis, dizendo-lhes: "Cesar é um professor que superou a mestra como Aristóteles superou Platão, desde a.C.".

Julgo ser este o maior e melhor orgulho de quem passou pela academia teológica deixando seu legado de herança qualitativa gerada e adotada como filha da pesquisa séria, da docência exercida com método e profundo conteúdo. A tese de Cesar Kuzma, publicada como resultado do Prêmio SOTER-Paulinas de Tese, vale a pena ser lida e encarnada na vida, de modo especial, onde as situações exigem da pessoa humana a experiência do Cristo que continua passando pela cruz, continua vivo e atuante pelo seu Espírito, como Pessoa da Trindade que nos faz Comunidade de fé.

A perspectiva escatológica adotada pelo autor desta obra passa pela Promessa divina que constrói o Reino, com base na Teologia da Esperança de Jürgen Moltmann, e aproxima sua práxis com a nossa Teologia da Libertação, que busca, incessantemente, o diálogo e a inteligibilidade da fé para o anúncio da esperança na moderna sociedade. De maneira consciente, o autor mostra, de forma explícita, que o Tratado da Escatologia assim concebido, anunciado e trazido para a nossa realidade tantas vezes conturbada, sem rumo e sem ponto de referência seguro, perpassa toda a teologia que caracteriza os nossos centros de formação de pessoas consagradas pelo Batismo para o serviço de Deus e do próximo, aqui e agora, como sinal que aponta para a realização plena da vida perpassada pela esperança, segundo o autor.

Finalmente, esta tese também mereceu "Menção Honrosa" pela CAPES como uma das melhores teses do ano em curso, somando-se a premiação do Prêmio SOTER-Paulinas de Tese. Esse reconhecimento por parte dos Órgãos competentes vem confirmar aquilo que acabamos de afirmar: a teologia de Cesar Kuzma tem consequências teológicas que movem a prática que se abre para a construção de uma outra sociedade, uma sociedade que ultrapasse esta em que estamos vivendo.

Lina Boff
Professora emérita do Departamento
de Teologia da PUC-Rio

Introdução

O futuro de Deus na missão da esperança caracteriza-se como um trabalho de pesquisa dentro de uma perspectiva escatológica, que busca compreender a realização desse futuro de Deus como plena realização do ser humano e de toda a criação em Deus. Esse futuro, oferecido gratuitamente, torna-se perceptível a nós a partir de um movimento de Deus para o ser humano (e para toda a criação), confirmado de maneira plena e última em Cristo, através do qual o ser humano – portador da revelação divina – responde pela fé e passa a mover-se em esperança, sendo capaz de deixar transcender ao seu redor sinais concretos da presença amorosa de Deus, entendida nesta pesquisa como a missão da esperança cristã. A nossa proposta fortalece-se com a afirmação de Paulo em Primeira Coríntios, que diz: "Para nós, contudo, existe um só Deus, o Pai, de quem tudo procede e para o qual caminhamos, e um só Senhor, Jesus Cristo, por quem tudo existe e para quem caminhamos" (1Cor 8,6). Aquilo que procede em Deus Pai e que existe em Cristo e nos é antecipado pela sua ressurreição é o que entendemos como futuro de Deus; o nosso caminhar em direção a ele justifica-se pela missão da esperança.

Essa missão, que é resultante do futuro apresentado por Deus, tem como objetivo anunciar a esperança no nosso contexto, bem como as consequências dessa ação. No nosso entender, falar de esperança em termos cristãos é falar do futuro de Deus que estamos destinados e que nos foi revelado em magnitude pelo evento de Cristo; viver essa esperança é apoiar-se na fé do Cristo ressuscitado e crucificado, seguros e ativos no caminho apresentado por ele em prol do Reino de Deus, que se traduz, majestosamente, em vida e plenitude. Por essa razão, entendemos que esse futuro de Deus e tudo aquilo que o envolve é objeto da esperança cristã, motivando-a, a partir do que é experimentado na fé, a uma ação concreta no mundo atual, num autêntico amor criativo, ou seja, uma missão.

O fato de apresentarmos o futuro de Deus na missão da esperança faz-nos compreender que esse futuro resulta daquilo que foi prometido e querido por Deus em toda a história da salvação e de maneira plena e última em Cristo. É possível percebermos também que a esperança que nos move e que nos coloca em missão responde à promessa divina; vem como consequência de seu chamado e de sua revelação última. De acordo com a Carta aos Hebreus: "Muitas vezes e de modos diversos falou Deus, outrora, aos Pais pelos profetas; agora, nestes dias que são os últimos, falou-nos por meio do Filho, a quem constituiu herdeiro de todas as coisas, e pelo qual fez os séculos" (Hb 1,1-2).

Dentro dessa visão salvífica,[1] vivenciada na fé, aquilo que Deus fala e aquilo que ele traz à sua criação, ao revelar a essência do seu ser, são desígnios de sua vontade, cujo fim último tende a levar *tudo à sua plenitude* (cf. Ef 1,10). Diante desse quadro, o ser humano, como destinatário dessa revelação e atuação de Deus, não é um ser passivo à espera desse futuro, mas alguém ativo, que se motiva e participa dessa ação de modo direto, pois é chamado por Deus e iluminado pelo seu Espírito para anunciar a razão de sua esperança no mundo em que vive (cf. Rm 4,18). Só assim ele pode afirmar ao modo da Carta aos Romanos, que diz: "a esperança não decepciona, porque o amor de Deus foi derramado em nossos corações pelo Espírito Santo que nos foi dado" (Rm 5,5). Nas palavras do Papa Bento XVI, "esperança em ato".[2]

Partindo desse ponto, observamos, primeiramente, que o raciocínio proposto neste trabalho encontra reflexo em toda a tradição cristã, que se desenvolve a partir da concepção de um Deus que se revela e que mostra a sua face, deixando-se conhecer; um Deus que vem ao nosso encontro e, aproximando-se, caminhando conosco e tornando-se igual a nós (cf. Fl 2,7), aponta para uma realidade além de nós mesmos e nos promete um futuro, o futuro do Reino de Deus, um futuro junto ao próprio Deus. Nesse futuro somos convidados a participar do seguimento de Jesus, assumindo a sua vida e o seu destino.

De acordo com Medard Kehl,

> quando seguimos a Jesus e assumimos todo o seu destino, esperamos o futuro, ainda ausente, do Reino de Deus, anunciado por ele como uma realidade atual e que atua permanentemente em nós por meio do seu Espírito. Nesse futuro consiste a transformação de toda a história humana com seu entorno natural e cultural; a harmonização definitiva da realidade humana, social e natural no Reino de Deus *consumado* é o objetivo de nossa esperança.[3]

Esperar esse futuro ainda ausente e se lançar no seguimento de Jesus e, junto a isso, empenhar-se na proposta de Reino anunciada por ele é, com certeza, um sinal concreto da esperança que se realiza em missão. É algo que só se torna possível pela ação do Espírito, derramado em nós pelo amor de Deus que nos chama e que nos atrai, fazendo-nos sentir já no momento presente esse *kairós* transformador e anunciador do futuro. Ao colocar-se em missão no seguimento de Jesus e do seu Reino,

---

[1] Colocamos o termo *salvífica(o)* a partir da compreensão de Deus, que como criador vem até a sua criatura, assume-a em Cristo e a eleva na comunhão divina e criadora. Não entendemos o termo salvífico apenas na redenção de uma falta ou como consequência do pecado humano, mas sim como ato amoroso de Deus em relação a sua criação, que nos abençoa em Cristo, que nos escolhe e nos predestina antes da criação do mundo para sermos santos e irrepreensíveis diante dele (Cristo) no amor, que nos predestinou para sermos seus filhos adotivos para louvor e glória da sua graça, para chegar do tempo à plenitude (cf. Ef 1,3-14). Nesta perspectiva, indicamos a seguinte bibliografia: QUEIRUGA, A. T. *Recuperar a salvação*, 2005.

[2] BENTO XVI. *Spe salvi*, n. 35.

[3] KEHL, M. *Escatologia*, p. 215. Tradução nossa.

visualizamos que o futuro esperado e almejado só pode ser traduzido, segundo Medard Kehl, em "transformação de toda a história humana com seu entorno natural e cultural; a harmonização definitiva da realidade humana, social e natural no Reino de Deus".⁴ Esse é o Reino de Deus consumado, portanto, objeto de nossa esperança.

Tal atitude apontada acima produz em nós uma experiência de inquietude, a ponto de gerar uma força capaz de romper com o presente e lançar-se ao futuro prometido: "Fizeste-nos para ti, e inquieto está o nosso coração, enquanto não repousa em ti".⁵ Esta frase de Agostinho liga-se totalmente à frase de Efésios, que usamos acima, que nos predestina à plenitude (cf. Ef 1,10). Entendemos que o autor que estudaremos neste trabalho – Jürgen Moltmann – também percebe dessa maneira, pois ele diz que "a fé que se desenvolve em esperança não traz quietude, mas inquietude; não traz paciência, mas impaciência. Ela não acalma *o cor inquietum*, mas *é* esse *cor inquietum* no ser humano".⁶ Essa é a maneira como Jürgen Moltmann entende a esperança e a missão que se desenvolve a partir dela, que tem, segundo ele, no futuro de Deus o principal objetivo da teologia.⁷

A grande novidade da proposta cristã é que todo esse futuro prometido já se encontra realizado no Cristo ressuscitado, o *Éschaton*, o último, aquele para o qual a nossa esperança se destina e cujo futuro ela anuncia. Nesse *instante escatológico*,⁸ o ressuscitado vem e antecipa-nos o seu futuro, revelando-nos a ação de Deus e convidando-nos a participar desse *novum* que se aproxima.⁹ Dessa maneira, a esperança cristã se movimenta a partir de algo que pode ser vivido e experimentado pela fé. Portanto, a esperança cristã conhece a realidade da ressurreição e nos anuncia o seu futuro, antecipando no contexto presente a visualização do que foi prometido.¹⁰ A partir da experiência com o ressuscitado, essa promessa de futuro que Deus nos faz não nos torna passivos, mas ativos, pois somos convocados, chamados, enquanto Povo de Deus, como *ekklesía*, a uma missão neste mundo, a missão da esperança cristã.

Para essa missão, o ressuscitado não representa alguma coisa fora deste mundo, de maneira separada deste. Ao contrário, a experiência do ressuscitado ilumina o caminho do crucificado e nos propõe um seguimento. A luz da ressurreição ilumina

---

4   Ibid.
5   AGOSTINHO, S. PL, *Confissões*, I, 1, 1.
6   MOLTMANN, J. *Teologia da Esperança*, p. 36. Grifos nossos.
7   Cf. ibid., p. 30.
8   Moltmann difere bem o *instante escatológico* do momento *kairós*. Para ele, o *kairós* traduz-se como *tempo favorável*, *tempo da graça* em que Deus penetra na história (e no tempo) e atua nela. Já o *instante escatológico*, ele percebe como um movimento do futuro de Deus ao nosso presente. É o eterno que *vem* no tempo e antecipa-nos, escatologicamente, o futuro (para nós). Essa orientação é bem desenvolvida por ele na seguinte obra: MOLTMANN, J. *A vinda de Deus*, p. 314-318.
9   Cf. PANNENBERG, W. *Teologia sistemática*, p. 790, v. 3.
10 Cf. MOLTMANN, J. *Teologia da Esperança*, p. 32.

a cruz e a enche de conteúdo escatológico. Moltmann diz que "presente e futuro, experiência e esperança se contradizem na escatologia cristã, de modo que, por meio dela, o ser humano não chega à correspondência e à harmonia com o presente, mas é impelido para o conflito entre esperança e experiência".[11] Há aqui uma contradição que movimenta a esperança: a fé no futuro prometido e a realidade a qual nos encontramos. Moltmann dirá que "é nessa contradição que a esperança deve mostrar a sua força".[12] De acordo com a teologia paulina e aqui assistida, é dar razões da sua esperança (cf. Rm 4,18).

Resgatando o que já foi exposto acima, podemos afirmar então que a missão da esperança a qual pretendemos apresentar e aprofundar neste trabalho aparece para nós como uma ação segunda, pois ela é resultante do futuro prometido por Deus para toda a sua criação. Por isso, acentuamos o título de nosso trabalho: *o futuro de Deus na missão da esperança*. A esperança, como força dessa missão, projeta-se ao futuro prometido, transformando tudo o que existe em sua volta. Sua força produz um sentido e esse sentido deve trazer consequências na sociedade em que estamos inseridos. Não se propõe um novo mundo, separado deste, mas um "novo" para este mundo, onde o presente é alimentado pelo futuro prometido.

Basicamente, estamos falando do discurso *performativo* pelo qual se entende a escatologia na atualidade, quando esse futuro, apresentado por Deus, implica a realidade histórica de maneira a transformá-la. A atenção não se concentra mais nas *coisas últimas* e, sim, no *último*, no futuro absoluto, em Cristo, no *Éschaton*. Como atesta Von Balthasar, Cristo é a personificação das coisas últimas, com ele a história ganha um novo sentido e se constrói a partir dessa esperança.[13]

Com efeito, é necessário tirar "consequências para um novo modo de pensar e agir com referência às coisas e às relações deste mundo".[14] É o que já apareceu também, de modo mais incisivo, no Concílio Vaticano II (1962-1965), que em sua Constituição pastoral *Gaudium et spes* apresenta um forte conteúdo escatológico, bem em consonância com a nossa reflexão sobre as consequências e o novo modo de pensar e agir: "a pessoa deve ser salva e a sociedade, consolidada" (GS n. 3c). A proposta de salvação, a proposta de vida e plenitude, próprias da fé e esperança cristãs, devem atingir o mundo de maneira concreta, carregadas da experiência amorosa e criadora de Deus que vem a este mundo e nos preenche com sua presença. Dessa forma, motivados por esse encontro e fortalecidos por esse espírito de amor criativo, o ser humano – portador da esperança cristã – sente que tem algo a dizer a este

---

[11] Ibid., p. 33.
[12] Ibid.
[13] Cf. TAMAYO-ACOSTA, J-J. Escatologia cristã, p. 223.
[14] MOLTMANN, J. Op. cit., p. 50.

mundo, e essa palavra – quando proclamada – deve ser edificante para a sociedade em que ele vive.

Em seguimento ao nosso raciocínio, entramos no segundo ponto que queremos focar nesta introdução: esse futuro de Deus que é anunciado na missão da esperança e que é bem fundamentado por toda a tradição eclesial, a partir da mensagem salvífica de Jesus Cristo, ocorre onde, quando, de que forma, como? Para quem ele se destina? Esta não pode ser uma reflexão apenas dogmática, mas deve estar alicerçada no contexto em que vive hoje a sociedade, a fim de produzir também consequências teológicas e práticas. A palavra da promessa deve encontrar a eficácia para a qual se propõe. A presença de Deus recebida no mundo é transformadora, mas também é comprometedora. Por essa razão temos a intenção de falar sobre o futuro de Deus na missão da esperança cristã e também sobre as suas consequências teológicas.

A promessa de um futuro com Deus, que percorre toda a tradição bíblica, alimenta-se das esperanças atuais próprias de uma época; ela responde às interpelações e as fortalece com um conteúdo de promessa viva e atuante. Assim, a esperança sentida e vivida em nosso contexto deve apresentar também resultados consequentes. Somente quando a esperança cristã encontra espaço no cotidiano das pessoas é que ela se torna relevante e é capaz de propor uma práxis que seja correspondente.[15]

Para responder a essas interpelações de modo autêntico e com significado para os dias atuais, é necessário entender a sociedade na qual estamos vivendo, saber a sua história, a sua origem, os seus sonhos, as suas esperanças, as suas tristezas e as suas angústias. Perguntamos: que esperança move a sociedade hoje, o que as pessoas esperam, qual é o lócus da esperança? Entendemos que a esperança é vivida dentro deste mundo e não fora dele, ela não está inerente à sociedade, mas a movimenta e a constrói. Todavia, quando falamos em sociedade hoje temos de entender que ela se apresenta de modo bastante diverso, plural e com múltiplas faces. No fundo, toda esta proposta que queremos apresentar sobre o futuro de Deus na missão da esperança cristã deve atender a uma realidade própria de sociedade, algo em que ela possa se assegurar verdadeiramente, caso contrário ela perde a sua importância e teremos um discurso vazio, sem pertinência e relevância.

Por essa razão, trataremos o nosso trabalho, de maneira mais específica, dentro do contexto latino-americano atual, que é onde estamos inseridos e de onde falamos. O que não significa que, com isso, o restante do globo ficará de fora da nossa reflexão. Tal concepção não é mais possível no mundo contemporâneo, uma vez que hoje em dia tudo está globalizado e as relações intrínsecas da sociedade subsistem tanto num lugar como no outro. Os novos fenômenos modernos e pós-modernos e as

---

[15] Indicamos o autor Medard Kehl, que na sua obra sobre escatologia faz um questionamento sobre a responsabilidade da esperança cristã para o mundo de hoje, tentando localizar nas práticas atuais o conteúdo do Reino de Deus apresentado por Jesus: KEHL, M. Op. cit., p. 213-214.

consequências resultantes desses contextos têm impacto direto na vida da sociedade e na vida cristã, portanto, merecem ser visitados e compreendidos para acentuar a eficácia do discurso. Contudo, não faremos uma análise sociológica da realidade, partiremos de conceitos e propostas já definidos e vivenciados.

A opção por focar o nosso estudo dentro dessa realidade específica tem a intenção de levantar pontos mais concretos e, assim, responder aos devidos anseios humanos de maneira eficaz. Temos claro que o futuro de Deus é apresentado a um ser humano concreto e real, que está inserido dentro de um contexto determinado. Esse ser humano, por sua vez, responderá a tal revelação dentro de sua especificidade e de sua subjetividade. Aí é que se encontra a sua esperança e é daí que se desenvolve a sua missão. Podemos dizer que "há no coração humano uma esperança para além do que se espera",[16] que pode, portanto, dar um sentido a ele. Mas é certo que esse mais além tem de partir de um lugar determinado, de um ponto certo, onde, à luz da fé, se ilumina o presente para um novo horizonte. A esperança cristã "toma seu ponto de partida em uma determinada realidade histórica e prediz o futuro da mesma, suas possibilidades futuras e sua eficácia futura".[17]

Esta reflexão nos conduz ao subtítulo do nosso trabalho: *uma aproximação escatológica*. Explicamos. Abordaremos a temática acima, em seu aspecto formal, a partir de um estudo da Teologia da Esperança de Jürgen Moltmann *em aproximação* com a Teologia Latino-Americana da Libertação, nesta perspectiva, *escatológica*.

Vejamos o que se segue desta perspectiva.

Para aprofundar a temática do nosso trabalho de pesquisa sobre *o futuro de Deus na missão da esperança*, nós utilizaremos a obra "Teologia da Esperança" (*Theologie der Hoffnung*) de Jürgen Moltmann, de 1964.[18] O contexto em que esta obra foi escrita retrata as mudanças políticas, culturais, teológicas e religiosas da década de 60, do século XX. Já a pertinência para o nosso tema em questão vem do fato de o próprio autor colocar o tema do futuro de Deus como tarefa principal da teologia hodierna, como objeto teológico da esperança cristã.[19] Outro fator vem do fato de Moltmann trabalhar a temática da esperança em toda a sua teologia, mas sempre num viés público, reforçando o conteúdo da esperança com a realidade apresentada. Este é um ponto. No entanto, fazer um estudo a partir da Teologia da Esperança – na

---

[16] RIBEIRO, H. *Quem somos? De onde viemos? Para onde vamos?*, p. 151.

[17] MOLTMANN, J. Op. cit., p. 31.

[18] Para as referências que vão se seguir neste trabalho sobre a *Teologia da Esperança*, utilizaremos a tradução brasileira da Loyola/Teológica, edição de 2005: MOLTMANN, J. *Teologia da Esperança*, 2005. Junto a esta edição, quando se fizer necessário, analisaremos também a obra no seu idioma original. Para tanto, utilizaremos a edição da Gütersloher Verlagshaus: MOLTMANN, J. *Theologie der Hoffnung*, 2005. Na bibliografia final apresentamos as obras de Moltmann que tivemos acesso em nossa pesquisa, bem como diversas publicações sobre o autor e sobre a Teologia da Esperança.

[19] Cf. ibid., p. 30.

atualidade e no nosso contexto – vai exigir de nossa parte uma nova contextualização, respeitando os conteúdos e o ponto de vista do autor (dentro de seu contexto e situação teológica), mas abrindo diálogo a partir da nossa realidade, como já apontamos, na ótica latino-americana em que estamos inseridos.[20]

Outro fator favorável e relevante desta pesquisa vem do fato de o continente latino-americano produzir uma teologia própria, expressiva, a partir do seu contexto, condizente com a sua realidade, entendida por nós aqui como "Teologia Latino-Americana da Libertação".[21] Num primeiro olhar, essa intenção em si não traz

---

[20] O próprio autor, Jürgen Moltmann, em sua visita ao Brasil em 2008, deixou uma obra que traduz um pouco esta atualização: MOLTMANN, J. *Vida, esperança e justiça*: um testamento teológico para a América Latina, 2008.

[21] A opção de utilizar a expressão *Teologia Latino-Americana da Libertação* tem a intenção de identificar qual é a linha da teologia latino-americana que estamos apresentando no percurso deste trabalho, sabendo de antemão que não é a única expressão que aqui se encontra, embora seja aquela que mais se desenvolveu e assimilou os valores deste continente, dialogando com outras correntes e manifestações teológicas globais e caminhando sempre do particular para o universal. É uma teologia que começa a sua reflexão na base, dentro da prática e experiência de fé do próprio povo que "clama" e "grita" por libertação. O teólogo que aí se encontra passa a "ver" e a "ouvir" o contexto a partir de dentro, pois está inserido e compartilha da mesma visão e experiência. Nesta *kénosis* (que ele faz), o teólogo ilumina essa realidade aos olhos da fé e faz o seu discernimento teológico, conduzindo a teologia a uma prática pastoral determinada. Outro ponto que nos leva a falar de Teologia Latino-Americana da Libertação decorre do fato de que a Teologia da Libertação (TdL) em si foi um movimento que tomou outros caminhos além da América Latina, sendo identificada também com outros continentes, culturas e denominações religiosas. Dentre essas diversas *Teologias* da Libertação, destacamos a TdL Indígena, a TdL Negra (existente tanto na América Latina e América do Norte, como também em um aspecto particular nos países africanos), a TdL Hispana (EUA), a TdL Feminista (em alguns casos), a TdL Asiática etc. Uma boa apresentação destas teologias se encontra na seguinte obra: TAMAYO, J-J. *Teologias da Libertação*, p. 820-827. O teólogo de nosso estudo – Jürgen Moltmann – também reflete em uma de suas obras sobre os diversos reflexos de uma teologia libertadora em âmbito de teologia global: MOLTMAN, J. *Experiências de reflexão teológica*, p. 157-251. O Fórum Mundial de Teologia e Libertação (FMTL) que todos os anos acompanha o Fórum Social Mundial é uma prova dessa pluralidade na teologia e responde bem ao fato de esta temática ter encontrado espaço de reflexão e de assimilação em outras partes do mundo. Esse FMTL foi criado a partir de uma ideia em 2003, durante o Fórum Social Mundial que ocorreu na cidade de Porto Alegre/Brasil. O FMTL teve a sua primeira edição em 2005 na cidade de Porto Alegre, no mesmo momento em que ocorria o Fórum Social Mundial, aproveitando os mesmos discursos e o mesmo momento, digamos assim, *kairológico*. Em 2007, o encontro aconteceu em Nairóbi/Quênia, ampliando o discurso a um tom mais internacional e abrangendo ainda mais outras formas de teologia que se entendem também com um caráter libertador. Em 2009, o evento aconteceu na cidade de Belém/Brasil e, em 2011, retornou ao continente africano na cidade de Dakar/Senegal. Tradicionalmente, o evento sempre acompanha o Fórum Social Mundial. Dentre as produções que se seguem do evento, destacamos a de 2006: SUSIN, L. C. (Org.). *Teologia para outro mundo possível*, 2006. Maiores informações sobre o FMTL podem ser encontradas no site da organização: <http://www.wftl.org>. Vale apontar também a Associação Ecumênica de Teólogos do Terceiro Mundo, fundada em 1976 na Tanzânia (ASETT/EATWOT). Maiores informações sobre essa associação no site da organização: <http://www.eatwot.org>. Destacamos, também, a AMERÍNDIA com início em 1978 e que tem um teor mais cristão e católico, mais próxima à realidade da Teologia da Libertação do continente latino-americano. Maiores informações: <http://www.amerindiaenlared.org>. Em nível de Brasil, destacamos a SOTER (Sociedade de Teologia e Ciências da Religião), fundada em 1985, que não é, especificamente, uma associação da Teologia da Libertação, mas teve a sua importância no consolidar do discurso teológico no Brasil e, também, é fruto da influência dessa teologia em todo este continente. Disponível em: <http://www.soter.org.br>. De maneira mais específica para o conjunto do nosso trabalho, temos a intenção de favorecer um diálogo aproximativo com a Teologia da Libertação nas suas origens latino-americanas, no seu contexto popular, eclesial e acadêmico. Nas palavras de Leonardo e Clodovis Boff: uma teologia com

novidade, pois muitos teólogos da libertação tiveram uma aproximação significativa com a Teologia da Esperança de Moltmann em diversas ocasiões;[22] há aqui, de certa forma, uma influência. Mas, por outro lado, há um reflexo dessa teologia latino-americana na teologia de Moltmann, que a partir do contato com essa nova realidade e vendo um discurso em que a esperança exige a práxis, tece um novo tom à sua teologia, dando mais importância à realidade contextual em si. Fato que pode ser percebido no debate que ocorreu em torno da Teologia da Esperança e nos escritos posteriores do autor, como também nos seus discursos atuais que sempre tentam ver num quadro de esperança coletiva um horizonte mais próximo da realidade dos empobrecidos e das condições periféricas.[23]

Tal aproximação entre as duas teologias pode ocorrer por haver pontos comuns entre ambas e por comungarem de um mesmo propósito, a partir da concepção de futuro de Deus revelado na missão da esperança cristã, entendido também sob o conteúdo de Reino de Deus como ação histórica. A novidade que pode ser apresentada nesta aproximação entre as duas teologias diz respeito ao nosso contexto atual, que, seguramente, não é o mesmo do início da Teologia Latino-Americana da Libertação nem o mesmo do surgimento da Teologia da Esperança, mas sim no modo como se dá a missão dessa esperança hoje, bem como às suas consequências teológicas. O interesse que temos em falar sobre as consequências decorre do tom que se exige da escatologia no contexto atual (performativa), contudo, não entraremos no que diz respeito à Teologia Pastoral, pois é um campo vasto e que requer

---

caráter "profissional, pastoral e popular". BOFF, L.; BOFF, C. *Como fazer Teologia da Libertação*, p. 25-40. Mais detalhes sobre essa teologia serão desenvolvidos no capítulo 3 deste trabalho.

[22] Isso pode ser encontrado logo no início com Rubem Alves e com Gustavo Gutiérrez. Rubem Alves apresenta um diálogo mais duro, mais provocativo com Moltmann. Já Gutiérrez procura na teologia de Moltmann fundamentos para caracterizar a esperança, mas ressalta também diferenças. O mesmo acontece com Hugo Assmann e demais teólogos da libertação. Indicamos: ALVES, R. *Teologia della speranza umana*, 1971; GUTIÉRREZ, G. *Teologia da Libertação*: perspectivas, 2000; ASSMANN, H. *Teología desde la práxis de la liberación*, 1973. Os demais autores que seguiram na Teologia da Libertação mantiveram ou ampliaram esse diálogo, não para defender aspectos particulares de uma ou da outra, mas para atender a um aspecto público da teologia, no qual a esperança tem a sua particularidade. Este ponto será trabalhado de modo mais aprofundado no capítulo 3.

[23] Sobre o debate em torno da Teologia da Esperança, consultar: MARSCH, W.-D.; MOLTMANN, J. *Discusión sobre teología de la esperanza*, 1972. Sobre os próximos escritos que tiveram essa influência, destacamos: MOLTMANN, J. *El Dios crucificado*. Salamanca, 1975. MOLTMANN, J. *La Iglesia fuerza del Espíritu*: hacia una eclesiologia mesiánica, 1978. Estas duas obras citadas somam-se à *Teologia da Esperança* e constituem o que se chama de "Trilogia Moltmaniana", pois respondem a questões levantadas na obra inicial. Na obra *O Espírito da vida*, Moltmann traz comentários sobre a ação libertadora da teologia, mediante a ação do Espírito. Ver: MOLTMANN, J. *O Espírito da vida*, p. 101-140. As demais obras de sua carreira teológica sempre tiveram um diálogo maior com o mundo em geral, aproximando-se de diversas realidades. Para o autor, esse é um caminho percorrido pela própria Teologia da Esperança, que, na maioria das partes onde foi apresentada, sua esperança foi traduzida por ação. Quando trabalharmos o autor e a sua teologia, tais obras aparecerão como referências de estudo. Estes pontos serão trabalhados de modo mais aprofundado nos capítulos 2 e 3 deste trabalho.

uma atenção peculiar, devido às novas conjunturas sociais e eclesiais. Tal intenção à Teologia Pastoral exige um estudo mais detalhado e aplicado, *a posteriori*.

Dentro dessa linha de raciocínio, observamos que a atual sociedade apresenta-nos obstáculos e desafios para a implantação do Reino de Deus (tema fundamental para a teologia e muito debatido nas duas correntes teológicas que pretendemos estudar), que é a forma expressa do futuro de Deus revelado a nós por Jesus Cristo. Estas situações hodiernas, muitas vezes, persistem de outros tempos, ou surgem através de um conflito novo (novos paradigmas), devido a novas circunstâncias trazidas pela contemporaneidade. Diante dessas interpelações a teologia oferece uma resposta e a esperança cristã sente-se desafiada, pois ela se destina a um futuro e a fé cristã vive dessa esperança. Trata-se de uma força que vem transformar a realidade apresentada, confrontando o discurso de um *futuro novo* (O futuro de Deus) com uma *práxis correspondente* (a missão da esperança cristã).

Em se tratando do contexto latino-americano, surgem novas realidades políticas, sociais, culturais e religiosas que evocam um novo momento para o anúncio dessa esperança. Para compreender este novo momento, deveremos considerar a correspondência existente entre a esperança cristã e a situação cristã atual, levantando as diversas variantes que surgem e que contextualizam a nossa sociedade e o que ela espera. Tentaremos expor uma concepção de esperança que seja válida no contexto atual, sem ter a pretensão de que seja a única. Perguntamos: Como entender o futuro de Deus na missão da esperança, à luz da concepção de esperança apresentada pelo autor em questão, neste caso, Jürgen Moltmann? Qual é o sentido que move a atual sociedade, de modo especial, a sociedade latino-americana, a ter esperança num futuro que se apresente com vida e plenitude? Quais são os fundamentos que a Teologia da Esperança de Jürgen Moltmann nos oferece para responder às hipóteses do nosso trabalho e que podem num segundo momento ter aproximações com a teologia latino-americana, a partir da concepção de esperança que o autor nos apresenta?

Acreditamos que as respostas que vão emergir destas perguntas poderão oferecer consequências teológicas construtivas para a sociedade atual e para a própria teologia, que necessita cada vez mais fortalecer-se como um discurso público, fundamentado e coerente, projetando no horizonte da nossa missão o futuro de Deus, e nesse futuro o nosso encontro definitivo com Deus. Fazemos nossas as palavras de Moltmann que diz: "Uma ação criadora a partir da fé é impossível sem um novo pensamento e uma nova projeção a partir da esperança".[24]

Tendo feito esta apresentação, caminhamos agora para o percurso do nosso trabalho.

Para contextualizar o tema que nos propomos a desenvolver e antes de entrarmos na abordagem que a teologia de Moltmann nos favorece, optamos por fundamentar

---

[24] MOLTMANN, J. *Teologia da Esperança*, p. 53.

o tema teologicamente. Para nós, esta é uma parte importante, pois vai ao encontro com o que se sustenta dentro do horizonte da fé cristã e que já está fortalecido pela reflexão teológica. Desse modo, primeiramente, faremos uma exposição teológica sobre o futuro de Deus na missão da esperança, distinguindo o que se entende por esse futuro e, dentro dessa definição, apontar qual é o Deus que esperamos na nossa fé e que nos faz viver em esperança. Descortina-se aí a perspectiva da promessa do Reino de Deus que nos contempla com vida em plenitude, fortalecida pela experiência e prática de Jesus, na qual devemos nos apoiar. Em resposta a estas questões, discernimos sobre a missão que decorre desse futuro revelado e apontamos qual é a esperança que o acolhe e caminha, em missão, na sua direção. Questionamos o lócus da esperança no nosso contexto e os desafios da atual sociedade, compreendida em âmbito global, mas com uma atenção especial à realidade latino-americana na qual estamos inseridos. Trata-se do primeiro capítulo do nosso trabalho.

O nosso próximo passo, no capítulo 2, será apresentar a escatologia que se desenvolve na Teologia da Esperança de Jürgen Moltmann e que perpassa pela vida do autor e por sua teologia, com forte influência no pensar teológico contemporâneo. Constatamos que o autor propõe um novo logos para a escatologia, focado no horizonte da esperança. Essa esperança, que o autor desenvolve na sua teologia, parte, antes de tudo, de uma experiência pessoal do próprio autor, sentida desde a sua juventude, quando foi prisioneiro de guerra em campo de concentração. Nesse momento, em meio a mortes e tragédias, ele se encontra com a esperança e na esperança encontra-se com Deus, e desse encontro íntimo, profundo e especial, parte todo o seu discurso teológico, produzido sempre contextualmente. Passando pela experiência pessoal do autor, caminhamos para a sua obra, que é onde nos debruçaremos para aprofundar a sua noção de esperança. Destacamos aqui os fundamentos e reflexões de sua *Teologia da Esperança* e a maneira como essa teologia pode tornar-se atual nos dias de hoje. Ressaltamos, porém, que o nosso foco estará dirigido para o contexto da obra, no qual acreditamos estar os fundamentos basilares da sua teologia. Serão desses fundamentos que partiremos para a aproximação e uma nova atualização da mensagem. As obras recentes do autor e demais reflexões que acarretam o seu caminhar nos servirão de suporte para fortalecer a nossa temática.

No capítulo 3, estenderemos uma reflexão sobre a Teologia Latino-Americana da Libertação, nosso ponto de aproximação. Começaremos com os dados históricos e teológicos de seu nascimento e como se desenvolvem as suas estruturas, caracterizadas dentro de uma teologia da práxis. Para tanto, é importante saber o seu método e o contexto de onde parte o seu raciocínio; no seu caso específico, do contexto do pobre. A partir desses aprofundamentos, levantaremos o modo como a Teologia Latino-Americana da Libertação acolheu os fundamentos da Teologia da Esperança, a maneira como ela aplicou em seu discursar a novidade escatológica que surgia naquele período da década de 60 do século XX; contexto, notoriamente, distinto da

América Latina. Esse contato também teve um sentido inverso, pois Moltmann (e sua teologia) também teve uma recepção da Teologia Latino-Americana da Libertação e procurou, a seu modo, captar a mensagem transmitida e formalizar no seu labor teológico que a esperança, fortalecida na fé, exige a práxis.

Na última parte, capítulo 4, resgataremos os pontos que foram levantados pelas duas teologias e faremos uma aproximação entre elas, lançando-as agora num contexto determinado, próprio da missão. É quando fecharemos o nosso raciocínio teológico neste trabalho, apontando as consequências teológicas dessa visão escatológica que trata do futuro de Deus na missão da esperança. Para tanto, todos os elementos que foram focados e fortalecidos nos capítulos anteriores nos servirão de base e de sustentação.

Dessa maneira, um estudo sobre *o futuro de Deus na missão da esperança* encontrará *relevância* na teologia atual, principalmente por resgatar as mais profundas aspirações que o ser humano é capaz de produzir a partir do futuro que lhe é revelado por Deus: "Eis a tenda de Deus com os homens. Ele habitará com eles; eles serão o seu povo, e ele, *Deus-com-eles*, será o seu Deus" (Ap 21,3). Esse futuro revelado provoca no ser humano um sentimento de esperança, através do qual "toda a ação séria do homem é esperança em ato".[25] Além disso, a esperança cristã é sempre, essencialmente, uma esperança para os outros. Ela se coloca em missão, a serviço daquilo que é prometido. Somente quando é vista dessa maneira, no campo da missão, é que ela torna-se, também, esperança individual.[26]

A pertinência e a relevância desta pesquisa encontram-se também no fato de percorrermos esse caminho audacioso na perspectiva de um grande autor, neste caso, Jürgen Moltmann. Dentre os teólogos contemporâneos, ele é um dos autores que mais se debruçaram sobre o presente tema, *reordenando* toda a teologia na perspectiva da esperança, como novo logos escatológico. No momento em que situamos o autor em sua trajetória, percebemos que sua história de vida e sua carreira teológica surgiram mediante este tema. A esperança foi a única força capaz de mantê-lo vivo durante grande período de cativeiro num campo de concentração (Norton Camp, Inglaterra) e, ainda hoje, num momento de maior serenidade, continua conduzindo o autor para "novas aventuras" (expressão que ele usa) dentro do infinito universo teológico.

Assim sendo, caminharemos na hipótese estabelecida tendo como base este autor e sua obra, aproximando a escatologia que se desenvolve em sua Teologia da Esperança da Teologia Latino-Americana da Libertação, dentro do contexto atual.

---

[25] BENTO XVI. Op. cit., n. 35.
[26] Cf. ibid., n. 48.

Tendo isso claro, acreditamos que as consequências teológicas que tiraremos desta reflexão serão eficazes para a sociedade hodierna, bem como para a teologia contemporânea.

Portanto, falar de esperança na atualidade é falar de um tema teológico precioso, que encontra eco no coração de todo aquele que vive. É Deus que vem com seu futuro; e nós, em sua direção, na esperança, caminhamos em missão.

Seguimos, então, com a nossa reflexão.

1. O futuro de Deus na missão da esperança

A discussão teológica que tem como temática *o futuro de Deus na missão da esperança* apresenta-se como uma riqueza importante do debate teológico atual, que vê no discurso escatológico uma relevância e um sentido no agir de Deus e no situar cristão na atualidade. Ao caracterizar esse futuro de Deus "*na*" missão da esperança, entende-se, de imediato, uma ação concreta da práxis cristã que corresponde, eficazmente, ao futuro anunciado. Este tema leva-nos a falar de Deus, objeto de estudo de toda a teologia, refletido neste momento a partir da concepção de seu futuro, que é compreendido como a realização plena de toda a humanidade e de toda a criação em Deus (cf. 1Cor 15,28). Atenta-nos, também, a compreender que, pela história da salvação, Deus sempre se revelou e sempre buscou encontrar a humanidade no percurso de sua história, trazendo-a para um encontro íntimo e definitivo diante dele no amor. Este Deus que sempre buscou a cada um dos seus e se deixou encontrar mesmo por aqueles que não buscavam o seu nome (cf. Is 65,1), aproxima-se de modo definitivo em Cristo (cf. Hb 1,2), tornando-se para nós a revelação da "plenitude daquele que plenifica tudo em tudo" (Ef 1,23).[1]

Desse modo, na experiência do Espírito do Ressuscitado, a compreensão do futuro de Deus é apreendida na fé que reconhece a sua ação em nosso favor e nos faz caminhar, livremente, em sua direção, *na* missão da esperança, *rumo ao novo céu e a nova terra* (cf. Ap 21,1; Is 65,17), no encontro daquele que faz "novas todas as coisas" (Ap 21,5).

Esta reflexão provoca-nos a falar da esperança cristã, que motivada por seu anúncio transforma-se em missão dessa esperança e passa a ser a força criativa que move o ser humano em direção ao futuro, quando, através de sua experiência de fé, entra em contato com Deus. Essa intimidade, resultante desse encontro e dessa experiência, suscitará nele uma busca pela verdade que será, muitas vezes, a única força capaz de fazê-lo transcender para outro horizonte. Conforme afirma o Evangelho

---

[1] Diz o texto conciliar: "Por isso Deus quis entrar na história humana de um modo novo e definitivo, enviando seu Filho em nossa carne, para estabelecer a paz e a comunhão do ser humano consigo mesmo, constituir entre eles uma sociedade fraterna, vir em socorro dos pecadores, libertar os seres humanos [...], reconciliando consigo o mundo por meio de seu Filho. Constituiu, pois, como herdeiro de todas as coisas aquele por intermédio de quem criou o mundo para, também por seu intermédio, tudo restaurar" (AG n. 3b).

de João: "conhecereis a verdade, e a verdade vos libertará" (Jo 8,32). Pela fé e pela esperança tem-se acesso a um futuro que ainda não se vê, mas se sente e vive-se de modo novo. É o que disse o Papa Bento XVI na sua Encíclica *Spe salvi*: "O fato de esse futuro existir muda o presente: o presente é tocado pela realidade futura, e assim as coisas futuras derramam-se naquelas presentes e as presentes, nas futuras".[2]

Esta também é uma temática audaciosa para a teologia atual, que se depara, na atualidade, com uma sociedade que insiste, muitas vezes, por se sustentar num mundo sem esperança, diante das luzes da contemporaneidade. Por essa razão, tratar de um tema que alude sobre Deus e seu futuro na missão dessa esperança torna-se para nós um grande desafio.

Vejamos.

– Há uma grande base bíblica e da tradição eclesial para esse entendimento. Na parte bíblica, afirmamos que todo o Novo Testamento é apresentado no horizonte dessa esperança que experimentamos a partir do evento de Cristo – ressuscitado e crucificado. A "Boa-Nova" dos evangelhos traz essa perspectiva no horizonte do Reino de Deus, bem como o conteúdo das cartas paulinas e os hinos cristãos que elas contêm; ali a esperança aparece numa dimensão totalmente escatológica, em vista da salvação. Na luz do Novo Testamento retornamos para o Antigo Testamento, onde as promessas alimentam a esperança nesse futuro com Deus, quando a harmonia torna-se plena e a criação se enche da verdadeira vida.

– Numa ordem eclesial, trazemos os documentos oficiais da Igreja, como, por exemplo, a Constituição *Gaudium et spes*, do Vaticano II, com forte viés escatológico e que trata também da esperança humana e do compromisso cristão com essa esperança; a Encíclica *Populorum progressio*, 1967, de Paulo VI; a Conferência de Medellín, de 1968, que traz o conteúdo do Vaticano II para a América Latina, tendo reflexo nas demais Conferências que ocorreram posteriormente, chegando à Aparecida, em 2007 (enfatizamos aqui apenas o contexto latino-americano). O mesmo se pode dizer de outras Encíclicas sociais, que são marcas importantes da Igreja, bem como as Cartas e Exortações apostólicas. Destacamos a Encíclica de Bento XVI sobre a esperança (*Spe salvi*), de 2007, já citada, que trata sobre a temática da esperança e procura dar uma resposta teológica a conflitos existenciais humanos, mesmo não tendo a abrangência do diálogo com a modernidade como se teve na *Gaudium et spes* e na *Populorum progressio*, reproduz-se ali a linha de pensamento do teólogo J. Ratzinger. Trazemos também, do Papa Bento XVI, a Exortação apostólica *Verbum Domini*, de 2010, e a Carta apostólica *Porta fidei*, lançada no dia 11 de outubro de 2011, um ano antes do cinquentenário da Abertura do Concílio Vaticano II (1962), grande marco da esperança da Igreja na atualidade. Mencionamos agora a eleição do Papa Francisco, em 13 de maio de 2013, que traz e convoca a Igreja a um novo

---

[2] BENTO XVI. *Spe salvi*, n. 7.

despertar da esperança, no reviver do Concílio e na aproximação e na valorização do Povo de Deus, que é a Igreja, comunidade de esperança. Em sua passagem pelo Brasil, durante a Jornada Mundial da Juventude, a palavra esperança sempre ecoou nos seus discursos. Nos demais pronunciamentos, a intenção tem sido uma constante. O mesmo se pode dizer da alegria e da proximidade com que ele pensa o anúncio do Evangelho, que é a fonte de toda esperança. Evidencia-se esse tom, também profético, na sua Exortação apostólica *Evangelii Gaudium*, lançada próxima do Advento de 2013.

– Dentro do universo teológico contemporâneo, em geral, apontamos o teólogo alemão Jürgen Moltmann, que desenvolve toda a sua teologia a partir da ótica da esperança, sendo inúmeras as publicações a este respeito. Outros autores da teologia contemporânea europeia também fizeram e fazem esse diálogo com a modernidade, garantindo a sustentabilidade da fé; por ora, citamos Wolfhart Pannenberg, Edward Schillebeeckx, Karl Rahner, Yves Congar, Hans Küng, Walter Kasper, Johann Baptist Metz, Andrés Torres Queiruga, Dietrich Bonhoeffer, Dorothee Sölle, entre outros e outras. O mesmo ocorre com o que se produziu na esfera da Teologia Latino-Americana da Libertação, na tentativa de responder pela fé às opressões sofridas pelo povo latino-americano. Aí encontramos vários autores, entre eles: Gustavo Gutiérrez, Juan Luis Segundo, Hugo Assmann, Leonardo Boff, Clodovis Boff, Jon Sobrino, Luis Carlos Susin, João Batista Libânio, José Comblin, Dom Pedro Casaldáliga e mais... Aqui também várias mulheres, entre elas: Ana Maria Tepedino, Lina Boff e Maria Clara L. Bingemer, Ivone Gebara, Elsa Támez, entre outros e outras, apenas para citar alguns nomes, sem a intenção de completá-los, o que seria impossível, haja vista a grande dimensão dessa teologia.

Portanto, o desafio desta temática que ousamos discorrer aqui se dá na contextualização atual e o modo como a esperança cristã se atualiza e responde, de maneira eficaz, aos desafios apresentados.

Seguimos.

Essas luzes da contemporaneidade, que já mencionamos, correspondem, respectivamente, aos diversos fatores da sociedade que permeiam todo mundo contemporâneo e dificultam um discurso teológico que aponte para um *futuro novo*, que traga esperança. Frisamos aqui o termo *futuro novo* porque a teologia, na sua essência, ousa especular para algo além da realidade apresentada, cujos discursos não alcançam se não tiverem alicerçados num linguajar próprio de fé, ancorados numa experiência vivificante. Baseando-nos no texto bíblico, dizemos: "O que os olhos não viram, os ouvidos não ouviram e o coração do homem não percebeu, tudo o que Deus preparou para os que o amam" (1Cor 2,9). É o que se procura captar pelo discurso teológico. É, também, a esperança anunciada e compreendida pela fé, como "garantia antecipada do que se espera, a prova de realidades que não se veem" (Hb 11,1). No entanto, a sociedade atual em que estamos inseridos, tanto na América

Latina quanto em todo o globo, é plural e complexa, tanto em nível cultural como também social, político e religioso.

Diante desse quadro plural e complexo, o futuro novo apresentado pela fé cristã e refletido na teologia não encontra espaço suficiente diante do contexto, supostamente, novo da modernidade e da pós-modernidade, pois a novidade que esta sociedade contemporânea espera ou traz diz respeito, na maioria das vezes, à mera repetição do que já está acontecendo, distorcendo de várias maneiras uma crise interna da própria modernidade,[3] ou lançam para o presente um futuro imanentista.[4] Na opinião de David Lyon, é como se estivéssemos indo a nenhum lugar.[5] Diz, também, que "hoje temos uma provisão pequena de esperança, visto que o futuro pós-moderno está voltado sobre si mesmo".[6] Com efeito, há uma carência de sentido.

Trata-se, evidentemente, de um suceder de coisas ou um complemento para poucos privilegiados, sem aludir com isso a uma novidade que seja ao mesmo tempo real e transformadora da realidade. Entendemos, assim, que essa novidade apresentada pelo mundo contemporâneo não atinge de maneira positiva a todos; portanto, o que dela se espera não pode ser comparado com o conteúdo proposto pelo futuro de Deus, que nos impulsiona à missão. Esse futuro está mais além e a missão da esperança resulta de um chamado de Deus para a humanidade, que, movida pelo Espírito, caminha em sua direção. Por não se contentar com essa situação apresentada pela sociedade, a fé cristã, ancorada pela esperança, torna-se inquieta no mundo e parte em busca da sua realização, de sua missão.

Desse modo, a esperança, sobretudo, a esperança cristã, por trazer um olhar para o futuro, sente-se um tanto que deslocada nesta época, pois se trata de um contexto que se preocupa, na maioria das vezes, apenas com o imediato. É um momento em que o transcendente deixa lugar para o imanente, sem qualquer esperança, sem qualquer razão para algo além do que é mostrado. É aqui que a esperança cristã, vivida na fé e iluminada pelo futuro de Deus que vem, deve dar razões de sua esperança, mesmo com toda a esperança contrária que possa surgir em torno a ela (cf. Rm 4,18).

Para dialogar com este contexto é necessário impulsionar a fé para dentro da realidade a ponto de dar testemunho convicto da sua esperança, mesmo que o mundo e a sociedade atuais afirmem que ela é algo supérfluo ou desnecessário. Na opinião de Lyon, é importante também contextualizar e relativizar esta realidade,[7] assim nós poderemos entendê-la e caminharemos por ela e, consequentemente, para além dela. É o que propusemos acima, há que seguir "esperando contra toda a esperança"

---

[3] Cf. LIPOVESTSKY, G. *A era do vazio*, 1989. Cf. também. GIDDENS, A. *Mundo em descontrole*, 2003.
[4] Cf. RUBIO, A. G. *Unidade na pluralidade*, p. 45-50.
[5] Cf. LYON, D. *Pós-modernidade*, p. 108.
[6] Ibid., p. 111.
[7] Cf. LYON, D. Op. cit., p. 130.

(Rm 4,18). Em sua Encíclica *Spe salvi*, Bento XVI diz: "Eu posso sempre continuar a esperar, ainda que, pela minha vida ou pelo momento histórico que estou a viver, aparentemente não tenha mais qualquer motivo para esperar".[8] Da mesma forma, acentua o Vaticano II, na *Gaudium et spes*, quando afirma que o futuro da humanidade depende de quem souber transmitir ao mundo um sentido para a vida e uma grande esperança (cf. GS n. 31c).[9] Entendemos que é uma postura que pode ser caracterizada pela missão, pela *missão da esperança*.

Perante este contexto, o anúncio da esperança não pode ser alguma coisa que fuja deste mundo, mas, ao invés disso, deve trazer sentido para ele, tem que *encarnar-se*, deve trazer incômodo e enfrentamento. É o que diz Jürgen Moltmann: "Quem espera em Cristo não pode mais se contentar com a realidade dada, mas começa a sofrer devido a ela, começa a contradizê-la".[10] No mundo atual não há espaço para uma esperança desencarnada, fora da realidade; se isso ocorre é pura alienação e não esperança. É certo que a esperança aspira algo novo, porém sempre dentro do horizonte em que se encontra, ela é contextual. Eis a razão pela qual enfatizamos o elemento *"na"*, para determinar que esse futuro de Deus torna-se perceptível e visível na *missão da esperança*, no seu desenvolvimento, na qual somos convidados, como Igreja (*ekklesía*), pelo próprio Deus, a participar (cf. AG n. 1b; n. 9). A esperança cristã não se situa fora da história, mas interage em meio a ela para que, se necessário for, venha mudar o rumo da própria história.

Tendo por base esta apresentação inicial, passaremos neste momento do trabalho a refletir de modo sistemático sobre o futuro de Deus, a missão da esperança e o anúncio dessa esperança diante da atual sociedade.

1.1. O futuro de Deus

"O futuro de Deus é a origem criadora de todas as coisas."[11] Esta frase de W. Pannenberg tem muito a dizer para o nosso trabalho, ao mesmo tempo em que fortalece o nosso tema e fomenta a discussão. Uma vez que entendemos o futuro de Deus como a grande força criadora, tendemos a admitir que o plano salvífico de Deus à obra da criação como um todo tem a sua referência no fim, no *éschaton*. Ou seja, a origem de tudo o que temos e somos encontra no plano escatológico, apontado aqui como futuro de Deus, o seu ponto de partida. É o que Moltmann diz ao afirmar que no fim encontra-se o início (*Im Ende – der Anfang*).[12] Melhor dizendo, no fim já

---

[8] BENTO XVI. Op. cit., n. 35.
[9] O documento especifica a transmissão dessa esperança aos jovens, que são o futuro. Na nossa paráfrase, demos uma amplitude maior, abrangendo toda a sociedade.
[10] MOLTMANN, J. *Teologia da Esperança*, p. 36-37.
[11] PANNENBERG, W. *Teologia sistemática*, p. 698, v. 3.
[12] Cf. MOLTMANN, J. *A vinda de Deus*, p. 12. Cf. tb.: id. *No fim, o início*, 2007.

revelado por Deus em Cristo – crucificado, ressuscitado e glorioso – encontra-se o destino de toda a criação, encontram-se a consumação e o destino do mundo. O que se revela nessa verdade, compreendida escatologicamente, é que o futuro aparece como um movimento de Deus em nosso favor, na manifestação de um Deus que vem até nós de forma livre e gratuita e, ao nos encontrar, revela-nos o seu futuro e a amplitude do seu ser; transforma-nos com sua graça e nos convida a sua presença, atraindo todos a si em sinal de amor e plenitude.

O fato de apontarmos aqui o futuro de Deus como ponto de partida, como origem da ação primeira de Deus em direção e em favor do ser humano e da criação, quer dizer também que neste futuro se encontra a referência e o destino último de tudo o que existe e que encontra em Deus a sua plena realização, o seu ponto escatológico, a plenitude (cf. Ef 1,10). A novidade trazida pela compreensão escatológica é que Deus em sua revelação e aproximação nos antecipa o seu futuro, mostra-nos a real identidade do seu ser, deixa-nos contemplar o seu rosto e transmite a nós a sua verdade.[13] Por esse movimento divino (de Deus para o ser humano e para a criação) somos convidados a caminhar em sua direção em comunhão de amor e liberdade.

Ao refletir sobre essa ação de Deus – que deve ser entendida sempre de modo trinitário –, Moltmann diz que "Deus conserva em seu coração esse desejo apaixonado, não voltado para qualquer um, mas para o 'seu', isto é, para o 'outro' de si mesmo. Esse é o homem, feito 'a sua imagem e semelhança'".[14] É em que consiste o futuro de Deus: no encontro definitivo com a humanidade e com toda a criação, numa Jerusalém celeste (cf. Ap 21), como *Emanuel*, Deus-conosco (cf. Mt 1,23).

Interessante notar que uma simbologia de comunhão, de encontro e de alegria sempre perpassa pela trajetória bíblica, quando ousa retratar essa expectativa de futuro. Tal questão está sempre associada com a definição que se tem de Deus e o modo como essa percepção vai se transformando no decorrer da história humana. A ideia de um fim punitivo, de uma destruição total por parte de Deus, desaparece diante de um Deus que vai se revelando de modo amoroso e compassivo e que faz uma Aliança e decide estar sempre junto de seu povo, mesmo que esse povo, por várias vezes, esqueça ou ignore a sua presença. Podemos perceber tal intenção no

---

[13] Interessante essa noção de contemplar o rosto de Deus. Se pegarmos a tradição bíblica, Moisés, por exemplo, não pode olhar para Deus (cf. Ex 3,6). Se, porventura, caminharmos na pedagogia da revelação até Jesus Cristo, teremos nele a imagem visível do Deus invisível (cf. Cl 1,15); quem o vê, vê o Pai (cf. Jo, 14,9). Jesus traz o "rosto" de Deus que se aproxima de forma humana e não nos invade com seu poder, mas, em Cristo, acolhe-nos na sua graça e, por sua humanidade, temos acesso à divindade. Indicamos: MOINGT, J. *Deus que vem ao homem*, p. 271-440; id. *O homem que vinha de Deus*, 2008; SCHILLEBEECKX, E. *História humana: revelação de Deus*, 2003; QUEIRUGA, A. T. *Repensar a revelação*, p. 47-77.233-344; MESTERS, C. *Deus – Onde estás?*, 2010; BINGEMER, M. C. L. *Um rosto para Deus*, 2005.

[14] MOLTMANN, J. *Trindade e Reino de Deus*, p. 59. Embora o texto mencione apenas o ser humano (*Mensch*), é compreensível pelo autor e pela teologia contemporânea que se desdobra que toda a criação está submetida no plano de salvação, caminha à plenitude. É o que já encontramos na carta aos Romanos, que diz: "a criação inteira geme em dores de parto até o presente" (Rm 8,22).

decorrer da história de Israel, desde os Patriarcas, passando pelos Reis até o período de Exílio e Pós-Exílio, quando o lamento e o clamor por salvação, pela voz dos profetas, torna-se mais frequente.

Encontramos um belíssimo texto, com forte teor escatológico sobre o futuro de Deus na comunhão de sua criação, no Antigo Testamento, no terceiro Isaías:

Alegrai-vos, pois, e regozijai-vos para sempre
com aquilo que estou para criar:
eis que farei de Jerusalém um júbilo
e do meu povo uma alegria.
Sim, regozijar-me-ei em Jerusalém,
sentirei alegria em meu povo.
Nela não se tornará a ouvir choro nem lamentação.
Já não haverá ali criancinhas que vivam apenas alguns dias,
nem velho que não complete a sua idade;
com efeito o menino morrerá com cem anos;
o pecador só será amaldiçoado aos cem anos.
Os homens construirão casas e as habitarão,
plantarão videiras e comerão seus frutos.
Já não construirão para que outro habite a sua casa,
não plantarão para que outro coma o fruto,
pois a duração da vida do meu povo será como os dias de uma árvore,
meus eleitos consumirão eles mesmos o fruto do trabalho das suas mãos.
Não se fatigarão inutilmente, nem gerarão filhos para a desgraça;
porque constituirão a raça dos benditos de Iahweh,
juntamente, com os seus descendentes.
Acontecerá então que antes de me invocarem, eu já lhes terei respondido;
enquanto ainda estiverem falando, eu já os terei atendido.
O lobo e o cordeiro pastarão juntos
e o leão comerá feno como o boi.
[...]
Não se fará mal nem violência em todo o meu monte santo, diz Iahweh (Is 65,18-25).[15]

Destacam-se neste texto a atitude e a vontade de Deus em criar coisas novas e de fazer junto com seu povo uma morada de alegria. Na presença deste Deus que

---

[15] Todas as citações bíblicas, contidas nesta obra, terão como base a tradução da *Bíblia de Jerusalém*, Editora Paulus.

se aproxima tudo é transformado e se enche de vida em abundância. No gesto de Deus em favor de sua criação evidencia-se a graça de sua presença e a prontidão com que ele se dispõe. Deus antecipa-se e mostra a sua vontade, cheio de amor e misericórdia: "... antes de me invocarem, eu já lhes terei respondido; enquanto ainda estiverem falando, eu já os terei atendido" (Is 65,24). Essa antecipação e disposição primeira de Deus aparecem também no Salmo 139: "Iahweh, tu me sondas e me conheces: conheces meu sentar e meu levantar, de longe penetras o meu pensamento; [...] A palavra ainda não me chegou à língua, e tu, Iahweh, já a conheces inteira..." (Sl 139,1-4ss). Trata-se aí de uma antecipação de Deus, uma disposição a nosso favor.

No Novo Testamento encontramos algo semelhante no livro do Apocalipse, quando se trata do futuro de Deus com a humanidade:

Eis a tenda de Deus com os homens.

Ele habitará com eles;

eles serão o seu povo,

e ele, Deus-com-eles, será o seu Deus.

Ele enxugará toda lágrima dos seus olhos,

pois nunca mais haverá morte,

nem luto, nem clamor, e nem dor haverá mais.

Sim! As coisas antigas se foram!

[...]

Eis que faço novas todas as coisas.

[...]

Elas se realizaram!

Eu sou o Alfa e o Ômega,

o Princípio e o Fim;

e a quem tem sede eu darei gratuitamente

da fonte de água viva.

O vencedor receberá esta herança,

e eu serei seu Deus e ele será meu filho (Ap 21,3-7).

Vemos aqui que aquele futuro que era promessa no texto de Isaías torna-se cumprimento nesta nova realidade. Deus vem com sua *tenda* e *habita com seu povo*. O *Emanuel* (cf. Is 7,14; Mt 1,23) deixa de ser promessa e passa a ser cumprimento de esperança: *Deus está com eles e eles estão com Deus*. Tudo se completa e encontra sua causa e seu destino. Deus vem como *dom gratuito*. Nessa presença, ele será o nosso Deus e nós seremos seus filhos.

Caminhando teologicamente, com base nestes dois textos, observamos que, tanto na primeira citação quanto na segunda, é possível perceber a riqueza de detalhes para descrever a intenção de Deus e a realização da humanidade e de toda a criação diante dessa ação. A diferença é que aquilo que aparece no AT como promessa já é evidenciado no NT como seu futuro, como a consumação, o sentido pleno e último de Deus. Tal percepção só é exprimível diante do mistério de Cristo ressuscitado, em quem já é possível antever o futuro daquilo que para nós ainda é uma promessa. "No evangelho do evento de Cristo, esse futuro já se tornou presente nas promessas de Cristo".[16]

Este é o transbordar do amor apaixonado de Deus que sai de si e vai ao encontro de sua criatura, um movimento e atitude capaz de fazer Deus esvaziar-se (despojar-se) de si mesmo (*kénosis*), a fim de tornar-se semelhante a sua criatura, no intuito de transformá-la de modo semelhante a ele (cf. Fl 2,6-9). Ao apresentar-nos o seu futuro, Deus torna-se próximo e nos antecipa também o nosso futuro, pois sabemos que de criaturas passamos a ser reconhecidos como filhos de Deus, e que, "por ocasião dessa manifestação seremos semelhantes a ele, porque o veremos tal como ele é" (1Jo 3,2).

> Com o futuro escatológico a eternidade de Deus entra no tempo, e a partir dele ela está presente de maneira criadora em tudo que é temporal e que antecede esse futuro. Afinal, o futuro de Deus é a origem criadora de todas as coisas na contingência da sua existência e ao mesmo tempo o último horizonte para o significado definitivo e, portanto, para a essência de todas as coisas e acontecimentos. No caminho de sua história no tempo, as coisas e pessoas existem somente pela antecipação daquilo que elas serão à luz de seu último futuro, do advento de Deus.[17]

Dentro dessa compreensão, quando contemplarmos o advento de Deus, que na sua dinâmica de aproximação nos antecipa a realização de todas as coisas em Cristo, esse futuro prometido tornar-se-á perceptível pela fé, vivida em nosso tempo num sinal de esperança. Tal esperança será capaz de produzir uma força transformadora em nós e no mundo que nos rodeia, pois é impulsionada pelo amor de Deus presente em todo tempo e em toda a história. Certamente, W. Pannenberg tem razão ao afirmar que "o futuro de Deus é a origem criadora de todas as coisas".[18]

Para dar continuidade a nossa reflexão sobre o futuro de Deus de modo a fortalecer a temática em questão, subdividiremos esta parte que se segue do trabalho em três partes: o Deus que esperamos, a vinda de Deus e a promessa do Reino de Deus.

---

[16] MOLTMANN, J. *Teologia da Esperança*, p. 181.
[17] PANNENBERG, W. Op. cit., v. 3, p. 698.
[18] Ibid.

1.1.1. O Deus que esperamos

Qual é o Deus de nossa fé, sobre o qual depositamos a nossa esperança? Qual é o Deus que buscamos e que esperamos? A partir destas interpelações afirmamos que falar sobre Deus é a tarefa primeira da teologia. Discernir a partir daquilo que circunda a nossa experiência de fé em Deus faz parte do labor teológico. Se o nosso objetivo nesta parte do trabalho é apresentar uma reflexão sobre o Deus que esperamos, é imprescindível esclarecer quem é o Deus da nossa fé, revelado por Jesus Cristo, em quem se concretizou as experiências e as esperanças do povo de Israel e sobre quem depositamos a nossa esperança de salvação.

Ilustraremos esta nossa reflexão com o hino da Carta aos Efésios:

Bendito seja o Deus e Pai
de nosso Senhor Jesus Cristo,
que nos abençoou com toda a sorte
de bênçãos espirituais,
nos céus, em Cristo.
Nele nos escolheu
antes da fundação do mundo,
para sermos santos e irrepreensíveis
diante dele no amor.
Ele nos predestinou para sermos
seus filhos adotivos por Jesus Cristo,
conforme o beneplácito da sua vontade,
para louvor e glória da sua graça
com a qual ele nos agraciou no Amado.
E é pelo sangue deste que temos a redenção,
a remissão dos pecados,
segundo a riqueza de sua graça,
que ele derramou profusamente sobre nós,
infundindo-nos toda sabedoria e inteligência,
dando-nos a conhecer
o mistério da sua vontade,
conforme decisão prévia que lhe aprouve tomar
para levar o tempo à plenitude:
a de Cristo encabeçar todas as coisas,
as que estão nos céus e as que estão na terra.
Nele, predestinados pelo propósito

daquele que tudo opera

segundo o conselho da sua vontade,

fomos feitos sua herança,

a fim de servirmos para seu louvor e glória,

nós os que antes esperávamos em Cristo.

Nele também vós,

tendo ouvido a Palavra da verdade

– o evangelho da vossa salvação –

e nela tendo crido,

fostes selados pelo Espírito da promessa,

o Espírito Santo,

que é o penhor da nossa herança,

para a redenção do povo que ele adquiriu

para seu louvor e glória (Ef 1,3-14).[19]

Neste hino de Efésios, o autor da Carta sintetiza todo o mistério salvífico contido na encarnação de Jesus; com efeito, ele demonstra a vontade salvífica de Deus atuante desde a eternidade: "nos escolheu antes da fundação do mundo" (Ef 1,4). Essa vontade salvífica se sustenta por toda a história da salvação (de modo bem descrito no hino) e culmina em Cristo, ponto último de toda a revelação, dado concreto da fé cristã e que aparece também de modo claro no início da Carta aos Hebreus: "nestes dias que são os últimos, falou-nos por meio do Filho" (Hb 1,2). Na Carta aos Colossenses Paulo escreve: "A imagem do Deus invisível" (Cl 1,15). Em todo esse plano é reforçado o destino humano para com Deus, sustentado *na esperança da*

---

[19] Para o autor da Carta aos Efésios, Cristo reúne o mundo sobre sua autoridade e o conduz a Deus. Todos são reunidos em torno da mesma salvação, que provém de Deus, em Cristo. Como vemos, desde o início, esta oração se eleva ao plano celeste, do qual se manterá toda a Epístola. É do céu, da eternidade, que tudo provém e é para lá que se encaminham todas as coisas, onde se realizam os fins dos tempos, chamadas nesta carta de *Bênçãos espirituais*. Dentro desta oração da Igreja primitiva, que nos revela o mistério da salvação, o autor desenvolve a argumentação de algumas bênçãos, que são derramadas em decorrência da revelação deste mistério: *A primeira bênção* que ele nos apresenta neste texto é o chamado dos eleitos à vida santa, já iniciada de maneira mística pela união dos que creem no Cristo glorioso. É o amor primeiro de Deus por nós que nos inspira à eleição e, assim, somos chamados à santidade (cf. Cl 3,12; 1Ts 1,4; 2Ts 2,13; Rm 11,28). Desse amor deriva o nosso amor a Deus e a ele responde. *A segunda bênção* demonstra o modo escolhido para essa santidade, isto é, a filiação divina, cuja fonte e modelo é Jesus Cristo, o Filho único (cf. Rm 8,29). *A terceira bênção* resgata a obra histórica da redenção pela cruz de Cristo. *A quarta bênção* traz a revelação do mistério (cf. Rm 16,25s). *A quinta bênção* diz respeito à eleição de Israel, que se torna a herança de Deus e sua testemunha na expectativa messiânica. *A sexta bênção* é o chamado aos gentios para partilharem da salvação antes reservada a Israel. Essa certeza se confirma pela posse do Espírito Santo. Pois, agora, por desígnio divino, podemos perceber a salvação em forma trinitária. Porém, a plenitude dos tempos só será atingida pela Parusia de Cristo (cf. Lc 24,49s; Jo 1,33s; 14,26s). Este hino cristão reúne, categoricamente, a ação de Deus em nosso favor, potencializando para nós aquilo que é revelado e cuja salvação nós esperamos. Cf. "notas" de Ef 1,3-14. In: *Bíblia de Jerusalém*, p. 2039-2040.

salvação, e ressaltado pela filiação divina. Tudo, porém, acontece por obra da graça, fruto do amor de Deus, "com a qual ele nos agraciou no Amado" (Ef 1,6) e nos fez sua herança (cf. Ef 1,11).

Essa encarnação, obra amorosa de Deus, encaminha a humanidade à sua remissão completa. Tudo que foi assumido pelo Filho será redimido, diziam os Padres da Igreja.[20] Assim, confirmamos que Cristo é a Palavra viva do Pai, é o Lógos eterno, Evangelho da nossa salvação, que *sela* pelo Espírito Santo a consumação de toda a criação (cf. Ef 1,13). Cristo assume a humanidade no desejo de que a humanidade compartilhe da sua divindade; só assim Cristo será tudo em todos (cf. 1Cor 15,28). Trata-se do *mistério da verdade*, escondido desde antes da criação do mundo e revelado agora para a salvação de todos e para a glória de Deus Pai. Segundo essa teologia, a nossa esperança tem endereço certo e por essa razão se confirma. Esse mistério revelado em Cristo nos mostra, de modo claro, o Deus que esperamos e em quem depositamos toda a nossa confiança. O futuro salvífico que dele provém é algo seguro e definitivo, capaz de nos transformar em *novos seres*, portadores de uma nova vida. Parafraseando o conteúdo da Carta aos Efésios, estamos à espera do Deus que tudo fez em Jesus Cristo; esperamos assim, também nós, "a plenitude daquele que plenifica tudo em tudo" (Ef 1,23).

Definida então a dinâmica do Deus que esperamos, com suporte bíblico deste hino de Efésios, voltamos agora para os nossos questionamentos iniciais, tendo em vista o horizonte que se apresenta à sociedade atual.

Diante desta sociedade, com seus planos e projeções, definir ou refletir sobre Deus hoje, mesmo com toda a teologia que podemos apresentar, há de se concluir que não é uma tarefa fácil.[21] Diz J. Ratzinger (Bento XVI) que "num mundo aparentemente sólido e blindado, um ser humano se vê confrontado, de repente, com o abismo que se esconde debaixo da estrutura firme das convenções que nos sustentam".[22] Poderíamos, neste caso, enumerar alguns questionamentos: será que é possível para a grande maioria das pessoas, envolvidas ou não com a fé cristã, apresentar uma definição compreensível de Deus? Ou melhor, será que essas pessoas conseguem ter acesso e, dessa forma, encontrar um sentido plausível na definição que nós apresentamos? Será que o Deus que esperamos responde a nossas inquietações e angústias, será que responde e oferece um sentido pleno à nossa existência?

---

[20] É uma expressão muito usada na Patrística. Ilustramos aqui com uma bela passagem de Gregório de Nazianzeno (329-390), uma poesia que retrata a natureza humana: "... finalmente o Cristo, que uniu a sua natureza à nossa para trazer socorro a meus sofrimentos através de seus divinos sofrimentos, para divinizar-me graças a sua condição humana". NAZIANZENO, G. Poema sobre a natureza humana, p. 192.

[21] Cf. RATZINGER, J. *Introdução ao cristianismo*, p. 31-37. Diz J. Ratzinger: "Quem, na estranheza do empreendimento teológico dirigido aos homens de nosso tempo, levar a sério a sua missão, experimentará e reconhecerá não apenas a dificuldade de fazer-se entender, mas também a insegurança da sua própria fé e o poder aflitivo da incredulidade presente em sua própria vontade de crer" (ibid., p. 33).

[22] Ibid., p. 34.

Obviamente que a definição que possuímos de Deus está ligada totalmente à visão que nós temos de ser humano e de mundo. Nas palavras de Andrés Torres Queiruga: "Dize-me como é teu Deus, e dir-te-ei como é tua visão de mundo; dize-me como é tua visão de mundo, e dir-te-ei como é teu Deus".[23] Uma visão que se apresenta de maneira dependente, sem iniciativa e liberdade, vai nos trazer a imagem de um Deus que nos comanda e que determina tudo o que ocorre ao nosso redor; teremos assim uma visão teocêntrica dependente, apontando para um Deus intervencionista, que com um simples gesto, em alguns casos, resolve todos os problemas humanos. Se partirmos para um conceito de liberdade humana, passaremos a ver Deus também por um prisma de liberdade, estaremos nos relacionando com Deus que por ser amor é livre e cria a partir de sua liberdade, concedendo à obra criada a mesma liberdade de sua essência, pois é fruto da sua criação. Estaremos contemplando "um Deus que olha com infinito respeito à autonomia de suas criaturas e cuja ação consiste em afirmá-las com um amor incondicional".[24] Certamente que essa segunda intenção, aparentemente, traz uma relação de maior diálogo e amplitude.[25]

Contudo, ambas as relações só serão possíveis se entendermos Deus como um ser relacional, que se abre e que se aproxima de suas criaturas, um Deus pessoal que tem a "relação" como propriedade do seu ser.[26] Lembramos, no entanto, que essa visão de Deus, própria da tradição bíblica, não tem sido tão frequente na sociedade. Diante de situações contemporâneas, a definição de Deus passou para o caráter impessoal, um Deus que se encontra tão distante que não se pode alcançar, ou tão perto que não abre espaço para uma experiência de transcendência.[27]

Evidentemente que essas interrogações reacendem a discussão sobre a relação que existe entre Deus e a humanidade, assim como o modo como essa relação foi descrita nos textos bíblicos e interpretada na tradição cristã. É importante observarmos que, no início do terceiro milênio, a teologia se vê às voltas com a temática de sua origem: Deus. E com ela tem-se o tema do ser humano, e com ele somos levados à indagação sobre a ação de Deus no mundo. Três questões: Deus, ser humano e mundo. É o que nos leva a novas perguntas: por qual caminho a teologia atual deve percorrer para enfrentar tal (ou tais) questionamento(s)? Qual é o Deus que estamos esperando? Temos consciência de quem estamos esperando?[28]

---

[23] QUEIRUGA, A, T. *Um Deus para hoje*, p. 11.

[24] Id. *Fim do cristianismo pré-moderno*, p. 248.

[25] Sobre o que apresentamos acima, Juan Luis Segundo, na sua obra *Que mundo? Que homem? Que Deus?* (p. 459-489), reproduz em um dos seus capítulos a questão de Deus e a sua ação no mundo.

[26] Cf. SCHILLEBEECKX, E. Op. cit., p. 133-135.

[27] Cf. BINGEMER, M. C. L. Op. cit., p. 20-24.

[28] Na seguinte obra, já trabalhamos um pouco nessa perspectiva, caminhando mais para a questão da ação de Deus no mundo: cf. KUZMA, C. A ação de Deus e sua realização na plenitude humana, p. 226-233.

Se nos dias atuais temos outras respostas ante a compreensão de Deus e o que se espera dele, de modo algum isso nos afasta do sentido do mistério e de maneira alguma questiona a existência de Deus. Ao contrário, provoca-nos a ver mais a fundo, entrando cada vez mais no mistério divino e compreendendo a amplitude de sua ação e relação para conosco. Isso é muito enfatizado por A. T. Queiruga, que diz: "Deus não tem de vir ao mundo, porque já está desde sempre em sua raiz mais profunda e originária; não tem de intervir, pois é sua própria ação que está sustentando e promovendo tudo".[29] Ele não intervém quando é chamado; é mais que isso: ele que nos chama e solicita a nossa colaboração,[30] há uma antecipação de Deus em nosso favor, conforme já afirmamos com Pannenberg. Deus não está limitado a nossa compreensão; se assim fosse, Deus não seria Deus. Nós não compreendemos para crer, mas cremos para compreender. Nas palavras de Agostinho: "A fé busca, o entendimento encontra".[31] No fundo, quando colocamos em questão o Deus que esperamos, estamos primeiramente diante de uma questão de fé.[32]

1.1.2. A vinda de Deus

A nossa fé se alimenta da esperança em Deus, que é "Aquele que vem" (Ap 4,8). "Nós vivemos no tempo do advento de Deus",[33] diz Moltmann. Ser cristão, portanto, é ter uma fé de *advento*, a espera do *Deus que vem*, já que não somos nós que nos encaminhamos inicialmente até o seu encontro, mas é ele que vem até nós por primeiro e abre diante de nós o seu futuro; quando o aceitamos, a nossa vida, por graça, transforma-se. Aí sim nós caminhamos na sua direção, como resposta ao seu chamado. Todavia, faz-se necessário esclarecer qual é o Deus que estamos esperando e que vem ao nosso encontro.[34]

É certo que essa vinda corresponde à manifestação plena de Deus, compreendida por nós no seu aspecto trinitário: Deus Pai, Deus Filho e Deus Espírito Santo. Conforme já foi detalhado no item anterior, falamos de um Deus que se fez próximo e, que por ser próximo, apresenta-nos – com extrema liberdade e bondade – a sua salvação. Este é o Deus revelado por Jesus Cristo, o Deus cristão, que se fez humano (em Cristo), que se fez sarx, que se fez pequeno, que se tornou igual, que assumiu as nossas dores e fraquezas e que, somente por essa razão, pôde nos libertar no seu amor. Assim, quando falamos da vinda de Deus temos um aspecto cristológico fundamental: É o Cristo (Deus-Filho) que vem. E, com essa vinda, Deus promete estar presente em tudo (cf. 1Cor 15,28), manifestando a nós a vontade do Pai e a força do Espírito Santo.

---

[29] QUEIRUGA, A. T. Op. cit., p. 30.
[30] Cf. ibid.
[31] AGOSTINHO, S. *A Trindade*, PL, XV, 2, 2.
[32] Cf. KUZMA, C. Op. cit., p. 228.
[33] MOLTMANN, J. *Vida, esperança e justiça*, p. 13.
[34] Cf. KUZMA, C. Op. cit., p. 233.

Apresentamos anteriormente uma definição do Deus que esperamos a partir do hino da Carta aos Efésios. Pretendemos, neste momento, refletir sobre essa vinda de Deus até nós, do modo como aparece no hino cristológico da Igreja primitiva, apresentada na Carta aos Filipenses:

Ele, estando na forma de Deus

não usou de seu direito de ser tratado como um deus

mas se despojou,

tomando a forma de um escravo.

Tornando-se semelhante aos homens

e reconhecido em seu aspecto como um homem

abaixou-se,

tornando-se obediente até a morte,

à morte sobre uma cruz.

Por isso Deus soberanamente o elevou

e lhe conferiu o nome que está acima de todo o nome,

a fim de que ao nome de Jesus todo joelho se dobre

nos céus, sobre a terra e sob a terra,

e que toda a língua proclame que o Senhor é Jesus Cristo

para a glória de Deus Pai (Fl 2,6-11).

Este hino cristão da Igreja primitiva é a profissão de fé essencial do cristianismo. Temos aqui o Deus que se rebaixa para nos tocar, vem até nós de forma aberta, livre e gratuita, compreende e sente a nossa condição e, assim, revela-nos a sua posição no amor. Mostra-nos o seu rosto através do nosso rosto e faz com que entendamos a sua proposta pela nossa história. Ele que por amor se rebaixou também nos elevou no mesmo amor, fazendo-nos participantes da sua condição. Trata-se aqui de Cristo e de sua *kénosis*, na qual Deus, em Cristo, esvazia-se de si mesmo por amor a nós e para a nossa salvação. Ao falarmos aqui da vinda de Deus, o que caracteriza este ponto é o fato da *disposição primeira* de Deus em nosso favor. *Ele vem* como um *amor gratuito*, tornando-se semelhante a nós para nos deixar de modo semelhante a ele. Dessa forma, somos marcados na nossa humanidade pela divindade/humanidade de Cristo, o que, seguramente, irrompe para o futuro de Deus, para a eternidade, para aquilo que estamos sendo chamados por ele, diante do amor. Em Cristo – divino e humano –, tudo aquilo que era distante se tornou próximo, o que era futuro se tornou presente, o que era perene se tornou eterno. Rompeu-se o véu do templo (cf. Mt 27,51) e a eternidade, por meio da humanidade de Cristo, marcou a história, assumindo-a e transformando-a.[35]

---

[35] Já trabalhamos esta reflexão em obra anterior, em outra tonalidade, num diálogo com J. Moltmann; ver: KUZMA, C. Op. cit., p. 233-241.

Sabemos pela história judeo-cristã que essa revelação aconteceu aos poucos e o ponto máximo e último dessa revelação aconteceu em Jesus Cristo, na plenitude dos tempos (cf. Gl 4,4), conforme aparece na Carta aos Hebreus: "Muitas vezes e de modos diversos falou Deus, outrora, aos Pais pelos profetas; agora, nestes dias que são os últimos, falou-nos por meio do Filho, a quem constituiu herdeiro de todas as coisas, e pelo qual fez os séculos" (Hb 1,1-2). Em Cristo, Deus nos oferece a sua última palavra (cf. DV n. 4). É ele que vem ao mundo como luz verdadeira (cf. Jo 1,9). "O Verbo de Deus se fez carne, e habitou entre nós; e nós vimos a sua glória, glória que ele tinha junto ao Pai como Filho único, cheio de graça e de verdade" (Jo 1,14).

É possível ver essa vinda como o cumprimento de uma promessa. O Deus cristão é um Deus promitente, a sua promessa sempre avança para um novo horizonte; quando chega a esse ponto, abre espaço para um futuro novo, e assim sucessivamente. A encarnação do Verbo de Deus em Cristo não é o fim dessa revelação, mas o começo de uma nova história de Deus com a humanidade. Tem-se agora o *Emanuel*, o Deus-conosco (cf. Mt 1,23; Is 7,14). Jesus apresenta-se como a face humana de Deus (cf. Jo, 14,9), em suas ações estão contidas graças e por meio delas Deus se torna mais próximo, vem ao encontro, acontece o Reino.[36] Trata-se aqui de um Reino de esperança que vem com Cristo e atinge a todos, sem distinção. Deus, em Cristo, "fez da nossa vida a sua própria, transformando assim a terra num lugar de esperança".[37] Na perspectiva do Reino vindouro abre-se a possibilidade de sentir essa presença no encontro da fé com Jesus de Nazaré, que pela sua prática concreta e opção de vida traz a vontade salvífica de Deus ao mundo.

> O Espírito do Senhor está sobre mim, porque ele me consagrou pela unção para evangelizar os pobres; enviou-me para proclamar a libertação aos presos e aos cegos a recuperação da vista, para restituir a liberdade aos oprimidos e para proclamar um ano de graça ao Senhor (Lc 4,18-19).

Partindo deste ponto, e por ressaltarmos aqui os alicerces da escatologia cristã sobre a vinda de Deus, é favorável aprofundarmos alguns questionamentos que justificam a nossa fé na sua glória, pela qual em Cristo depositamos toda a nossa esperança. É como diz Paulo na Carta aos Romanos: "a nossa esperança não decepciona porque o amor de Deus foi derramado em nossos corações pelo Espírito Santo que nos foi dado" (Rm 5,5). Percebemos então que toda essa *espera* pelo *Deus que vem* terá a sua origem numa ação divina, a qual se vincula à promessa de Deus que por graça nos envolve com o seu dom de amor. A ela respondemos com fé, confirmada pelo Filho ressuscitado e restaurada na força do Espírito Santo.[38]

---

[36] Cf. ibid., p. 237.
[37] MOLTMANN, J. Op. cit., p. 13.
[38] Cf. KUZMA, C. Op. cit., p. 237.

Temos nessa ação divina a compreensão dessa vinda de Deus de forma tríplice, aspecto muito desenvolvido por Moltmann, que diz que este Deus veio na carne (em Jesus Cristo), vem em Espírito (é o tempo da Igreja) e virá na glória (plenitude).[39] Aquilo que entendemos da vinda de Deus pode ser visto também como a vinda de Cristo, como a parusia (*parousia*). Esta deve ser compreendida dentro do horizonte da economia salvífica, a partir do qual Deus se revela e vem à sua criação. Hans Kessler menciona a parusia (a vinda de Deus em Cristo) como cumprimento das esperanças messiânicas, pois já no AT se clamava e se pedia a Deus a sua vinda. Para ele, os cristãos não só pressupõem que Cristo esteve aqui uma vez e não contam apenas com a sua presença no Espírito, mas creem também que ele virá em glória. É para esse futuro que se direciona a nossa esperança na parusia, ou também chamada vinda de Deus. Assim, a esperança dessa vinda significa o movimento do amor de Deus que ganhou espaço na vida, morte e ressurreição de Jesus, para a qual fomos chamados e encontramos a nossa salvação.[40] É algo que irrompe, de maneira profunda, no encontro com Cristo que se aproxima: "Eis que estou à porta e bato" (Ap 3,20). Para quem ouve esse bater e o acolhe, tem transformado todo o seu ser.

Este é o Deus da esperança, o Deus que vem e que já era contemplado no AT como aquele que *vem para salvar* (cf. Is 35,4). O que era promessa se tornou em Cristo plena realização.

Mas reflitamos... O que essa reflexão sobre a vinda de Deus pode nos dizer sobre a esperança?

Vejamos.

A teologia cristã procura enquadrar toda a nossa vida diante do mistério de Cristo, pois ele é a nossa esperança, na qual esperamos e depositamos a nossa fé. Por tal razão descrevemos essa vinda a partir do hino de Filipenses, na qual Deus, em Cristo, vem e assume a nossa vida e faz com que possamos participar da vida dele. Num tom escatológico, de esperança que aguarda o pleno cumprimento, dizemos que "nós não aguardamos o seu 'retorno', mas vivemos cada dia na *luz* de sua vinda".[41] É evidente que essa luz provoca esperança e, pela ressurreição de Cristo, temos acesso a uma *antecipação* da glória futura, *prometida* desde os profetas, já *consumada* em Cristo, fonte de toda a esperança, também entendida como plenitude escatológica.[42]

Segundo esse raciocínio, quem espera, espera por alguém ou por alguma coisa. Temos, neste ponto, a certeza do Reino de Deus, que, enquanto promessa, é alicerce

---

39 Cf. ibid., p. 12-17. Ver também sobre a escatologia divina: id. *A vinda de Deus*, p. 344-360.
40 Cf. KESSLER, H. Cristologia, p. 389-390.
41 MOLTMANN, J. *Vida, esperança e justiça*, p. 16. Grifos nossos.
42 Cf. QUEIRUGA, A. T. *Repensar a revelação*, p. 253-255. Nesta obra, A. T. Queiruga discute a partir das considerações de W. Pannenberg, que em sua obra *Offenbarung als Geschichte* (1970) tratou sobre o tema da antecipação escatológica. Ver também: MOLTMANN, J. *A vinda de Deus*, p. 314-318.

para a fé. Essa é a esperança cristã: no Cristo ressuscitado e crucificado o Deus da promessa se revela como o *Deus do futuro que vem*. Por isso é *advento* e, consequentemente, sua ação é salvífica, pois traz o futuro ao presente e o transforma. Desse modo, Deus confessa ser Deus e revela sua fidelidade.[43] "Deus não é o eterno que está aqui, esteve aqui e aqui estará, mas o Deus que vem".[44] Conforme encontramos em Apocalipse: "Aquele-que-era, Aquele-que-é e Aquele-que-vem" (Ap 4,8).

Essa ação trará o Reino de Deus, onde justiça, vida e liberdade serão prêmios para aqueles que em Deus esperaram. Essas coisas foram prometidas e é o que se espera, bem como se expressa o profeta: "como são belos, sobre os montes, os pés do mensageiro que anuncia a paz, do que proclama boas-novas e anuncia a salvação" (Is 52,7). Estamos à espera do Deus que vem e nossa espera não é vã, porque pela fé sabemos que é fiel quem fez a promessa (cf. Hb 10,23). Somente assim a realidade humana tornar-se-á completa e a consumação do mundo será plena. De acordo com o Concílio Vaticano II, na *Gaudium et spes* (GS n. 39), é o que implica uma ação direta dos cristãos na sociedade que insiste – muitas vezes – em negar o conteúdo da Boa-Nova trazida a nós por Jesus pela sua prática do Reino, que é, também, *esperança*.[45]

Diante disso, só podemos dizer: "Amém! Vem, Senhor Jesus!" (Ap 22,20).

1.1.3. A promessa do Reino de Deus

A consequência desse movimento de Deus em direção à humanidade e a toda a criação, compreendido por nós aqui como futuro de Deus, visualiza-se de forma concreta a partir do conteúdo do Reino de Deus. Reino de Deus que, segundo E. Schillebeeckx, quer dizer, propriamente, Deus.[46] Deus que vem ao nosso encontro; Deus que se faz presente e que se aproxima; Deus que nos promete um futuro em que possa reinar o amor, a justiça e a paz.[47] É um encontro com a vida, e vida plena; promessa criadora do próprio Deus. De acordo com Leonardo Boff, "é a revolução e a transfiguração total, global e estrutural dessa realidade".[48] É o velho mundo transformado em novo.[49]

Mas para entender o Reino na perspectiva de promessa, tendo como referência o futuro de Deus, que é a nossa temática a ser desenvolvida neste subcapítulo, perguntamos: qual o seu núcleo, de onde partem os seus fundamentos? Qual o seu contexto

---

[43] Cf. KUZMA, C. A ação salvífica de Deus na criação, p. 186.
[44] MOLTMANN, J. *Vida, esperança e justiça*, p. 15.
[45] Cf. KUZMA, C. A ação de Deus e sua realização na plenitude humana, p. 240.
[46] Cf. SCHILLEBEECKX, E. Op. cit., p. 150.
[47] Cf. ibid.
[48] BOFF, L. *Jesus Cristo libertador*, p. 41.
[49] Cf. ibid.

histórico? Qual a sua atualização hoje, em vista do futuro de Deus e da missão da esperança?

Respondendo a estas interpelações, acentuamos que o Reino de Deus é uma espera presente em toda a vida cristã, e sua realização compreende-se na proposta de sua esperança, que caminha para esse fim. Esse Reino, como se sabe, já era algo almejado pelo povo da Antiga Aliança, que depositava em Deus, Javé, sua esperança e fortaleza.[50] Deus era o condutor de suas vidas, por conseguinte, o condutor da história. Devemos lembrar que para o povo hebreu a esperança era algo que deveria acontecer na história.[51] Deus era o seu libertador, era quem agia em meio a ela e a transformava. Evidentemente que na época de Jesus essa concepção de Reino era fluente, mas encontra nas suas pregações uma confirmação real daquilo que antes já se esperava. O Reino de Deus era o *conteúdo principal*, a mensagem característica da pregação da *Boa-Nova* de Jesus. Com Jesus, o Reino ficou próximo e, ao mesmo tempo, já atuante (cf. Lc 10,9; 17,21). Após a sua morte e ressurreição, Jesus, o Cristo, torna-se o referencial da pregação cristã, porém, em vez do Reino se pregava a Cristo, como consumação e plenitude desse Reino. Todos os títulos cristológicos (pós-pascais) aludem à grandiosidade do Reino de Deus pregado por Jesus.[52] Para Moltmann, "Reino de Deus significa originariamente reino em promessa, fidelidade e cumprimentos. A vida nesse reino significa, portanto, peregrinação histórica, movimento e obediente prontidão ante o futuro".[53]

Trata-se, portanto, de uma situação esperada pelo povo da Antiga Aliança e que se torna realidade na pessoa histórica de Jesus, que condiciona todo o seu agir diante dessa perspectiva. Sobre Jesus, acentua W. Pannemberg que "ele foi (e é) 'mais' que um profeta [...], porque nele o reino prometido de Deus já se tornou atualidade".[54] Para nós, contudo, que nos alimentamos dessa esperança, o Reino ainda tem caráter de promessa, pois ainda não visualizamos a totalidade de sua revelação, mas, a partir da ressurreição de Cristo, seu futuro nos é antecipado e já passamos a viver em clima de advento, de espera. Temos, assim, uma espera ativa, já que acolhemos na fé a promessa do Reino vindouro e decidimos em esperança caminhar na sua direção, dentro de uma experiência concreta e histórica. Esse caminhar condiciona em nós uma transformação e, também, em tudo aquilo que circunda o nosso ser. Fica evidente aqui o Reino que vem para transformar o mundo em uma nova criação.

---

[50] Cf. WACKER, M.-T. O Reino de Deus, p. 765-767.

[51] Cf. LÉON-DUFOUR, X. *Vocabulário de teologia bíblica*, p. 251-255; BORN, A. V. D. (Red.). *Dicionário enciclopédico da Bíblia*, p. 476-477; HOFFMANN, P. Esperança, p. 85; TORNOS, A. *A esperança e o além na Bíblia*, p. 67.

[52] Cf. BOFF, L. Op. cit., p. 40. Cf. também: SOBRINO, J. *A fé em Jesus Cristo*, p. 179-182. KESSLER, H. Op. cit., p. 266-294.

[53] MOLTMANN, J. *Teologia da Esperança*, p. 273.

[54] PANNENBERG. W. *Teologia sistemática*, vol. 3, p. 716.

Esse Reino constitui-se em promessa, e nós, iluminados pela vida e práxis de Jesus, contribuímos para sua construção, com uma resposta livre de fé e esperança. Pois "o advento desse mundo novo não pode realizar-se sem ação humana, na qual Jesus nos precedeu".[55]

Com certeza, o surgimento de Jesus despertou no povo de seu tempo esperanças messiânicas e, também, ao mesmo tempo, admiração pública e escândalo.[56] Sua mensagem sobre o Reino de Deus, de acordo com o testemunho da tradição sinótica, estava presente no centro de sua vida. Para Jesus, esse Reino não era senhorio de pessoas sobre pessoas, era antes um *senhorio de serviço*. Dessa forma, radicaliza a compreensão farisaica que se tinha na época, segundo a qual esse Reino deveria se manifestar no fim dos dias. Para Jesus o fim dos dias já irrompeu, "O Reino de Deus está no meio de vós" (Lc 17,21). Dirá a cristologia que Jesus de Nazaré é a última palavra do Pai, a última palavra de Deus para a humanidade, para a criação. Em Cristo tudo se realizou em plenitude (cf. Ef 1,23). Entra aqui a dimensão histórico-salvífica de Jesus, que ascende para uma compreensão *escatológico-soteriológica* de sua missão.[57] Tal intencionalidade aparecerá nas suas pregações sobre o Reino, no sentido que ele confere às inúmeras refeições com seus discípulos e, também, com outras pessoas;[58] após a ressurreição, essa intencionalidade salvífica se transfere para a sua pessoa e para a compreensão pós-pascal que se tem dela.

Essa proximidade do Reino é proclamada por Jesus como *Evangelium*, Boa-Nova. Jesus anuncia o Evangelho da libertação que está por irromper em Israel. É um senhorio de serviço enviado aos pobres, prisioneiros, cegos, oprimidos, ao lado de quem está o próprio Deus (cf. Sl 146 – Jesus assume isso, cf. Lc 4,18-19). Jesus também o destina aos doentes, aos pecadores, às mulheres e às crianças. Mostra em Deus um rosto de alguém que é próximo: Jesus o chama de Pai (*Abba*). Após a sua morte e ressurreição a compreensão desse anúncio só pode efetuar-se mediante o anúncio de seu nome: agora, *Jesus Cristo é o Senhor*. Essa é a nossa afirmação de fé, Jesus Cristo significa: Jesus é o Filho de Deus, é o nosso salvador, é o messias, é a nossa esperança...

Ao contrário de João Batista e dos profetas que esperavam o Reino para um momento futuro, para Jesus o Reino já era uma realidade presente no *meio* do povo e, consequentemente, suscitava transformações. Era uma expressão diferente, pois não resultava apenas num discurso político ou religioso, mas sim num *discurso transformador* que atenderia a pessoa humana na sua situação integral. Também não era um discurso designado a grupos seletos e excludentes, como também havia na época,

---

[55] SCHILLEBEECKX, E. Op. cit., p. 156.
[56] Cf. PAGOLA, J. A. *Jesus: aproximação histórica*, p. 103-106; 240-252.
[57] Cf. SCHILLEBEECKX, E. *Jesus, a história de um vivente*, p. 144.
[58] Cf. PAGOLA, J. A. Op. cit., p. 247-250.

mas era um discurso que procurava abranger a todos; e nesse "todos", destaca-se um olhar preferencial para os pobres, mulheres, crianças, enfermos... Nessa concepção, os excluídos da sociedade eram (e ainda são) os preferidos do Reino, não por suas qualidades, mas por justiça, por benevolência de Deus para com eles.

Porém, a maior implicação desse *agir* de Jesus aconteceu principalmente quando ele enfrentou situações do cotidiano, que, como barreiras presentes naquela sociedade, se tornavam pedras de tropeço para o surgimento do Reino. Falamos aqui da maneira como enfrentou essas situações com suas parábolas e com sua práxis de vida.

Ao discursar por parábolas, Jesus trouxe para a sua definição de Reino de Deus situações emergenciais e, ao mesmo tempo, incômodas para alguns grupos locais. Ao contrário destes, Jesus privilegiou os pecadores, os pobres, as mulheres, as crianças, os doentes, as prostitutas, enfim, todos os excluídos como pertencentes e importantes no plano salvífico de Deus. Com isso, condenou as estruturas que se intitulavam como "povo santo", "eleitos" e "escolhidos" por Deus. Mostrou um Reino de misericórdia e de amor gratuito; desprezou a prática da Lei pela Lei, mas colocou o ser humano no centro da Lei.[59] Sua prática de salvação foi de *amor-serviço*. Declarou bem-aventurados os pobres (cf. Lc 6,20; Mt 5,3), não por sua qualidade de pobre, mas por benevolência de Deus e, com essa atitude, rejeitou a pouca vontade humana de fazer o bem (cf. Lc 6,24-26). Jesus agiu da mesma forma com as mulheres e com as crianças. Aceitou jantar com publicanos e fariseus, mas reprovou a conduta que estes tinham. Nas suas parábolas usava de situações cotidianas para criticar as práticas de hipocrisia cometidas por eles; aí os retratava segundo o plano e a misericórdia de Deus.[60] Nas parábolas, Jesus fazia com que o olhar crítico que eles depositavam nos outros se voltasse contra si mesmos.

Em toda a sua práxis de vida, Jesus possuiu um agir voltado para os que mais precisavam. Ao fazer isso – principalmente nas parábolas e nas bem-aventuranças –, *atacou* os opressores do povo e *incluiu* aqueles que eram excluídos por eles. De maneira profética e libertadora mostrou a face de um Deus compadecido para com essas pessoas e que queria por amor resgatá-las das injustiças. As suas parábolas exigiam uma decisão. Sua pregação foi um evangelho, uma "Boa-Nova" que trazia um *novo olhar* de Deus ao ser humano e um *novo olhar* do ser humano a Deus. Vê-se que, para Jesus, o Reino não era algo futuro a ser realizado no fim, mas era algo que já acontecia.

Olhar e viver essa experiência de Jesus de Nazaré e trazê-la para o nosso cotidiano hoje, seguramente, provoca em nós uma vivência transformadora. É onde entendemos o Reino num aspecto escatológico de promessa, entre algo que já é realidade, mas ainda não totalmente.

---

[59] Cf. RUBIO, A. G. *O encontro com Jesus Cristo vivo*, p. 50-52.
[60] Cf. SCHILLEBECKX, E. Op. cit., p. 152-165.

Agora, de acordo com E. Schillebeeckx, só entenderemos essa mensagem de Jesus sobre o Reino que apresentamos acima através de suas parábolas e bem-aventuranças, como também na sua prática de vida, ao entendermos *o próprio Jesus como uma parábola*.[61] Explicamos: Jesus é a face amorosa de um Deus que se doa totalmente a nós por graça e, nessa condição, quer resgatar o seu povo imerso na sua realidade. Jesus, como parábola, insere-se no cotidiano do povo para transformá-los *já* em suas vidas, o que implicaria, posteriormente, uma atitude pessoal de aceitação do Reino; é a resposta da fé.

É possível concluir a mensagem e ação de Jesus sobre o Reino da seguinte forma: a liberdade em aceitar o que é gratuito se torna liberdade para seguir a práxis cristã. Tem-se em Jesus e no seu Reino essa lição.

Com o passar da história até os dias de hoje, a compreensão de Reino de Deus passou por várias interpretações, que não é nosso objetivo aqui aprofundar.[62] No entanto, uma boa explicação sobre a compreensão atual para a teologia parece ser de suma importância. Nesse contexto, o teólogo protestante J. Weiß foi o primeiro a frisar a importância fundamental do *caráter escatológico da mensagem de Jesus sobre o Reino de Deus*.[63] As suas pesquisas no século XIX levantaram questões não só hermenêuticas e cristológicas, mas também éticas e eclesiológicas, que são de grande importância para a teologia até os dias de hoje. O lado protestante caminhou para uma ampliação desse horizonte de compreensão, seguindo depois com Bultmann, Barth e outros. Do lado católico, é com o Concílio Vaticano II que se tornam frutíferas as implicações histórico-salvíficas e eclesiológicas do conceito de Reino de Deus. A Igreja aparece como *Povo de Deus* (cf. LG cap. II), como sinal (cf. LG n. 1), de modo peregrinante e em comunhão com a Igreja celeste, à espera da consumação por Deus (cf. LG n. 48). A mensagem e práxis contidas no conceito de Reino de Deus, trazidas para dentro da reflexão teológica atual, despertam a esperança em vários níveis, atingindo várias pessoas, ansiosas pela salvação.

O Reino de Deus também surge como novo paradigma de uma esperança que proclama a liberdade, a igualdade e a justiça, a ponto de se fazer realizar já no presente esse destino futuro. É o motivo central de expressões teológicas como a Teologia da Esperança, a Teologia Política e a Teologia Latino-Americana da Libertação, dentre outras. Nesse contexto teológico que se abre à promessa do Reino, o presente se apresenta como um *kairós* que desafia o tempo para a realização da esperança

---

[61] Cf. ibid., p. 150.

[62] Para uma compreensão maior do Reino de Deus, indicamos as seguintes referências como consulta: BUSSMANN, M. Reino de Deus, p. 775; BERNABÉ, C. Reino de Deus, p. 674-683; RUBIO, A. G. Op. cit, p. 33-47; MIRANDA, M. F. *A salvação de Jesus Cristo*, p. 29-68; BOFF. L. Op. cit., p. 38-59; SOBRINO, J. *Jesus, o Libertador*, p. 105-159; id. *Cristologia a partir da América Latina*, 1983; MOLTMANN, J. *Quem é Jesus Cristo para nós hoje?*, p. 11-32; KASPER, W. *Jesus, el Cristo*, p. 86-107; BENTO XVI. *Jesus de Nazaré*, p. 57-70; SCHILLEBEECKX, E. Op. cit., p. 134-148; PAGOLA, J. A. Op. cit., p. 109-141; dentre outros.

[63] Cf. MOLTMANN, J. *Teologia da Esperança*, p. 55-57. Cf. também: BENTO XVI. Op. cit., p. 61-62.

escatológica. Resgata-se a ideia de Reino de Deus atribuída por Jesus, como a opção pelos pobres, pelos mais fracos, excluídos e necessitados. Vive-se um Reino como proposta de justiça. A Igreja, que se reúne em comunhão, torna-se servidora e solidária com as vítimas do passado e do presente. Dessa forma, o Reino de Deus compreende-se como novo paradigma para a salvação universal, que pela força do Espírito encontra-se "acima de todos, por meio de todos e em todos" (Ef 4,5). Um Reino onde somos chamados a colaborar na missão a nós confiada, mas cuja consumação é, exclusivamente, de Deus.

Sendo assim, só é possível compreender a magnitude desse Reino se tivermos por base a vida do próprio Jesus, que em toda a sua extensão mostrou-se pronto e seguro dessa promessa. Jesus afirma que o Espírito do Senhor está sobre ele e que o ungiu "para evangelizar os pobres, enviou-me para proclamar a libertação aos presos e aos cegos a recuperação da vista, para restituir a liberdade aos oprimidos e para proclamar um ano de graça do Senhor" (Lc 4,18-19). Para Jesus, tendo por base este texto de Isaías 61, o Reino torna-se uma realidade, pois, no seu entender e segundo as suas palavras, "hoje se cumpriu aos vossos ouvidos essa passagem da Escritura" (Lc 4,21). Esse *hoje* se caracteriza pelo Reino que vem e se aproxima de nossa história,[64] movimentando-a por dentro, no agir do próprio Jesus, rumo a Deus e a seu futuro. No dito de Jesus: "O que tem ouvidos, ouça!" (Mt 13,43).

Em suma, Jesus assume na própria vida essa causa e estende a todas as pessoas do seu cotidiano o conteúdo prometido. Em sua prática não exclui pessoa alguma, todos são chamados ao banquete do Reino (cf. Mt 22,9-10). Jesus, ao pregar o Reino, apresenta um novo rosto de Deus, um Deus mais próximo e solidário, que se coloca ao lado e que chama os mais pobres e os que sofrem à bem-aventurança (cf. Lc 6,20-21; Mt 5,1-10). Jesus, ao viver o Reino, intensifica na sua prática de vida a realidade dessa novidade. Ele não promete outra vida separada desta, mas faz acontecer já nesta vida a vontade de Deus; apresenta a todos a sua Boa-Nova, a sua salvação. Em Jesus não se projeta um Reino para o futuro, mas, no seu agir, esse futuro já se torna presente e atuante na história: "os cegos recuperam a vista, os coxos andam, os leprosos são purificados, os surdos ouvem, os mortos ressuscitam e aos pobres é anunciado o Evangelho" (Lc 7,22). Em torno a essas circunstâncias, Jesus não permanece sozinho em sua missão, mas se agarra com confiança em Deus, a quem chama *Abba*. Ao mesmo tempo, convida-nos e nos confronta diante da realidade social que sofre e que agoniza, que tem fome e que chora. Diz e provoca a todos nós: "Dai-lhes vós mesmos de comer" (Mt 14,16).

Abre-se o caminho para a missão da esperança.

---

[64] Sobre o *hoje*, característico do Evangelho de Lucas, Lina Boff discorre: "O 'hoje' proclamado por Jesus abre o tempo messiânico, a era definitiva da salvação inaugurada pelo espírito, que unge Jesus e o envia a anunciar a libertação de todos. Na intenção de Lucas, este episódio é, verdadeiramente, o 'manifesto' de Jesus: a salvação prometida por Deus está hoje presente na sua pessoa, Jesus, que tem a missão de realizar tudo aquilo que o povo esperava no Antigo Testamento". BOFF, Lina. *Espírito e missão na obra de Lucas-Atos*, p. 38.

1.2. A missão da esperança

A missão da esperança é motivada pelo movimento de Deus em nosso favor, revelando-nos o seu futuro e convidando-nos a seguir em sua direção, mas irrompe da esperança cristã vivida junto à comunidade de fé e da sociedade em que se encontra. O sentir da esperança e o acolhimento da revelação na fé é o que faz surgir essa missão e tudo aquilo que se desenvolve a partir dela. Cabe-nos, então, uma vez que já discorremos sobre Deus e seu futuro, desenvolver um raciocínio teológico subsequente, a fim de encontrar a esperança que nasce do nosso contexto histórico e que nos movimenta além dele.

Dentro desse contexto, vemos que as situações presentes na atual sociedade latino-americana e, também, no mundo como um todo, ainda não perderam de vista o seu caráter emergencial, que suscitam em nós (e em todos) um olhar preferencial em favor dos pobres, dos excluídos, dos marginalizados, das mulheres, das crianças, dos doentes, dos abandonados e dos que não têm voz nem vez na sociedade. Esse olhar já fez parte de toda a trajetória da Teologia Latino-Americana da Libertação,[65] sendo incorporado também no modo de ser Igreja nesta sociedade latino-americana.[66] No entanto, outros fatores, novos e mais complexos, caracterizam também essa realidade contemporânea, demonstrando-lhe um novo sentido, em que se encontram novos alicerces para acomodar as esperanças atuais, próprias de uma sociedade em transformação.[67]

Tais esperanças são forças íntimas e pessoais que movimentam o ser humano diante do seu contexto e de sua história, no intuito de responder perguntas fundamentais, mas que algumas vezes carecem de pleno significado: quem sou? De onde

---

[65] Desde o seu início, a Teologia Latino-Americana da Libertação (TdL) procurou fazer uma teologia que tivesse como ponto de partida a práxis. Uma teologia movida pela fé, mas desenvolvida a partir do olhar daqueles que sofrem, daqueles que não têm vez nem voz na sociedade. Destacamos aqui duas obras clássicas. Uma delas, a primeira, que marca o momento inicial dessa teologia; a segunda, num momento de maior amadurecimento e desenvolvimento pastoral: GUTIÉRREZ, G. *Teologia da Libertação*, 2000. BOFF, L.; BOFF, C. *Como fazer Teologia da Libertação*, 1986.

[66] Essa prerrogativa torna-se mais concreta nos documentos oficiais do Conselho Episcopal Latino-Americano – CELAM, a partir de suas conclusões: Medellín, 1968; Puebla, 1979; Santo Domingo, 1992, e Aparecida, 2007. A riqueza dos documentos episcopais latino-americanos e caribenhos vem também da metodologia adotada para a reflexão, através do método ver, julgar e agir. Este método só não foi utilizado na Conferência de Santo Domingo, que partiu de outra perspectiva. Não mencionamos aqui a Conferência do Rio de Janeiro, ocorrida em 1955, porque ela é anterior ao Concílio Vaticano II, estando, portanto, em outro contexto eclesial.

[67] Citamos aqui algumas obras de referência e que podem servir de apoio a esta questão: VV.AA. *América Latina*: sociedades em mudança, 2005; LECOUR, G. M. C. *Uma aposta pela América Latina*. Memória e destino histórico de um continente, 2004; POZO, J. *História da América Latina e do Caribe*. Dos processos de Independência aos dias atuais, 2009; SUSIN, L. C. Missão em um tempo de mudanças profundas e desafios culturais inadiáveis, p. 25-40; LIBÂNIO, J. B. A dimensão conflituosa da missão na sociedade do conhecimento, p. 41-50; HIDALGO, M. A missão diante da crise econômica: interpretação, consequências e desafios, p. 51-67; TOURAINE, A. *Um novo paradigma*: para compreender o mundo de hoje, 2007; SELLA, A. *Globalização neoliberal e exclusão social*, 2002. O conteúdo destas obras poderá aparecer no decorrer do nosso trabalho, quando trouxermos elementos da sociedade atual, sob estas perspectivas.

vim? Para onde vou? Nessa linha de raciocínio, de acordo com Hélcion Ribeiro, dizemos que "há no coração humano uma esperança para além do que se espera",[68] e é no amor e para o amor de Deus que tudo se destina. Nas palavras do autor: "É por amor que, nele, subsistem todas as coisas. E todas elas se encaminham para a grande consumação, atingindo a plenitude pessoal e social".[69] Assim, o ser humano "poderá vê-lo face a face. Isto é: participar do seu amor".[70] É o que movimenta o ser humano na sua busca de sentido, à procura de uma resposta que venha satisfazer uma necessidade intrínseca a ele, que só terá fim junto ao próprio Deus, para o qual caminhamos nessa missão de esperança. O destino dessa missão é o encontro pleno com Deus, "porque tudo é dele, por ele e para ele" (Rm 11,36).

Entendemos também que essa realidade apresenta-se hoje de modo bastante complexo, devido a sua pluralidade. Por essa razão, neste momento da nossa reflexão, devemos fazer uma identificação do sentido da esperança na sociedade contemporânea, a fim de verificar como ele apresenta para esta sociedade o futuro de Deus, trazido pelo anúncio da esperança cristã e que mobiliza a ação dos que creem para uma missão. Dessa maneira, poderemos apresentar consequências teológicas autênticas e coerentes, que direcionem a sociedade e o mundo como um todo ao futuro de Deus prometido. A partir desse ponto, observamos as novas transformações na sociedade, dentre as quais muitas levantam situações de crise. Perante esta realidade, a teologia sente-se desafiada a proporcionar uma resposta. Não que o mundo a exija, mas ela a oferece livremente, de modo dialogal; ela também desafia a sociedade onde está, pois sente que tem algo a dizer ao mundo em questão.

Esse diálogo com o mundo atual já faz parte da tradição eclesial e teológica. O Concílio Vaticano II, na sua Constituição Pastoral *Gaudium et spes*, afirmou o compromisso cristão no mundo de hoje. Na época do Concílio, os Padres Conciliares alertavam sobre alguns problemas decorrentes de uma nova estrutura política, social, cultural e religiosa que se instalava naquele período histórico e quais eram as suas principais implicações.[71] Esses Padres Conciliares afirmaram que a Igreja deve estar em *íntima união* com toda a família humana (cf. GS n. 1) e dirigem-se, então, à humanidade na sua totalidade, e não apenas aos filhos da Igreja e aos que invocam o nome de Cristo (cf. GS n. 2). A Igreja está a serviço da salvação integral do ser humano, pois a pessoa deve ser salva e a sociedade, consolidada (cf. GS n. 3). Para tanto, deve estar atenta aos sinais dos tempos e interpretá-los à luz do Evangelho, respondendo de maneira apropriada às questões humanas a respeito do sentido da vida presente e futura. É necessário, pois, conhecer o mundo em que se vive, já que

---

[68] RIBEIRO, H. *Quem somos? De onde viemos? Para onde vamos?*, p. 151.
[69] Ibid., p. 188-189.
[70] Ibid., p. 189.
[71] Estas implicações aparecem no documento, de modo mais específico, na sua segunda parte, quando trata de "alguns problemas mais urgentes". Isso pode ser encontrado nos seguintes artigos: GS n. 47-93.

surge um novo momento na história humana, com rápidas e profundas transformações (cf. GS n. 4). Ao que parece, as considerações do Vaticano II ainda permanecem urgentes e atuais, bastam apenas ser revividas dentro do nosso contexto.

Contudo, percebemos que a vontade de Deus – que apresentamos aqui como *seu futuro* – prevalece diante de todas as dificuldades que a vida pode apresentar, e a vontade de Deus é somente uma: *a salvação integral do ser humano e, com ele, de toda a criação*.[72] Deus quer a todos junto dele, quer construir a sua casa com a humanidade (cf. Ap 21,3), que, de sua parte, também necessita dessa casa futura, porque somente nela encontrará a verdadeira vida, passando a entender o seu sentido último. Para os cristãos esse *verdadeiro sentido* é Cristo. Nele, Deus será tudo em todos (cf. 1Cor 15,28). Perante essa condição, o Novo Testamento recomenda: "revesti-vos do Homem Novo, criado segundo Deus, na justiça e santidade da verdade" (Ef 4,24). Todavia, neste momento, a vida persiste pela promessa que alimenta a esperança na libertação. Mesmo diante das dificuldades, do sofrimento, da aflição, o olhar do cristão deve estar sempre focado na ressurreição de Cristo. Aí se encontra o seu destino e a sua esperança.

Porém, a ressurreição de Cristo faz olhar também para trás e verificar o que antecedeu a ela. Ela não surge sozinha, mas é confirmada pela cruz. Do mesmo modo como a ressurreição nos mantém alertas e apreensivos pelo futuro que nos aguarda (cf. 1Cor 15,54-58), a cruz evoca o serviço ao Reino de Deus e do caminho trilhado por Jesus até a cruz; é esse caminho que devemos seguir. Todo o caminhar de Jesus até a cruz foi um caminhar que gerou vida, sendo impossível, pois, trazer um final diferente. A verdade da ressurreição foi construída em toda a sua missão. A cruz foi uma barreira superada, a morte foi vencida para todo o sempre.

De fato, isso tudo ocorreu com Cristo e é sentido e alimentado pela fé cristã. No entanto, a Igreja, que é o prolongamento dessa ação (cf. LG n. 8), que é peregrina, persiste na tensão escatológica provocada por aquilo que foi prometido e já está consumado em Cristo ressuscitado com o presente ainda não realizado.[73] Essa verdade dogmática que a Igreja representa vem através de sua missão diante do mundo,

---

[72] O tema da salvação, estendido a toda a criação, faz parte da tradição cristã, desde a tradição paulina, buscando elementos da tradição bíblica do AT, compreendendo na atualidade toda a teologia, sobretudo, na escatologia, que busca dialogar com a questão antropológica, social e ecológica. O nosso trabalho não versará sobre a questão ecológica, pois se refere a uma temática ampla e que merece atenção especial. No entanto, reconhecemos a importância de sua reflexão para a escatologia atual, tanto que essa abordagem será desenvolvida pelo teólogo Jürgen Moltmann e também assumida por teólogos da libertação, que são os pilares do nosso trabalho.

[73] Dentro da visão escatológica da Igreja proposta pelo Vaticano II, na *Lumen gentium*, essa tensão pode ser caracterizada pela "Natureza escatológica da Igreja peregrina e sua união com a Igreja do céu", expressa de modo sistemático nos artigos 48 a 51. Indicamos, sobre este assunto, também a obra de Lina Boff, que faz um estudo aprofundado da Igreja no Vaticano II e seu desenvolvimento escatológico. A obra reúne artigos já publicados pela autora e que fizeram parte de seu projeto de pesquisa: BOFF, Lina. *Da esperança à vida plena*, 2010.

confirmada pela missão do Espírito que anima e vivifica a Igreja (cf. 1Cor 12,4-11). A Igreja vive na esperança do futuro prometido por Cristo na sua ressurreição, mas este se contradiz com a realidade da cruz presente em nossos dias, que ainda espera pela ressurreição. É aqui que entra a missão da esperança cristã: ela coloca o ser humano numa contradição entre o real e o que não se consegue conceber ainda como real, é ainda promessa; entre aquilo que é visível e a realidade prometida, mas ainda invisível. Ela é identificada com a contradição existente entre a cruz e a ressurreição, que só é exprimível pela fé. É nessa contradição que a esperança deve mostrar sua força, através de sua missão.[74] É esperar contra toda esperança (cf. Rm 4,18).

Estas são situações reais em que o anúncio do futuro de Deus apresentado "na" missão da esperança cristã deve corresponder. Estas são situações que clamam à teologia e a interpelam a uma resposta.

Entra aqui o caráter que pretendemos ressaltar, já elucidado desde a nossa introdução e que vai se tornando mais evidente no desenvolvimento do trabalho, que quer trazer para o tempo presente o futuro já realizado com Cristo. Esse futuro revelado por Deus em todo o seu plano salvífico, mas de modo pleno e último na pessoa de Jesus Cristo (cf. Hb 1,1-2), apresenta-nos o Reino vindouro, o que provoca em nós, em atitude de fé, uma missão. Esse evento realizado pôs em movimento para toda a humanidade e para toda a criação "a revelação de Deus, que implica a glória de seu reino, justiça, vida e liberdade".[75] Essa ação deve ser estendida a todos. No evangelho da "Boa Nova" de Cristo esse futuro já se tornou presente (cf. Lc 4,17-21; Mt 11,5-6). Esse anúncio da esperança traz as suas consequências. Trata-se, portanto, de uma ação que age na história e que a transforma. Essa concretização só se torna possível pela ação do Espírito Santo: o agente dessa missão.[76]

Provoca-nos agora, na sequência, a falar da esperança em seu contexto e com ela o que esperamos; falaremos também da esperança na comunidade de fé, da esperança num mundo não mais cristão e da esperança no atual contexto latino-americano; o que nos levará ao anúncio da esperança cristã, na missão. É o que faremos a seguir.

1.2.1. A esperança e o seu contexto

Em uma perspectiva geral, a definição mais simples que podemos encontrar para esperança é o ato de esperar o que se deseja. Trata-se de um conceito dinâmico, algo de caráter propulsor, aberto à novidade, sensível ao novo que está por vir. Está relacionada com expectativa e, também, com fé. A fé é esperança. No dizer da Carta aos Hebreus: "a fé é garantia antecipada do que se espera, a prova de realidades que não

---

[74] Cf. MOLTMANN, J. Op. cit., p. 33-34.
[75] Ibid., p. 181.
[76] No NT a ação do Espírito Santo exerce função salutar na intimidade de cada um e promove o crescimento específico de toda a Igreja, que é, por excelência, missionária, comunidade do anúncio (cf. At 2,2-4; 1Cor 12; 13 e 14). No Vaticano II isso foi fortalecido no Decreto *Ad gentes*, que trata sobre a missão: AG n. 4.

se veem" (Hb 10,1). Ao relacionar-se com a fé, como garantia de antecipação futura, a esperança aparece numa posição ativa, que se coloca em espera, em prontidão, em ato.[77] Esperança não é apenas uma característica que podemos ter e desenvolver, mas é, antes de tudo, uma atitude de fé: ter esperança, esperar, confiar, perseverar...

Ampliando a perspectiva, observamos que a esperança constitui algo essencial para a fé cristã, pois ela possui uma das três virtudes teologais, ao lado da fé e da caridade-amor (cf. 1Cor 13,13). Essas virtudes são chamadas teologais porque o ser humano não as adquire através do próprio esforço, sendo assim, "vale para a esperança cristã que seu fundamento está fora de nós mesmos, a saber, em Jesus Cristo",[78] fonte da nossa esperança (cf. Cl 1,27; Ef 2,12). A esperança surge para o ser humano como resposta a uma força externa (graça), capaz de despertar nele uma busca de sentido, uma razão para a sua própria existência. É o que faz do ser humano um ser especial, pois, à medida que ele se sente envolvido pela graça divina, descobre em si mesmo uma abertura ao transcendente, capaz de movimentá-lo rumo ao absoluto, à plenitude da sua existência, ao *éschaton*. E a certeza de que lhe é trazida pela fé só pode ser sustentada pela esperança que se plenifica no amor. A esperança é a chave para a compreensão do futuro, falando teologicamente.

Dessa forma, ao procurar dar razões da sua esperança no futuro, o ser humano descobre que ele não é apenas passado e presente, mas é principalmente, como assegura Leonardo Boff, futuro. "É projeto, prospecção, distensão para o amanhã."[79] O futuro, o seu ainda-não, constitui parte essencial do seu ser.[80] O ser humano "não é apenas um ser, mas principalmente um poder-ser, um feixe de possibilidades em aberto que busca sua realização".[81] Dentro de uma perspectiva cristã, essa intencionalidade não se consegue por si só, mas por fruto e obra da graça, capaz de envolver a pessoa inteira. Contudo, o ser humano "é bom, gracioso, agradecido, belo, *cor-dial*, *miseri-cor-dioso* porque foi visitado por Deus *miseri-cor-dioso*, *cor-dial*, belo, agradecido e bom, que o fez ser aquilo que é".[82] Sobre essa relação humano-divina, Mário A. Sanches confirma o que dissemos acima: "o ser humano sente que conhece e é conhecido pelo Absoluto, sente que envolve e é envolvido pelo Transcendente, sente, enfim, que é parte consciente dessa realidade Transcendente e Absoluta e, portanto, Eterna".[83] Dizemos, então, que há uma ação divina e há uma ação humana, a segunda responde à primeira pela fé; junto com a fé, caminha a esperança, e ambas só se realizam, plenamente, no amor (cf. 1Cor 13,13). Fé, esperança e amor.

---

[77] Cf. BENTO XVI. *Spe salvi*, n. 35.
[78] PANNENBERG, W. Op. cit., p. 245.
[79] BOFF, L. *Vida para além da morte*, p. 17.
[80] Cf. ibid.
[81] Id. *A graça libertadora no mundo*, p. 198.
[82] Ibid., p. 15.
[83] SANCHES, M. A. *Bioética: ciência e transcendência*, p. 36.

A relação entre o ser humano e a sua transcendência desperta em seu interior uma expectativa superior em relação à própria vida. É o desejo de algo mais, algo que o deixa inquieto e que denominamos, por fim, de esperança. Logo, é certo afirmarmos que esperança "é a expectação de algo superior e perfeito".[84] Assim, a pessoa que a tem "aguarda algo de maior, de melhor, de mais perfeito, que venha a suceder".[85] "Só o futuro absoluto, a realização da utopia aquieta o coração insaciado de esperar".[86]

Estas definições já demonstram a relação com o futuro, com o escatológico, o que faz da sua fundamentação algo de grande importância para a teologia atual; fato a se concretizar na Teologia da Esperança, na Teologia Política, na Teologia da Libertação e em tantas outras expressões que buscam acalentar essa esperança escatológica, ampliando o seu horizonte na história. Algo também presente no Vaticano II.

> Não sabemos até quando existirão a terra e a humanidade nem sabemos que transformações hão de sofrer. A figura deste mundo, deformado pelo pecado, haverá de passar, mas o Senhor ensina que haverá uma nova morada para o homem, em que habitará a justiça e cuja felicidade preencherá e superará todos os desejos de paz que o coração humano alimenta. Então, vencida a morte, os filhos de Deus ressuscitarão em Cristo. O que foi semeado na fraqueza e na corrupção vestirá a incorruptibilidade. O amor permanecerá...
>
> [...]
>
> O Reino misteriosamente presente na terra chegará à consumação com a vinda do Senhor (GS n. 39).

Vemos, assim, que falar de esperança é falar da força positiva que nos faz caminhar rumo a um horizonte, onde apenas a alegria de estar caminhando já é, de certa forma, uma experiência transformadora. É uma força que transcende toda e qualquer experiência humana; é uma expectativa que aspira algo supremo, intocável, infinito. Porém, ao mesmo tempo em que se volta ao absoluto, ela se alimenta do cotidiano da história e interage em meio a ela, transforma-a. Quando a esperança é compreendida como virtude teologal, ela nunca será uma fuga da realidade, mas força de transformação da mesma. Por essa razão, torna-se difícil descrevê-la; antes é preciso se deixar envolver por ela para desfrutar *já* no presente um *kairós* vivificante e anunciador de um *ainda não* futuro. Por isso, as promessas escatológicas (passado) se transformam em prelúdios e anúncios futuros, nos quais *já* é vislumbrado – mesmo que precocemente – um *ainda não* (futuro), que preconiza, por assim dizer, um eterno presente.

---

[84] SANTOS, M. F. *Dicionário de filosofia e ciências naturais*, p. 1408.
[85] Ibid.
[86] BOFF, L. Op. cit., p. 199.

A esperança traduz a abertura do homem para o amanhã, donde espera um sentido mais plenificador do que aquele que vive no hoje. A esperança não é um futuro-futuro. É um *já* presente, experimentado e gozado, mas *ainda não* recebido e realizado em plenitude; por isso é também futuro. Em consequência disso, na esperança vigora sempre uma tensão entre o ser (presente) e o poder-ser (futuro) almejado. O presente é vivido como antecipação e preparação do futuro e por isso sempre em aberto.[87]

No entanto, vale destacar que, aquilo que é objeto de nossa esperança no futuro, aquilo que esperamos e que nos faz caminhar em missão, só pode ser compreendido através de Cristo, que traz à humanidade a face amorosa deste Deus que vem e nos oferece a sua salvação, convida-nos à morada eterna, à plenitude. Por essa razão, a nossa fé é advento, é espera; vive-se hoje o *gérmen* da ressurreição, já realizada em Cristo e, por ele, antecipada a nós pela fé. O desafio que nos coloca a missão está em encontrar o lócus dessa esperança na atual sociedade, com todas as suas pluralidades e complexidades; num mundo de aflição, violência, morte e cultura imediatista; num mundo carente de sentido e de frente ao *nihil* (ao vazio, ao nada). Se a esperança é a esperança da fé e a fé é vivida neste mundo, aonde Cristo veio e inaugurou o seu Reino, então é neste mundo, com todas as suas variações e situações, que devemos atuar como sal da terra e luz do mundo, sendo sinal e prova dessa esperança. É neste mundo que somos convidados, enquanto Igreja, comunidade de fé e povo de Deus, a viver e alimentar essa esperança *coletivamente*, pois aquilo que esperamos se espera para todos, e com todos.

1.2.2. O que esperamos

Bento XVI abre a sua Encíclica *Spe salvi* afirmando que somos salvos pela esperança,[88] resgatando aquilo que Paulo disse aos Romanos (cf. Rm 8,24). Bento XVI diz que "a redenção é-nos oferecida no sentido de que nos foi dada a esperança, uma esperança fidedigna, graças à qual podemos enfrentar nosso tempo presente". Dito desta forma e a partir de tudo que já mencionamos acima, confirmamos que aquilo que esperamos, que é objeto de nossa esperança, é, com certeza, a salvação. Salvação esta que já nos foi oferecida e realizada em Cristo, e, mesmo que ainda não possamos vê-la plenamente, ela já nos é garantida pela esperança (cf. Hb 11,1). Ao mencionar esta passagem da Carta aos Hebreus, Bento XVI diz que, "já estão presentes em nós as coisas que se esperam: a totalidade, a vida verdadeira".[89] É o que nos faz caminhar na certeza, de modo firme, naquilo que esperamos e sentimos interiormente, e que, por essa razão, movimenta-nos exteriormente. É o sentido pleno

---

[87] Ibid., p. 198. Grifos do autor.
[88] Cf. BENTO XVI. Op. cit., n. 1.
[89] Cf. ibid., n. 7.

da nossa vida que não pode ser preenchido por nada que não seja o próprio Deus, quando o nosso coração inquieto repousar e se encontrar plenamente nele.[90]

Para caracterizar aquilo que esperamos na ótica da fé cristã, tomaremos por base algumas expressões que tendem a auxiliar o nosso estudo, sem ter a pretensão de que estas sejam as únicas manifestações nem que tenham qualquer caráter conclusivo.[91] Não faremos aqui uma menção ao Reino de Deus e a Vinda de Deus, porque já foram pontos trabalhados no capítulo anterior.

1. *A ressurreição*: É uma temática que está no centro da fé cristã. Buscando dentro da tradição bíblica, veremos que a ressurreição também está no centro da teologia de Paulo, assim como a cruz. Na teologia paulina uma temática não pode ser correspondida sem a outra.[92] Quando Paulo fala da ressurreição, especificamente, apresenta a ressurreição daquele que foi crucificado, Jesus de Nazaré, o Cristo, o Senhor; e, ao mesmo tempo, compreende a ressurreição daqueles que se entregaram a ele.[93] Neste caso, a ressurreição, que é motivo de esperança, é assegurada – exclusivamente – pela fé no ressuscitado (cf. 1Cor 15,13-19). Visto desta maneira, é o que esperamos da nossa salvação. Aquilo que aconteceu com Cristo, prefigura o futuro que almejamos (cf. 1Cor 15). Em Paulo, essa ressurreição já é apresentada pelo ritual do Batismo, pelo qual o fiel morre para o pecado e ressuscita com Cristo para a vida eterna (cf. Rm 6,3-14; tb. 1Ts 4,13s). Com certeza, a compreensão cristã da ressurreição inclui e amplia a compreensão que se tinha no AT. Com a ressurreição de Cristo percebemos a proximidade de Deus que já pode ser realizada e experimentada nesta vida. Na época, os discípulos experimentaram o poder dessa novidade com a ressurreição do Jesus crucificado. Neste pensamento, Franz-Josef Nocke afirma que "ressurreição significa relação permanente e intensificada com este mundo e com os homens que nele vivem".[94] Desse modo, não significa uma nova vida que venha a esquecer o que houve até agora, mas sim uma *reativação* da vida vivida até agora. "A ressurreição tem a ver com o mundo, aprofunda relações, é consumadora da história."[95]

2. *A vida eterna*: Representa para a fé cristã o resultado da encarnação do Filho, que, assumindo a humanidade em seu ser, possibilitou que esta tivesse acesso ao mistério divino (cf. Tt 1,2; 3,7), à eternidade. O ser humano que é finito encontra na relação com Cristo a certeza da salvação, na qual dotado pela graça transpira e se orienta rumo à eternidade, num horizonte infinito de plena realização. *O eterno*

---

[90] Cf. AGOSTINHO, S. PL. *Confissões*, I, 1,1.

[91] Todos esses objetos da esperança cristã que caracterizam a salvação foram escolhidos por nós para este momento do trabalho, mas também podem ser encontrados com amplo desenvolvimento nas seguintes obras: *Dicionário enciclopédico da Bíblia*, p. 478. Cf. tb. BAURER, J. B. *Dicionário de teologia bíblica*, p. 362-363.

[92] Cf. DUNN, J. D. G. *A teologia do apóstolo Paulo*, p. 280-281.

[93] Cf. ibid., p. 287.

[94] NOCKE, J.-F. Escatologia, p. 405-406.

[95] Ibid., p. 406.

se torna terno para que o terno se torne eterno. A palavra "terno", que esboçamos aqui, aparece no sentido de afetuoso, vem de ternura. Deus, na eternidade, afeiçoa-se conosco, a ponto dessa afeição nos envolver e pela graça nos arremessar rumo à eternidade. Deus vem "junto" a nós para que possamos estar "junto" a ele. Essa eternidade para os cristãos é algo que *ainda não* vislumbramos, mas que já é possível sentir, como ressalta J. Moltmann: "Assim, o verdadeiro presente nada mais é do que a eternidade imanente no tempo. É preciso, portanto, reconhecer no brilho do temporal e do passageiro a substância nele imanente, 'o eterno que está presente'";[96] termina parafraseando Hegel. Também Bento XVI: "Seria o instante de mergulhar no oceano do amor infinito, no qual o tempo – o antes e o depois – já não existe. [...] é a vida em sentido pleno, um incessante mergulhar na vastidão do ser".[97] É onde se pode beber o *vinho novo* no Reino prometido (cf. Mc 14,25), na festa da *alegria eterna* preparada pela plenitude de Deus e pelo júbilo de todas as criaturas.[98]

3. *A herança*: Diz Paulo na Carta aos Romanos: "E se somos filhos, somos também herdeiros, herdeiros de Deus e coerdeiros de Cristo, pois sofremos com ele para também com ele sermos glorificados" (Rm 8,17). No fundo, essa herança de que fala Paulo só se torna possível mediante a nossa filiação divina, que nos foi agraciada por Cristo (cf. Ef 1,6). Cristo, ao assumir a nossa humanidade, assumiu assim inteiramente todo o nosso ser, tornando-nos, pois, partícipes da sua eternidade. É isso que confessa o credo cristão ao afirmar que Cristo está sentado à direita do Pai.[99] Paulo ainda reflete a nossa participação na sua morte e ressurreição, da qual pelo Batismo já nos tornamos herdeiros: "Porque se nos tornamos uma só coisa com ele por morte semelhante à sua, seremos uma só coisa com ele também por ressurreição semelhante à sua" (Rm 6,5).

---

[96] MOLTMANN, J. Op. cit., p. 43. Na teologia de Moltmann, ver também: id. *A vinda de Deus*, p. 357-360.

[97] BENTO XVI. Op. cit., n. 12.

[98] Cf. MOLTMANN, J. *A vinda de Deus*, p. 360.

[99] Sobre isso, Joseph Ratzinger, BENTO XVI, comenta: "A encarnação de Deus em Jesus Cristo, por força da qual o Deus eterno e o homem temporal se fundem numa mesma pessoa, nada mais é do que a concretização do poder de Deus sobre o tempo. Nesse ponto da existência humana de Jesus, Deus apanhou o tempo e o puxou para dentro de si mesmo. O seu poder sobre o tempo está materializado diante de nós em Cristo, que é realmente a 'porta' entre Deus e o homem, como diz o evangelho de João (10,9), o seu 'mediador' (1Tm 2,5) no qual o eterno tem tempo. Em Jesus, nós, que somos temporais, podemos dirigir-nos àquele que é temporal e é nosso *con*temporâneo; mas nele que é tempo conosco e eternidade com Deus. [...] Deus não é refém de sua eternidade: em Jesus, ele tem tempo para nós, e Jesus é realmente o 'trono da graça' do qual podemos 'aproximar-nos com toda a segurança' (Hb 4,16) em qualquer tempo". RATZINGER, J. *Introdução ao cristianismo*, p. 233-234. Em outra passagem ele dirá que a esperança que o ser humano tem da vida eterna, que ele adquire por herança de Cristo, está na certeza de estar presente na memória de Deus Pai, o que só é possível por Cristo – Divino-Humano – que está sentado à direita do Pai, conforme professa o credo cristão. Cf. ibid., p. 229-234. Como comentário final a este respeito, de nossa parte, diríamos que não se trata de "memória", como diz Ratzinger, mas do "amor" do próprio Deus. Se somos frutos do amor, é ao amor estamos destinados (comentário nosso).

4. *O que nenhum olho viu*: Na primeira Carta de João essa esperança se certifica pela esperança dos olhos que viram e dão testemunha do que viram (cf. 1Jo 1,1). No Evangelho Joanino, o autor remete aos que não viram: "Felizes os que não viram e creram" (Jo 20,29). Em Paulo, na Carta aos Coríntios, a referência é apresentada também pelo que não se vê: "o que os olhos não viram, os ouvidos não ouviram e o coração do homem não percebeu, tudo o que Deus preparou para os que o amam" (1Cor 2,9). Nesse ponto, a esperança deverá estar sempre acompanhada da fé, como sustenta a teologia paulina. A esperança no futuro impulsiona os que creem, mesmo sem verem. Quando se trata de fé e esperança no futuro, nós "não olhamos para as coisas que se veem, mas para as que não se veem; pois o que se vê é transitório, mas o que não se vê é eterno" (2Cor 4,18).

5. *A participação na glória de Cristo*: Conforme já foi mencionado quando tratamos da nossa herança em Cristo, o objeto da esperança cristã é resultado da nossa filiação divina, que nos possibilita participar da sua glória eterna (cf. Rm 8,17; 2Cor 3,18; Fl 3,20). Segundo F-J. Nocke, a glória definitiva só será possível na consumação dos tempos e o alvo da esperança cristã é a consumação junto a Deus. Para ilustrar, Nocke enumera alguns conteúdos dessa esperança: 1) vindo das antigas promessas proféticas: futuro para além da morte, terra, pátria, segurança, paz, proximidade protetora, perdoadora e vivificadora de Deus; 2) libertação do sofrimento, dor, injustiça, a ressurreição dos mortos; 3) a chegada definitiva do Reino de Deus; 4) presença poderosa e definitiva de Jesus Cristo.[100]

6. *O novo céu e a nova terra*: É uma expressão que já aparece em Isaías (cf. Is 65,17; 66,22) como símbolo da renovação messiânica. Entra na perspectiva do Evangelho na atuação de Jesus (cf. Mt 19,28) e em Paulo amplia-se para toda a criação (cf. Rm 8,19s). O tema ressurge no final do livro do Apocalipse, que anuncia a visão de "um novo céu e uma nova terra" (Ap 21,1). Diante dessa promessa, a Carta aos Hebreus dirá que "tudo deixamos para conseguir a esperança proposta" (Hb 6,18); e essa esperança apenas vem confirmar aquilo que já fora outrora prometido por Deus, que no evento-Cristo vem dar pleno cumprimento. Agora, tudo já está conquistado nos céus (cf. Cl 1,5); porém, desde que não nos afastemos da *esperança do Evangelho* (cf. Cl 1,23). Segundo Maria Clara L. Bingemer, "no céu, Deus faz do velho novo, da luta vitória, da morte vida, da solidão comunhão".[101] Para ela, só assim é possível formar uma comunidade ilimitada que é o Reino de Deus, o Corpo de Cristo.[102] O céu, então, representando todos os bens da Boa-Nova, transforma-se na utopia maior da esperança. Algo já prefigurado por nós aqui na terra, mas que somente será consumado na glória de Deus Pai. Por enquanto, ansiamos num ainda

---

[100] Cf. NOCKE, F.-J. Op. cit., p. 421.
[101] LIBÂNIO, J. B.; BINGEMER, M. C. L. *Escatologia cristã*, p. 285.
[102] Cf. ibid. Sobre a compreensão do Reino, ver na mesma obra: p. 108-145.

não e aguardamos, serenamente, pela promessa feita no Apocalipse: "um novo céu e uma nova terra" (Ap 21,1). Então teremos a casa de Deus com toda a humanidade e com toda a criação. Deus habitará com todos, será o *Emanuel*. "Ele enxugará toda lágrima dos seus olhos, pois nunca mais haverá morte, nem luto, nem clamor, e nem dor haverá mais. Sim! As coisas antigas se foram!'" (Ap 21,4).[103] "Eis que eu faço novas todas as coisas" (Ap 21,5).

7. *Vida nova e transformação*. Porém, todos esses objetos de esperança que mencionamos acima não podem em hipótese alguma fazer-nos fugir da realidade em que estamos e fazer-nos esquecer do compromisso cristão ante o mundo e a sociedade. Cristo vem ao mundo e traz a sua Boa-Nova, mas assume o mundo em todo o seu ser, vive o mundo – *intensamente* – e, no seu agir, modifica as estruturas que faziam este mundo ser um não mundo, que faziam este ser humano viver como um não humano. É a causa do Reino que irrompe com Cristo e nos atinge, fazendo-nos caminhar em sua direção com força, vitalidade e esperança. A graça que nos toca e nos preenche e que é fruto do amor transbordante de Deus, também transborda de nós mesmos e toca as pessoas e as estruturas a nossa volta. Com testemunho de vida e na práxis do Reino, Jesus Cristo tornou-se sinal e fez com que o Reino acontecesse e se achegasse aos que dele esperaram e necessitaram. É onde deve aportar hoje o cristão que vive de esperança, que sai em missão. "O Reino sonhado no sonho e na vigília não surge com um toque de mágica, nem se constrói sobre as ruínas dos reinos humanos. Ele culmina em um processo histórico e plenifica o que o homem construiu com a graça de Deus".[104] Há que se trabalhar e dar razão da nossa esperança. Se a esperança é vivida neste mundo, ela não pode ficar alheia a ele, mas deve, com vistas do futuro prometido, voltar-se a ele e transformá-lo. Caso contrário, seremos acusados de falta de esperança. No pensamento de Bruno Forte: a fidelidade ao mundo presente deve estar – *indissoluvelmente* – unida à fidelidade ao mundo que deve vir.[105] Portanto, aquilo que esperamos se integra numa fé que nos compromete à missão neste mundo, a missão da esperança cristã.

Estas são algumas direções para as quais aponta a esperança cristã e acreditamos que a sua fundamentação era necessária para solidificar ainda mais a nossa compreensão sobre ela. São conceitos amplos, cujas definições não cessam por aqui. O que foi exposto acima apenas ilustra um algo a mais em nossa reflexão teológica, em vista do fundamentar da missão dessa esperança.

---

[103] Ver também: RATZINGER, J. *Introdução ao cristianismo*, p. 229-234. LIBÂNIO, J. B.; BINGEMER, M. C. L. Op. cit., p. 246-286. BOFF. L. *Vida para além da morte*, p. 68-83. LANG. B. *Céu*, p. 79-85.

[104] BOFF, L. *A graça libertadora no mundo*, p. 199. Na mesma linha assegura João Batista Libânio: "O Reino de Deus é proximidade salvífica de Deus, mas é também decisão radical do homem, é compromisso com novo modo de ser". LIBÂNIO, J. B.; BINGEMER, M. C. L. Op. cit., p. 111.

[105] Cf. FORTE, B. *Para onde vai o cristianismo?*, p. 71.

1.2.3. A esperança na comunidade de fé

O cristão não vive e não se faz cristão sozinho. Para a sua existência, faz-se necessária a comunidade. As comunidades são importantes porque, antes de tudo, são comunidades de fé. Nelas o cristão aprende e reconhece no olhar do irmão os motivos e as razões da sua fé, vivida, sobremaneira, comunitariamente. É na comunidade que ele entende a importância de dar razões da sua esperança, pois a vida do irmão que está do seu lado encontra nele o seu refúgio e consolo, como também o protesto contra todo tipo de mal que sofre na sociedade; do mesmo modo, ele pode fazer o mesmo, quando necessitar. Dentro de uma comunidade o individualismo fraco do mundo moderno e pós-moderno tem de desaparecer em prol de algo maior, mais forte, em vista da unidade capaz de enfrentar os desafios que aparecem cotidianamente e que são obstáculos para a esperança cristã.

A esperança vivida na comunidade fará daqueles que ali se encontram verdadeiros promotores de sua causa, pois eles portam na essência da sua fé uma grande esperança, capaz de libertá-los das amarras da vida. Num mundo sem sentido, levam sentido; num mundo de trevas, levam a luz; num mundo de morte, levam a vida. A esperança vivida na comunidade faz daquelas pessoas que ali se encontram e ouvem a Palavra de Deus e se alimentam da Mesa do Senhor autênticos servidores do Reino, quando eles colocam em prática a Palavra que escutaram e vivem na sociedade com testemunho eucarístico da graça que contêm,[106] em práxis e festa.[107]

Contudo, a vida em comunidade não é um anular da individualidade, mas um transportar dessa individualidade para dentro do seio comunitário, a fim de enriquecer e tornar mais viva a comunidade que ali se encontra. A unidade prevalece na diversidade, dá sentido a ela, confirma-a e a coloca em serviço diante de todos. É o testemunho da Igreja primitiva que em Atos dos Apóstolos aparece como "um só coração e uma só alma" (At 4,32), quando todos depositavam os seus bens para o bem de todos (cf. At 2,44-45; 4,32-34).[108] Viviam ali de acordo com o testemunho do Espírito, que a cada um concedia seu dom e carisma para a utilidade e para o bem de todos, conforme Paulo proclama à comunidade de Corinto (cf. 1Cor 12,7). Pois, como aparece em Efésios, "há um só Corpo e um só Espírito, assim como *é uma só a esperança da vocação a que fostes chamados*; há um só Senhor, uma só fé, um só

---

[106] Cf. BENTO XVI. *Sacramentum caritatis*, n. 72.

[107] Cf. TABORDA, F. *Sacramentos, práxis e festa*, 1987.

[108] Também se referindo às primeiras comunidades cristãs, Lina Boff possui uma relevante consideração: "A comunidade primitiva descrita por Lucas no Livro dos Atos não pode ser considerada cópia da comunidade iniciada por Jesus Cristo com os Doze (Lc 9,1-6) e com os Setenta (Lc 10,1-16). A de Atos é uma comunidade-evento. *Primeiro*, porque o Espírito de Jesus garante a continuidade de sua presença nela, através dos gestos, das palavras e da prática de cada um dos membros que a compõem. E, *segundo*, porque é considerada o encontro dos crentes, homens e mulheres, que 'fazem' a Igreja, isto é, ela é uma Igreja-ato, no sentido originário de *ekklêsia* no NT". BOFF, Lina. *Espírito e missão na obra de Lucas-Atos*, p. 154. Grifos da autora.

batismo; há um só Deus e Pai de todos, que está acima de todos, por meio de todos e em todos" (Ef 4,4-6).[109]

Por essa razão, acreditamos que falar de esperança cristã e, mais propriamente, falar da missão dessa esperança constitui também uma questão eclesial. Deus nos chama individualmente, o chamado é pessoal, é único, mas a vivência desse chamado e a missão que daí decorre são comunitárias. A esperança "faz da comunidade cristã uma fonte de impulsos sempre novos para a realização do direito, da liberdade e da humanidade aqui mesmo, a luz do futuro predito e que virá".[110] Deve-se ter claro que a função de uma comunidade que vive de esperança não é fechar-se em si mesma, mas sim abrir-se para uma *vocação pública*, para dizer ao mundo aquilo que é essencial. Não se concebe hoje uma imagem de cristianismo isolada do mundo; ele deve ser sinal, instrumento, força e esperança de transformação. A Igreja deve corresponder ao chamado que a compromete e incluir-se na história, motivá-la na perspectiva do Reino e conduzi-la em missão.

Moltmann diz,

> que neste ponto precisamente, quando se trata do apelo do cristianismo nas vocações da sociedade, é que se decide se o cristianismo é um grupo flexível ou se ele resiste à sua existência no horizonte da esperança escatológica, e pela sua própria existência tem algo único para dizer ao mundo.[111]

Ainda com Moltmann: "a Igreja é o que é na medida em que está na *presença do Espírito e é impulsionada por ele*. O Espírito a renova em sua comunicação com Cristo. O Espírito derrama sobre ela a força da nova criação, sua liberdade e paz".[112] É aí que perceberemos se o cristianismo tem algo único em sua existência e que só ele pode dizer ao mundo. É aí que perceberemos se o cristianismo se molda e se torna flexível para sobreviver na atual sociedade ou se ele assume a sua esperança escatológica, profetiza e parte em missão, e anuncia as razões que o garantem e que o apontam para o futuro. É nessa dinâmica que a comunidade de fé, apoiada na esperança e impulsionada pelo Espírito, avança em direção ao sentido pleno, à realização e ao encontro definitivo com Deus (cf. LG n.48-51), que a chama, que a vocaciona e que a atrai.

A Igreja, entendida como comunidade de esperança, fortalece-se na fé e age no amor que a mantém, amor este que vem do próprio Cristo, ressuscitado e crucificado, sua origem. Nas palavras do Vaticano II: "Deixemo-nos pressionar pelo mesmo

---

[109] Grifos nossos.
[110] MOLTMANN, J. *Teologia da Esperança*, p. 37.
[111] Id. *Theologie der Hoffnung*, p. 281. Tradução nossa.
[112] Id. *La Iglesia fuerza del Espiritu*, p. 12. Grifos do autor.

amor, para vivermos cada vez mais em função daquele que morreu por nós e ressuscitou" (cf. LG n. 48d).

É o que entendemos por comunidade que se sustenta e vive de esperança. De acordo com a Encíclica *Spe salvi*, "ninguém vive só. Ninguém peca sozinho. Ninguém se salva sozinho".[113] Tudo está relacionado e se desenvolve num núcleo comum, em torno do "nós", pois "entra na minha existência a vida dos outros: naquilo que penso, digo, faço e realizo. E, vice-versa, a minha vida entra na vida dos outros".[114] Mais: "a nossa esperança é sempre, essencialmente, também esperança para os outros".[115] Somente dessa maneira a esperança que se espera será, verdadeiramente, esperança para nós, uma esperança que anima e alimenta as comunidades.

A esperança vivida em comunidade pode tornar-se um importante instrumento para enfrentar os desafios de um mundo em que a esperança não se faz tão presente, pelo menos não é tão perceptível dentro do conteúdo cristão. O mesmo ocorre com o contexto latino-americano, que na sua história foi marcado por miséria, pobreza e opressão, mas que hoje em dia, além desses fatores, também se vê às voltas com a sombra do ateísmo e da crise de sentido que assola o mundo moderno e pós-moderno.

1.2.4. A esperança num mundo não cristão

É um fato para nós hoje que a sociedade na qual estamos vivendo passa por profundas mudanças e transformações, tanto no seu aspecto sociocultural e político como também no religioso.[116] Se antes a religião estava na base da sociedade e era ela que determinava o ir e vir das pessoas, sendo o suporte de sentido à existência,[117] esse basilar tem, no nosso contexto atual, outros agentes e outras perspectivas. Nesse fenômeno que surge, "todos nos sentimos um pouco estrangeiros na atual sociedade por não conseguirmos conhecer e assim dominar toda a sua enorme e variada realidade".[118] Isto é um fato. Diante das novas circunstâncias surgem perguntas e inquietações, próprias de uma época que para algumas delas teremos as respostas

---

[113] BENTO XVI. *Spe salvi*, n. 48.
[114] Ibid.
[115] Ibid.
[116] Destacamos aqui as seguintes referências: AZEVEDO, M. *Modernidade e cristianismo*, 1981; BERGER, P. *O dossel sagrado*, 1985; LIBÂNIO, J. B. *Teologia da revelação a partir da modernidade*, p. 113-162; Id. *Eu creio, nós cremos*. Tratado da fé. p. 41-76; QUEIRUGA, A. T. *Fim do cristianismo pré-moderno*, 2003; HERVIEU-LÉGER, D. *Vers um nouveau christianisme*, 1986; id. *O peregrino e o convertido*, 2005. VALADIER, P. *Catolicismo e sociedade moderna*, 1991; MARDONES, J. M. *Sociedad moderna y cristianismo*, 1985; id. *El desafio de la post modernidad al cristianismo*, 1988; De modo mais específico às situações religiosas na América Latina: SOTER (Org.). *Religião e transformação social no Brasil hoje*, 2007; SOTER; AMERINDIA (Org.). *Caminhos da Igreja na América Latina e no Caribe*, 2006.
[117] Cf. MIRANDA, M. F. *A Igreja numa sociedade fragmentada*, p. 193-197.
[118] Ibid., p. 193.

prontas, mas para outras não.¹¹⁹ Essas interpelações terão de ser respondidas com base neste contexto, caso contrário, não terão a eficácia necessária para a qual se propõem.¹²⁰

Hoje, as prerrogativas mudaram e ampliaram o seu horizonte. Há, portanto, que se entender o contexto para descobrir aonde é, de fato, que se encontra nele o lócus da esperança. Qual é o sentido que se descortina neste tempo? Sabendo, de antemão, que não se trata mais de um tempo, puramente, cristão. Por mais que a cultura cristã ainda reine na tradição ocidental, onde estão incutidos os seus valores e princípios, não poderemos mais afirmar, com todas as letras, que este contexto tem a fé cristã como centro do seu existir. Estamos diante de uma era secular.¹²¹

Para iluminar o nosso assunto relembramos que, já na metade do século XX, o teólogo alemão Dietrich Bonhoeffer (1906-1945) perguntava: como ser cristão num mundo que não é mais cristão? Num mundo secularizado? Dito por ele, num mundo tornado adulto?¹²² Diante destes questionamentos, o próprio Bonhoeffer dizia que, de início, poderia se tomar duas opções: dar adeus à fé cristã e entregar-se à modernidade, ou negar a legitimidade da época moderna e dar um salto para trás, para a Idade Média. Contudo, ele percebeu que, diante de um mundo adulto deve-se tentar assumir outras posições, que não neguem a riqueza da fé, que é o sustento e a base de toda a esperança, e, ao mesmo tempo, que não neguem a condição moderna, mas procurem entendê-la e respondê-la, através de um compromisso diante do mundo. No entanto, Bonhoeffer caminha um pouco mais além dessa prerrogativa e tenta buscar fundamentos e uma teologia que possam responder aos questionamentos do mundo secular, tenta encontrar uma chave hermenêutica para confrontar a realidade sem ter de anulá-la ou negá-la. Ele procura encontrar Deus num mundo tornado adulto; um mundo que não se espelha mais em Deus. De forma paradoxal, ele propõe: viver no mundo *como se* Deus não existisse. Ou seja, é superar um conceito de Deus próprio da modernidade, como, por exemplo, Deus *ex machina* e encontrar-se com o Deus verdadeiro, o Deus que se revela no sofrimento de Jesus Cristo.¹²³ Propõe-se, então, um cristianismo de fidelidade a Deus, mas junto com uma fidelidade ao mundo, uma fé que deve ser vivida na responsabilidade, na participação e na solidariedade.¹²⁴

Seguramente, o nosso contexto já caminhou além desse período de Bonhoeffer, mas alguns posicionamentos levantados por ele devem ser levados em conta e respondem as nossas perspectivas criticamente. Sobretudo, no que diz respeito ao *Deus*

---

[119] Cf. BRIGHENTI, A. *A Igreja perplexa*, p. 9-13.
[120] Cf. MIRANDA, M. F. Op. cit., p. 200-207.
[121] Cf. TAYLOR, C. *Uma era secular*, p. 13-16.
[122] Cf. GIBELLINI, R. *A teologia do século XX*, p. 115-121.
[123] Cf. VELASCO, J. M. *Doze místicos cristãos*, p. 176-177.
[124] Cf. GIBELLINI, R. Op. cit., p. 121. Nesta linha também podemos destacar Hans Jonas e o Princípio Responsabilidade. Ver: JONAS, H. *Princípio responsabilidade*, 2006.

ex machina, algo que parece ser ainda presente hoje em dia, com pontos ainda mais graves. Expliquemos melhor. Diante de um mundo consumista e materialista como o nosso – próprio da nossa cultura ocidental atual –, o conceito de Deus e sua ação no mundo também tomam essa conotação. No universo religioso que perpassa esse contexto, que em alguns casos adere à perspectiva materialista, tudo pode ser escolhido, tudo pode ser comprado, tudo pode ser medido, adquirido e, também, descartado.[125] Cria-se uma imagem de Deus cristão diferente e distante do Deus cristão. A religião pode aparecer como mundo do espetáculo[126] e berço da prosperidade.[127] Algo real e perigoso, pois se esvazia a esperança, já que se anula a transcendência. O mundo hoje é "adulto", é um fato. Como, então, entendê-lo e, a partir dele, encontrar e reviver a esperança?

Perante esta realidade, a modernidade tentou responder às questões e oferecer ao mundo um sentido. Sabemos, todavia, que fracassou em muitos pontos,[128] abrindo espaço para uma crise em si mesma,[129] ou outro momento de seu pensar,[130] o que Anthony Giddens chama de *Alta Modernidade*.[131] Abre-se então espaço para a pós-modernidade,[132] que também ela, segundo Zygmunt Bauman, tem os seus problemas. Ele diz: "o espírito pós-moderno é bastante humilde para proibir e bastante fraco para banir os excessos da ambição do espírito moderno. Ele apenas, por assim dizer, os coloca em perspectiva – expõe suas nascentes interiores, assim como sua vaidade".[133] Quando fala do aspecto religioso dentro desse fenômeno pós-moderno,

---

[125] Cf. LYON, D. Op. cit., p. 94-96.

[126] Diz Agenor Brighenti: "A crise generalizada das instituições, a Igreja entre elas, contribui para a emergência de 'igrejas invisíveis', comunidades emocionais, em que cada vez mais se tem dificuldade em crer com os outros e naquilo que os outros creem. Há o descrédito numa Igreja-comunidade e a aposta em projetos pessoais, em que 'padres *popstars*' substituem a comunidade pela massa e o compromisso pela catarse. A questão de fundo que se coloca é como evangelizar sem pregar o Evangelho e como pregar o Evangelho sem testemunhá-lo. Das chamadas 'pastorais' passa-se aos movimentos de espiritualidade intimista, à exuberância da emoção". BRIGHENTI, A. Op. cit., p. 25.

[127] Cf. OLIVEIRA, D. Neopentecostalismo. Lugar paradoxal. Pode o Espírito soprar aí, p. 171-182; Cf. também: ROSSI, L. A. S. *Jesus vai ao McDonald's*, 2011.

[128] Cf. TOURAINE, A. *Crítica da modernidade*, 1999.

[129] Cf. GIDDENS, A. *As consequências da modernidade*, p. 13-16. Nesta parte de sua obra, A. Giddens trata das descontinuidades da modernidade.

[130] Cf. ibid., p. 13.

[131] Cf. id. *Modernidade e identidade*, p. 32-36. A ideia é uma tentativa de responder as mudanças que ocorrem sem entrar na expectativa de pós-modernidade.

[132] Anthony Giddens não vê dessa forma. Para ele, estamos entrando num período em que as consequências da modernidade estão se tornando mais radicalizadas e universalizadas. É de onde partem os seus estudos. Cf. GIDDENS, A. *As consequências da modernidade*, p. 12-13. Sobre a *pós-modernidade*, especificamente, um dos primeiros autores que polariza nessa direção é Jean-François Lyotard. Outros autores seguem por essa linha e desenvolvem todo um esquema de reflexão sociológica da pós-modernidade. Dentre eles, destacamos Zygmunt Bauman com vários escritos: BAUMAN, Z. *O mal estar da pós-modernidade*, 1998; id. *Modernidade líquida*, 2001; id. *Tempos líquidos*, 2007; id. *Ética pós-moderna*, 2006. Ver também o autor David Lyon que faz uma reflexão sobre o assunto: LYON, D. *Pós-modernidade*, 2005.

[133] BAUMAN, Z. *O mal-estar da pós-modernidade*, p. 205.

Bauman conduz uma reflexão, acentuando que não se pode dizer que o mundo de hoje é mais ou menos religioso do que antes;[134] o que ocorre é que este contexto com todas as suas variações e possibilidades marca o aspecto religioso, seja pela mutabilidade constante, seja pela fraqueza e carência de uma visão escatológica e de sentido, ou por qualquer outro motivo que possa ocorrer.[135] O que os autores concordam é que diferente da modernidade, onde houve uma recusa crescente do aspecto religioso, desde o século XVIII,[136] nesse sentimento pós-moderno (ou alta modernidade)[137] há um retorno ao religioso, porém carregado de novas expressões e comportamentos, nem sempre alicerçados dentro de uma tradição.[138]

Ilustramos essa intenção com um pensamento de Maria Clara L. Bingemer:

> Segue-se que não seria pertinente admitir como premissa que vivemos uma época de enfraquecimento da fé em Deus e da reflexão sobre Ele. Ainda que seja certo que não se possa esquecer que a época moderna proclamou a inevitabilidade do declínio das religiões, sustentando até a tese da morte de Deus, a identificação da modernidade com o humanismo ateu carrega consigo uma redução insustentável. Com efeito, o projeto da modernidade engendrou a indiferença religiosa antes que precisamente a negação de Deus. E, ao mesmo tempo, a crise do dito projeto demonstrou que uma sociedade, se não encontrar seu fundamento em Deus, dissolver-se-á lenta e inexoravelmente. A proclamação – correta ou não, mais ou menos fundamentada – do advento da assim chamada pós-modernidade, e do pretenso "retorno" do religioso, permite entrever que é bastante inadequado decretar o banimento de Deus do horizonte humano. E que, ao contrário, a busca de Deus continua a agitar o coração da humanidade, sem levar em conta o risco que todos os discursos "oficiais" ou oficiosos sobre Deus correm – invocados por certas instituições – de encontrarem-se, como aconteceu com alguns, irreparavelmente envelhecidos.[139]

Em torno do fato mencionado por Maria Clara L. Bingemer e para caminhar na nossa reflexão e encontrar o lócus da esperança na atualidade, seguimos para o que foi proposto por Danièle Hervieu-Léger, que em seu livro *O peregrino e o convertido* convida-nos a refletir sobre *o novo perfil do crente* diante do contexto moderno e pós-moderno.[140] A obra reproduz um evento específico francês, porém, dentro da perspectiva adotada coincide com a realidade latino-americana atual. Trata-se de uma análise sociológica a respeito da vivência e da transmissão da fé. Nesse

---

[134] Cf. ibid., p. 206.
[135] Cf. ibid., p. 219-230.
[136] Cf. TAYLOR, C. Op. cit., p. 495.
[137] De acordo com Giddens.
[138] Cf. TAYLOR, C. Op. cit., p. 593-629.
[139] BINGEMER, M. C. L. *Um rosto para Deus?*, p. 23. Indicamos também, um pouco nesta linha: MENDOZA-ÁLVAREZ, C. *O Deus escondido da pós-modernidade*, 2011.
[140] Cf. HERVIEU-LÉGER, D. *O peregrino e o convertido*, 2005.

caso, são apresentados caminhos que apontam para uma *destradicionalização* das religiões,[141] o que causa uma crise na transmissão da mensagem religiosa e,[142] por conseguinte, na nossa análise, dificultando a ação da esperança.

Temos, desse modo, uma quebra da questão da tradição, que oferecia antigamente, pela sua institucionalidade, uma resposta pronta a todas as perguntas da sociedade, o que gerava uma espécie de segurança institucional, um conformismo. Hoje, às vezes, ainda se insiste na mesma resposta, porém a pós-modernidade (contexto que a autora trabalha fortemente) já não pergunta mais, vive de maneira independente. Neste novo momento, a sociedade acostumou-se a viver sem essa variante. Há uma independência do poder religioso, que a autora caracteriza como liberdade de escolha.[143] A religião torna-se agora uma opção, e, na maioria dos casos, vivida ou construída individualmente.[144]

O que não significa que o poder religioso desapareceu. Ao contrário, ele se encontra com a mesma força, só que em outros lugares e com outra roupagem. O sentimento, a sensação, a busca ainda persistem, mas há uma troca na sua objetivação. Para Danièle Hervieu-Léger, "o religioso das sociedades modernas está em movimento: é esse movimento que é necessário esforçarmo-nos por apreender".[145] Temos aqui, segundo ela, um *novo perfil do crente*, para o qual existem aqueles em que a religião tornou-se algo supérfluo, sem sentido, sem razão, desnecessário. Estes transfiguram o seu jeito de ser e a sua transcendência em outros lugares e momentos; no entanto, o sentimento religioso que impulsiona essa ação permanece. Mas também, por outro lado, há aqueles que buscam uma maturidade religiosa e entram em crise também. Por quê? Obviamente, porque não querem ter as respostas prontas, mas sim saber o porquê, saber o que circunda o seu modo de crer. Não é que não acreditem; eles querem saber por que acreditam, querem saber o que está por trás do que dizem acreditar, se faz sentido ou não.

Perante essa condição, a autora diz que esse novo perfil apresenta-se com certa incoerência, de modo perdido, solto. Em alguns casos pode surgir como uma crise espiritual: esse crente não se sente ouvido, não é entendido pelo sistema antigo que tenta enquadrá-lo dentro da instituição. Ele tem outros anseios e parte em busca de respostas, é um peregrino.[146] Há também aquele que se encontra dentro de certa estrutura religiosa, mesmo que esta não apresente as mesmas dimensões históricas em

---

[141] Cf. ibid., p. 56-63.
[142] Cf. ibid., p. 65-69. O mesmo aponta Libânio: LIBÂNIO, J. B. *Eu creio, nós cremos*, p. 58.
[143] É o que também aponta Libânio. Cf.: LIBÂNIO, J. B. Op. cit., p. 58.
[144] Cf. HERVIEU-LÉGER, D. Op. cit., p. 69.
[145] Ibid., p. 89.
[146] Cf. ibid., p. 91-100. Nestas páginas apontadas aqui nesta referência, a autora vai desenvolver um raciocínio sociológico para caracterizar esse novo perfil de crente, que ela chama de "peregrino".

que ele foi moldado. Trata-se de um novo ambiente, um novo lugar capaz de ouvir e dar um sentido à vida de quem ali se encontra. Resumindo, este é um *convertido*.[147]

A conclusão que fazemos da análise da autora é que tal caminhar, tanto de um quanto de outro (peregrino e convertido), é resultado de uma busca por sentido que pode ser definida como *um despertar da esperança*. É a busca de um sentido para a própria vida que os faz seguir em frente e continuar caminhando. O contexto atual, com todas as suas visões e interpretações, é um fenômeno que possui características próprias, peculiares, com muitas variações; portanto, trata-se de um desafio para a teologia atual discorrer através dele. Nessa visão de pós-modernidade ou de alta modernidade, não importa a maneira como se defina o contexto, a antropologia é tocada, assim como o novo modelo de Igreja e de evangelização, por certo, também a escatologia. Portanto, tocam-se aqui a fé e a esperança.

Perguntamos: diante deste contexto, tão plural e complexo, em que a religião também aparenta estar em crise, será que ainda somos capazes de ter fé? Ainda é possível ter e viver na esperança? No que elas se sustentam para responder às interpelações do mundo atual, para o que elas se destinam?

A resposta é sim. É possível ter fé e é possível ter esperança. Mesmo num mundo que não seja mais "cristão". Ratzinger diz que a fé "foi sempre uma decisão que envolveu toda a profundeza da existência, exigindo sempre uma virada do ser humano condicionada por uma decisão".[148] Podemos dizer que vale o mesmo para a esperança. Esse é o ponto que nos torna seguros. Diante do mundo e das incertezas que nos assolam, podemos sair e fugir, ou ficar e decidir, de uma vez por todas, qual é o nosso caminho e qual é o destino que vamos seguir rumo ao futuro de Deus na missão da nossa esperança. Fazer isso é se abrir diante do mistério e se deixar envolver pela esperança que ele traz.

Por fim, o que deve ser feito, antes de qualquer coisa, é debruçar-se sobre a atual realidade e compreendê-la com todas as suas amplitudes e significados. É encontrar o sentido que percorre o transitar das pessoas e descobrir para onde elas estão indo, de onde partem os seus andares e para onde se destinam as suas esperanças. Faz-se necessário perguntar o que as pessoas que vivem neste contexto esperam e o que não querem encontrar pelo caminho. Viver com esperança neste contexto é estar disposto e decidido a dar razões daquilo que crê e, ao mesmo tempo, estar aberto para acolher o novo que chega até nós. É ter clareza de que o mundo de hoje se mostra bastante plural, o que vai fazer com que tenhamos a capacidade de se despir de preconceitos, mas que possamos também nos abrir para entender a realidade. Neste mundo plural, a desigualdade social, a violência, a miséria, a pobreza, a morte de

---

[147] Cf. ibid., p. 119-151. Nestas páginas que aqui indicamos, a autora vai desenvolver um raciocínio sociológico para caracterizar esse novo perfil de crente, que ela chama de "convertido".

[148] RATZINGER, J. Op. cit., p. 40.

inocentes, a injustiça ainda são marcas que devem ser superadas; e a esperança cristã e a sua missão devem se fundar nisso.

1.2.5. A esperança no atual contexto da América Latina

Do mesmo modo como o restante do mundo, a América Latina passa na atualidade por constantes transformações e hoje em dia se encontra cercada por uma crise de valores e de sentido (cf. DAp n 37).[149] Essa crise, vista de maneira complexa e do modo como se apresenta aos nossos olhos, pode-se dizer que é uma crise com muitos rostos e muitas visões, que no sentido da própria palavra (*crise*) faz-nos parar por um instante e refletir sobre nós mesmos, sobre o nosso mundo, sobre a religião que seguimos, sobre o sentido da nossa existência e sobre o sentido último em si, o futuro.[150] Diante dessa *crise*, própria desta época, é que se deve perguntar pelo lugar da esperança e que sentimentos movem hoje em dia as pessoas deste continente latino-americano, marcado desde a sua origem por miséria e opressão. O que as pessoas esperam, que razões encontram na própria vida e na vida em si mesma. São situações novas que merecem novas respostas.[151] Numa sociedade que cada vez mais se apresenta a nós de maneira complexa (cf. DAp n. 36), há que se entender a complexidade em questão e se envolver em torno a ela.

Se em meados do século XX, quando surge em seu contexto eclesial e social a Teologia Latino-Americana da Libertação (TdL), que, impulsionada pela Conferência Episcopal de Medellín (1968), objetivava dar uma resposta de esperança e de libertação à sociedade daquele momento, marcada por pobreza, miséria, ditaduras militares, violência, mortes, opressão etc., o contexto atual, seguramente, já é outro. Dessa forma, no intuito de desvendar a esperança na atualidade deste continente, faz-se necessário compreendê-lo em sentido extenso e novo, abrindo-se às novas realidades. No dizer da Conferência de Aparecida: "realidade marcada por grandes mudanças que afetam profundamente suas vidas" (DAp n. 33).

Não estamos dizendo com isso que tais apontamentos como pobreza, miséria e opressão, próprios do contexto do surgimento da TdL e de Medellín, não ocorram e não devam mais ter a atenção necessária por parte da teologia, da Igreja ou da sociedade. Ao contrário, eles ainda ocorrem e, em alguns casos, de maneira crescente, marcando, assim, um triste olhar desta realidade. Por essa razão, a teologia, a Igreja e a sociedade devem, continuamente, ter um olhar preferencial em relação a tais realidades sociais e compreender-lhes as transformações. No que tange à teologia e a Igreja, tal postura corresponde ao modo profético de se inserirem no cotidiano da história, participando de maneira conjunta na transformação dessas situações em

---

[149] Cf. POZO, J. Op. cit., p. 299-352.
[150] Cf. BOFF, L. *Crise – oportunidade de crescimento*, p. 13-55.
[151] Cf. SUSIN, L. Op. cit., p. 25-39. Cf. tb.: BRIGHENTI, A. Op. cit., p. 9-13.

novas realidades, iluminadas com esperança e vida. O que pretendemos dizer então é que essa contextualização social, em que são constatadas essas particularidades, não é a única que se pode fazer para se ter a expressão recente deste continente. Aliam-se a esses elementos emergenciais outras e novas inquietações. Das várias situações, citamos o tráfico de drogas, o que acarreta uma violência alarmante, mas, sobretudo, a crise dos dependentes químicos; a crise de sentido e de vontade de viver; o tráfico de pessoas (muitas delas crianças); um sentimento religioso que se constrói de forma marginal à própria existência; o crescimento do individualismo; a violência infantil e com crianças; a questão da mulher (num contexto mais amplo do que antes); a própria questão familiar com todas as implicações dos avanços biotecnológicos e novas configurações sociais atuais; a crise política; a nova conjuntura econômica e de mercado; o preconceito cultural, religioso e sexual; entre outros.

Essas novas realidades apresentadas no viver deste continente devem interpelar-nos a respeito da esperança e da missão desta em vista do futuro de Deus que esperamos. Há que se descobrir o pulsar da esperança e alimentá-la com a fé e a novidade cristã. Este continente já foi chamado de "continente de esperança" em Aparecida, e, certamente, há razões para tanto. Resta-nos visualizar, compreender, discernir e anunciar essa esperança neste novo contexto latino-americano.

Fazer isso é também se colocar naquilo que pediu o Vaticano II, na *Gaudium et spes*, uma Igreja que seja, a exemplo de Cristo, voltada para a vida concreta de seu povo. Da mesma forma como Jesus ouvia a voz dos aflitos, possa-se também hoje ouvir os apelos do mundo que clama por justiça e por salvação. "Pois tive fome e me deste de comer. Tive sede e me deste de beber. Era forasteiro e me acolheste. Estive nu e me vestiste, doente e me visitastes, preso e viestes ver-me" (Mt 25,35-36). Este é um lamento ainda presente na América Latina, mas não somente nela; é sentido e ouvido em várias partes do mundo.

Se a TdL, no início de sua trajetória e até hoje, fez e faz a opção pelos pobres e excluídos da América Latina, é porque antes há uma opção por Deus, que por esses pequenos fez uma opção de amor e justiça, tornando o pobre um lugar privilegiado do encontro com Deus. Portanto, não se pode falar da esperança na América Latina, principalmente, levando em conta o seu atual contexto, sem apontar para essa prerrogativa.

1.2.6. O anúncio da esperança, na missão

O caminhar que é colocado pela missão da esperança cristã não representa um futuro alienante, distante ou passageiro, mas, ao contrário, é um futuro verdadeiro, concreto e permanente, porque foi prometido por Deus e se realiza – plenamente – nele, por ele e com ele.

> Que se ilumine os olhos dos vossos corações, para saberdes qual é a esperança que o seu chamado encerra, qual é a riqueza da glória da sua herança entre os santos e

qual é a extraordinária grandeza do seu poder para nós, os que cremos, conforme a ação do seu poder eficaz, que ele fez operar em Cristo, ressuscitando-o de entre os mortos e fazendo-o sentar à sua direita nos céus, muito acima de qualquer Principado e Autoridade e Poder e Soberania e de todo nome que se pode nomear não só neste século, mas também no vindouro. Tudo ele pôs debaixo dos seus pés, e o pôs, acima de tudo, como Cabeça da Igreja, que é o seu Corpo: a plenitude daquele que plenifica tudo em tudo (Ef 1,18-23).

A promessa feita por Deus possui um caráter singular e a sua prova é a concretização dessa promessa, realizada em Cristo na sua ressurreição: "A plenitude daquele que plenifica tudo em tudo" (Ef 1,23). É para essa esperança que somos chamados e para esse futuro que somos enviados. Com efeito, a salvação prometida – também histórica – faz parte da obra criadora de Deus. Moltmann diz que aquele que crê pode esperar do futuro de Deus, trazido a nós pelo futuro de Cristo.

> A esperança cristã espera do futuro de Cristo não só a manifestação e o descobrimento, mas também o cumprimento final e perfeito. Aquilo que através da cruz e da ressurreição de Cristo foi prometido para os seus e para o mundo deve ser finalmente cumprido. O que traz, portanto, o futuro de Cristo? Não simples repetição nem simples manifestação de sua história, mas alguma coisa que até agora não aconteceu com Cristo. A esperança cristã não se orienta para outro a não ser para o Cristo já vindo, mas dele ela espera algo de novo, algo que até agora não aconteceu; espera o cumprimento e a realização da justiça de Deus prometida em todas as coisas; espera o cumprimento e a realização da ressurreição dos mortos, prometida em sua própria ressurreição; espera o cumprimento e a realização do senhorio do crucificado sobre tudo e que foi prometido em sua exaltação.[152]

Logo, aquele que crê anuncia esse futuro para este tempo, espera e vive essa espera, vive em missão, no anúncio dessa esperança.

Num aspecto prático, essa missão remete ainda mais ao compromisso cristão com a prática da justiça e do bem comum. A valorização da vida, a luta pela dignidade humana ainda é um desafio. Faz parte do cristão como Igreja – *ekklesía* – ser missionário e, para isso, deve estar atento aos sinais dos tempos para levar essa Boa-Nova de Jesus a todos. Segundo o Decreto *Ad gentes*, essa é "a manifestação ou epifania do desígnio de Deus e seu cumprimento no mundo, na história, em que Deus, por intermédio da missão, realiza a história da salvação" (AG n. 9b). É refletir a partir da realidade, a ponto de transformá-la e superá-la. Isso constitui uma *opção concreta e verdadeira*. As desigualdades sociais, as barreiras criadas entre os seres humanos, os preconceitos e todas as dificuldades presentes atualmente nos colocam ainda com o martírio da Igreja que é peregrinante (cf. LG n. 50). Todas as

---

[152] MOLTMANN, J. Op. cit., p. 287.

atrocidades que ocorrem contra a humanidade e todas as tristezas que assolam as pessoas a nossa volta são de relevância teológica, porque constituem estruturas de pecado, que desumanizam o ser humano e fecham para ele o seu futuro. Se a teologia não considera isso como sua proposta, o seu resultado será tímido e enganoso.

Assim, afirmamos que a esperança constitui um fator essencial para o futuro da existência humana. Mas, sobretudo, é a *esperança cristã* que caracteriza uma certeza absoluta na realização do Reino de Deus, *já* experimentado no presente como realidade histórica. Percebemos de início que o mundo atual sofre por inúmeras situações que forçam contra a esperança. Os fenômenos da sociedade atual trouxeram situações inusitadas que ainda precisamos entender melhor, a ponto de encontrar as respostas certas para atender as vítimas dessas estruturas capazes de trazer tanto o bem como o mal. "A justiça de Deus é, ao mesmo tempo, aquela que cria o direito, mas também traz justiça à vida injustiçada. Dessa forma, é uma justiça criativa. Deus faz justiça a quem sofre violência e põe em ordem quem comete o mal"[153]. Só assim a justiça de Deus será feita.

No mundo atual não se ouve mais as promessas da criação. Há incertezas e inseguranças. O ser humano prescinde um futuro incerto porque estacionou o seu olhar em si mesmo e esqueceu-se da dimensão do próximo, do outro e de Deus. O olhar individualista, próprio desta época, não abre espaço para um sentido comunitário e solidário, por sua vez, transcendente. Com isso, Deus passou a ser também um estranho e, até mesmo, às vezes, dispensável. O olhar humano está condicionado a um mundo irreal, perdendo de vista aquilo que lhe é mais precioso: o verdadeiro sentido de sua vida. Há que resgatar!

Ao refletirmos sobre o futuro de Deus na missão da esperança cristã, em uma perspectiva escatológica, encontramos a possibilidade de fazer com que o ser humano aprenda a olhar novamente para o horizonte e veja que existe algo a mais, que existe algo cujos nossos olhos limitados ainda não conseguem ver claramente (cf. 1Cor 13,12). Tudo parece turvo, estranho, até confuso, mas a esperança, a esperança que vivemos e anunciamos, faz-nos perceber que está lá, que tem alguma coisa maior e melhor, um futuro que vem e que está a nossa espera e que também esperamos e vamos ao seu encontro. Essa é a verdade. É possível vislumbrar esse futuro com os olhos da fé. É com eles que se pode encontrar a esperança e a partir daí desvelar os mistérios da vida. Em esperança. Segundo Moltmann, "esta é, evidentemente, a maneira como a teologia cristã acolhe estas questões e as orienta em direção ao futuro prometido de Deus".[154] Com os olhos da fé podemos adentrar no futuro que nos é trazido, apresentado e antecipado pelo Cristo ressuscitado. É possível entrar no seu mistério e deixar-se envolver pela graça e amor do próprio Deus. Essa é a esperança.

---

[153] Id. *Vida, esperança e justiça.* Op. cit., p. 72.
[154] MOLTMANN, J. *Teologia da Esperança*, p. 127.

É o que pede o Vaticano II, na *Gaudium et spes*, uma Igreja que seja a exemplo de Cristo *voltada para a vida concreta de seu povo*. Da mesma forma como Jesus ouvia a voz dos aflitos, possa-se também hoje ouvir os apelos do mundo que clama por justiça e por salvação. "Pois tive fome e me deste de comer. Tive sede e me deste de beber. Era forasteiro e me acolheste. Estive nu e me vestiste, doente e me visitastes, preso e viestes ver-me" (Mt 25,35-36). Esse é um lamento ainda presente na América Latina, mas não somente nela; é sentido e ouvido em várias partes do mundo. É também uma realidade enfrentada pelo autor em questão que a partir de um fato concreto em sua vida descobriu a esperança.

A esperança cristã não é uma esperança passiva, mas ativa; é uma esperança que atua na história, que mobiliza o contexto em que se encontra e procura fazer com que o Reino de Deus já aconteça em seu meio. Fortalece-se pela promessa, mas inquieta-se por uma realização. Aspira para o *ainda não prometido*, mas coloca-se em serviço, em missão, *já* neste mundo. Essa ação que vem de Deus em nosso favor, que por graça nos antecipa o seu futuro, o futuro de seu Reino, provoca em nós, enquanto comunidade de fé, um movimento na sua direção; provoca-nos a um impulso novo e transformador. Deus vem até nós com o seu futuro e caminhamos em sua direção como resposta de fé, vivendo em esperança e agindo no amor. Esse futuro de Deus que vem em nosso favor, quando acolhido na fé, compromete-nos em missão, e no anúncio dessa esperança.

Logo na primeira parte do nosso trabalho, quando procuramos caracterizar teologicamente do que se trata esse futuro, e de que Deus falamos e o que dele se espera, procuramos sempre enaltecer a atitude primeira de Deus em nosso favor – um ato pleno de amor – e a nossa resposta, como atitude segunda, que responde com fé e caminha na esperança. Contudo, deveríamos aqui, quando falamos do anúncio dessa esperança, chamar a atenção para o comprometimento que envolve todo o processo. Há um comprometimento de Deus, que faz a sua promessa e busca cumprir aquilo que foi prometido; há, também, um comprometimento humano, que responde ao chamado de Deus pela fé e empenha-se na prática do Reino e do seguimento de Jesus. Comprometer-se é inserir-se no âmbito da promessa e deixar-se guiar pelo Espírito Santo de Deus. É permitir que Deus tome parte de nossas vidas e que possamos, então, tomar parte em Deus. É abrir-se à graça e deixar-se envolver no mistério que traz esperança e que liberta. Uma vez que vemos Deus comprometido conosco, um Deus que por amor se despoja e assume a nossa humanidade, vive as nossas fraquezas e caminha até o fim, até a morte de cruz, tal compromisso de Deus para conosco faz que também possamos nos comprometer com ele.

Por fim, não poderíamos deixar de dizer que, quem nos coloca em missão e nos faz caminhar, e caminhando já nos faz desfrutar das virtudes do Reino, é o Espírito Santo de Deus. É daí que provém a força do anúncio, que parte em missão, na missão da esperança. É dele que provém a garantia escatológica que nos assegura a fé, que nos movimenta em esperança e que nos sustenta no amor.

Fechamos, afirmando que o futuro de Deus na missão da esperança destina-se ao *Novo Céu* e a *Nova Terra*, a casa de Deus com a humanidade, onde *Ele habitará como o Emanuel*. Ele será o seu Deus e a humanidade será o seu Povo (Ap 21,1-3). A resposta eficaz que podemos dar pela teologia é o aprofundamento do anúncio dessa esperança e tudo que a envolve, fazendo suscitar nas pessoas um testemunho concreto do Cristo ressuscitado e crucificado, atendo-se aos clamores do povo, ouvindo-os, mas colocando em prática a proposta do Reino, que é amor, justiça e paz. Assim, estaremos contemplando o futuro de Deus na missão da esperança cristã.

1.3. Reflexões conclusivas

Como fechamento deste capítulo inicial, que teve como objetivo abrir a temática proposta à discussão teológica, destacando, assim, aspectos relevantes de nosso tema, propomo-nos, neste momento, apresentar breves reflexões conclusivas para enaltecer ainda mais os pontos em destaque.

1. O futuro de Deus na missão da esperança apresenta-se como uma temática importante e relevante para o discurso teológico atual. Tratar sobre o futuro de Deus significa refletir sobre o objeto principal da teologia, Deus; seguir nessa proposta com o tema de seu futuro revigora todo o caráter escatológico que perpassa a teologia cristã, demonstrando a sua contribuição oportuna para o momento atual. Uma vez que compreendemos que esse futuro de Deus vem até nós como amor gratuito, como dom, como obra da graça de Deus, tal experiência reveladora provoca em nós e na comunidade dos que creem uma inquietude de seguimento, fazendo-nos, pela esperança que se desperta, caminhar na sua direção, caminhar em missão. Esse caminho suscita mudanças e faz com que o futuro possa ser vivenciado escatologicamente na missão da esperança.

2. Diante desse futuro, colocamo-nos à espera do Deus que vem. É Deus que vem e penetra no espaço do tempo e da história, conduzindo a sua criação à plenitude. Nesse futuro temos a origem criadora de todas as coisas. Tudo o que vivemos e esperamos tem o seu sentido último no fim. É para esse fim que estamos destinados e é nesse fim que encontramos a realização plena de todas as coisas. Nesse futuro prometido tudo se torna novo e se revigora diante da vida, da nova vida. Escatologicamente, esse fim ilumina o presente onde estamos e o carrega de sentido; mostra-nos o horizonte prometido e abre-nos o caminho do nosso futuro. Esse futuro de Deus que vem torna-se verdadeiro em Cristo. É Cristo que vem e, com essa vinda, Deus se torna próximo. É o advento. Deus, em Cristo, aproxima-se de nossa história, ele a assume e a transforma.

3. Compreendemos a consequência desse movimento de Deus em nosso favor e em nossa direção a partir do conteúdo do Reino de Deus. A vinda do Reino significa a vinda do próprio Deus. É Deus que vem ao nosso encontro e que se aproxima

gratuitamente e que nos promete um futuro em que se possa reinar o amor, a justiça e a paz. Essa dinâmica do Reino de Deus torna-se real pela vida, obra e mensagem de Jesus. O Reino que já era esperado pelo povo da Antiga Aliança é assumido e renovado em Cristo, que sela em seu ser uma Nova Aliança. Pela sua vida e ação, Jesus apresenta-nos um novo rosto de Deus; mostra-nos um Deus amoroso e solidário, que ama e age de modo inclusivo. É um Deus compassivo que em Cristo compreende o limite da vida humana e a eleva em comunhão. Na sua prática, Jesus apresenta um Evangelho, uma Boa-Nova que trouxe um novo olhar de Deus para os seres humanos e um novo olhar dos seres humanos a Deus. Temos aqui um novo paradigma de uma esperança que proclama a liberdade, a igualdade e a justiça, a ponto de se fazer realizar *já* no presente esse *ainda não* futuro.

4. Essa ação de Deus motiva a missão da esperança. O sentir da esperança e o acolhimento da revelação na fé é o que faz surgir essa missão e tudo aquilo que se desenvolve a partir dela. Essa esperança movimenta o ser humano na busca de sentido, a procura de uma resposta que venha satisfazer uma necessidade intrínseca a ele, que só terá o seu fim, o seu sentido pleno e absoluto junto ao próprio Deus. É para esse Deus, que nos antecipa o seu futuro escatologicamente, que caminhamos na missão da esperança. Conforme afirmamos neste capítulo, o destino e a missão são o encontro pleno com o próprio Deus, "porque tudo é dele, por ele e para ele" (Rm 11,36).

5. A missão dessa esperança vai se desenvolver dentro do mundo em que estamos, no qual a sociedade atual se apresenta de formas distintas e de modo complexo e plural. A grande pergunta que fazemos é sobre o lócus da esperança neste contexto; perguntamos sobre o modo como ela se apresenta e o que se espera junto a ela. Neste capítulo foi importante para nós refletir sobre a esperança e apontá-la como virtude teologal, ao lado da fé e da caridade-amor. A esperança não se apresenta sozinha, mas se fortalece junto à fé e ao amor e sai em busca do que se espera. Em se tratando de esperança cristã, o seu principal objetivo é a salvação, é a plenitude em Deus, a quem se destina. Tratamos de caracterizar o teor dessa salvação com base em algumas expressões que solidificam o nosso discurso. Seguindo o raciocínio, versamos sobre a esperança dentro da comunidade de fé, onde ela germina e se sustenta. O importante é o lado comunitário, já que, o que se espera, se espera com todos e para todos.

6. Vimos também que, no atual contexto, existe o desafio da esperança diante de um mundo que não é mais cristão. Um mundo que se tornou adulto (Bonfoeffer) e que aprendeu a viver independente da religião, ou que a usa com outros fins ou de acordo com a sua necessidade. Como ter esperança neste contexto? Em que nos sustentamos? Qual é o lócus da esperança cristã? Dentro deste novo universo o conceito de Deus é tocado, por consequência a fé, na sequência a esperança e o que vem em decorrência dela. Essas mudanças epocais não diferem no contexto

latino-americano, que num passado recente esteve marcado por mortes, violências, ditaduras e opressão. Fatos que ainda existem, mas que nos dias de hoje ampliaram-se em outras perspectivas. Há um novo contexto para a América Latina como também para o mundo todo. É necessário, pois, compreender a realidade para captar a esperança de fé que surge em seu meio.

7. Por fim, temos o anúncio da esperança. Para nós, a esperança cristã constitui um fator essencial para o nosso futuro. Essa esperança traduz-se em certeza absoluta na realização do Reino de Deus, já experimentado no presente como realidade histórica, mas que ainda espera a consumação futura. Percebemos aqui que o mundo atual sofre inúmeras situações que forçam contra a esperança, e são nessas situações que a missão deve mostrar a sua força, pois espera no futuro de Deus a consumação de todo tempo e de toda história. Vemos que não se trata de uma espera passiva, mas ativa, que se movimenta e que transforma o que acontece ao ser redor. Por essa razão, enfatizamos que este futuro de Deus pode ser vivenciado na missão da esperança.

Após estes apontamentos teológicos que determinam o horizonte do nosso trabalho, passamos agora para o próximo passo de nossa pesquisa, que é o estudo da esperança cristã que se encontra na Teologia da Esperança de Jürgen Moltmann.

2. A esperança cristã na Teologia da Esperança de Jürgen Moltmann

O objetivo deste capítulo é fazer um estudo aprofundado sobre a escatologia que se encontra na Teologia da Esperança de Jürgen Moltmann, entendida, desde a sua origem, sob o aspecto da esperança cristã. Entendemos que, do encontro com a esperança, reconhece-se o Deus da esperança, e, dessa experiência, abre-se espaço para a fé cristã; como consequência desse processo, tem-se a Teologia da Esperança e o caminho que dela surgiu. O contato com Moltmann e sua história nos dizem que sua reflexão teológica vem primeiramente de uma experiência pessoal, que transcendeu mais tarde para toda a sua vida, seja ela familiar, eclesial ou acadêmica. É uma teologia que se apresenta sempre de maneira aberta e promissora, sendo de forte presença nas diversas correntes do pensamento teológico contemporâneo. Assim sendo, para caracterizar a temática no autor decidimos por resgatar, inicialmente, fatos importantes de sua vida, ou seja, como a esperança situa-se no seu contexto histórico, para logo após evidenciarmos como o autor se encontra dentro do contexto dessa esperança, o modo como ele a vê e a destaca, passando aos fundamentos da sua teologia. É o que nos possibilitará uma compreensão significativa do autor e do tema, tanto no seu aspecto original quanto atual.[1]

Destacamos, assim, a escatologia na Teologia da Esperança e na vida do autor.

2.1. Acenos teobiográficos de Jürgen Moltmann

Jürgen Moltmann é um dos teólogos mais respeitados e influentes do mundo contemporâneo;[2] ele possui uma teologia expressiva, com forte teor dogmático e um diálogo profícuo com a sociedade atual. Depois de grandes líderes anteriores,

---

[1] A questão atual de sua teologia só será mencionada para conduzir o seu pensamento e compreendê-lo no decorrer de sua trajetória teológica. O foco de nossa pesquisa e os elementos levantados dizem respeito à sua obra *Teologia da Esperança*. Demais elementos de obras posteriores e recentes serão incorporados à medida que se fizerem necessários.

[2] Parte deste subcapítulo já apresentamos na Revista *Atualidade Teológica*, da PUC-Rio. Cf. KUZMA, C. O teólogo Jürgen Moltmann e o seu caminhar teológico realizado na esperança: acenos teobiográficos, p. 15-38.

como Barth, Cullmann, Tillich e Bonhoeffer, é provável que seja a figura mais representativa da teologia protestante contemporânea. Moltmann é de confissão cristã reformada, mas possui grande abertura reflexiva e um importante contato ecumênico. Nasceu em 8 de abril de 1926 na cidade de Hamburgo, Alemanha, sendo, na sua juventude, um apaixonado por Matemática e Física, sob a influência de autores como Albert Einstein e Max Planck; porém, teve a necessidade de logo cedo abandonar os sonhos juvenis, quando aos dezessete anos, após ver a sua cidade destruída em julho de 1943 pela operação Gomorra e, também, por ser soldado recém-incorporado, foi convocado para o *front* do exército alemão e, depois de seis meses, feito prisioneiro de guerra pelo exército inglês. Inicialmente, foi levado para a Holanda e Bélgica, depois para a Escócia e, logo em seguida, para o campo de concentração de *Norton Camp*, na Inglaterra, perto de Mansfield, em Nottinghamshire. O regresso para a Alemanha só aconteceu em 1948.[3]

Tal experiência marcou profundamente o encontro de Moltmann consigo mesmo e com o mundo que o cercava naquele instante, cuja verdadeira realidade era abstraída da juventude alemã e de grande parcela da sociedade pelos nazistas e seus ideais. Esse momento marcou também o encontro do jovem Moltmann com Deus, alguém que ainda era desconhecido para ele, mas que aos poucos se revelava em esperança, para um novo começo, para uma nova vida. Nas suas palavras: "Em minha juventude, fui salvo pela esperança de Cristo. Ele a plenificou até hoje com a energia do Espírito divino. Ele me permite saudar todas as manhãs em que me é dado viver, com a alegria adventícia do Reino de Deus".[4] Em outra passagem diz: "Eu ainda estava à procura, porém sentia que Deus me atraía e que eu não o procuraria se ele já não me tivesse achado".[5] Diz também que essas experiências de morte e de resignação converteram-se no seu "primeiro *locus theologicus*", a raiz dos seus esforços teológicos, e continua sendo até hoje no recôndito de sua alma.[6]

Vale destacar que, dentre os prisioneiros de Norton Camp, se encontravam alguns professores de teologia, através dos quais, depois de forte experiência, ele teve a possibilidade de iniciar seus estudos teológicos, cujas esperanças foram se manifestando e se construindo: "Naquele tempo, li de tudo: poesias e romances,

---

[3] Cf. MOLTMANN, J. *Weiter Raum*. Eine Lebensgeschichte, p. 20-46. Sobre esses marcantes episódios da vida do autor, outras obras trazem referência: id. *Experiências de reflexão teológica*, p. 17-18; id. *Vida, esperança e justiça*, p. 9-12; id. *A fonte da vida*, p. 9-17; id. *No fim, o início*, p. 49-52; id. *Biografia e Teologia*, p. 20-28. A importância desses relatos é que Moltmann sempre os retoma para justificar a sua teologia e para dar sentido a sua experiência de Deus e de esperança. Entendemos que a biografia do autor é um caminho obrigatório para se compreender a noção de escatologia que transparece em suas obras, principalmente, na "Teologia da Esperança".

[4] Id. *Vida, esperança e justiça*, p. 9.

[5] Id. *A fonte da vida*, p. 14.

[6] Cf. id. *Experiências de reflexão teológica*, p. 18.

matemática e filosofia, e grandes quantidades de teologia, praticamente de manhã até a noite".[7]

Já em 1948, voltou à Alemanha e decidiu prosseguir seus estudos em Göttingen até 1952, ano em que os concluiu.[8] Em 1953, trabalhou como pastor em uma pequena comunidade reformada de Bremen-Wasserhorst;[9] usando de suas palavras: "uma pequena comunidade rural composta de 400 almas vivendo em 50 propriedades e de 2 a 3 mil vacas".[10] Para ele, esse fato foi de suma importância, pois acabava de sair pós-graduado de uma universidade e se vê as voltas com outra realidade, totalmente desafiadora. Essa experiência fez com que tivesse "conhecimento da teologia do povo na luta por suas famílias e seu sustento diário, nas memórias de seus mortos e nos cuidados pelas suas crianças".[11] Eis um ponto que vale a pena ser destacado.

Academicamente, ensinou História dos Dogmas e Teologia Sistemática na *Kirchiliche Hochschule* de Wuppertal, onde foi colega de Wolfhart Pannenberg. Ali permaneceu de 1958 até 1964,[12] ano em que foi chamado para a Universidade de Bonn.[13] Mais tarde, a partir de 1967, tornou-se professor na Universidade de Tübingen,[14] da qual hoje permanece como professor emérito. Também no período de 1967-1968 foi convidado na condição de professor visitante à Duke University, EUA. Jürgen Moltmann é casado com Elizabeth Moltmann-Wendel, também teóloga. Eles se conheceram durante o período de estudos em Göttingen. Eles têm quatro filhos.

Moltmann é considerado o "fundador" da *Teologia da Esperança*, movimento teológico contemporâneo que surgiu na Alemanha durante a segunda metade do século XX e, também, o seu principal expoente. Esse movimento se caracteriza por diversas expressões, o que acontece em várias partes onde é apresentado e interpretado, traduzindo-se, na maioria das vezes, por uma *teologia pública (Öffentliche Theologie)*, uma teologia que traz a esperança como ponto de ação na perspectiva do Reino de Deus Vindouro. Para Moltmann, "a teologia cristã é *theologia pública* por causa do Reino".[15] Outra expressão teológica contemporânea, decorrente desse movimento, que também lhe é atribuída, é a *Teologia da Cruz*, desenvolvida em período posterior. Ele diz: "Uma Teologia da Cruz era minha preocupação antiga,

---

[7] Id. *A fonte da vida*, p. 15.
[8] Cf. id. *Weiter Raum*. Eine Lebensgeschichte, p. 49-60.
[9] Cf. ibid., p. 61-73.
[10] Id. *Experiências de reflexão teológica*, p. 18.
[11] Ibid.
[12] Cf. id. *Weiter Raum*. Eine Lebensgeschichte, p. 77-87.
[13] Cf. ibid., p. 97.
[14] Cf. ibid., p. 149.
[15] Id. *Experiências de reflexão teológica*, p. 26.

mais antiga do que a Teologia da Esperança".[16] Ele justifica essa intenção com uma questão pessoal, uma busca de Deus no fundo de sua existência e de sua experiência de morte e de abandono do campo de concentração, conforme demonstraremos a seguir. No entanto, o que o fez buscar uma nova compreensão a partir da cruz foi um não contentar-se com a forma como ela era apresentada, muitas vezes marcada com o sacrifício pelo pecado, num tom de remissão de culpa, mas não de esperança.[17] Essa teologia, no seu desenvolver, tinha a intenção de "corrigir" certo entusiasmo apresentado por ele na Teologia da Esperança e que poderia ser visto de maneira mais ampla e coerente com a proposta cristã diante das realidades mundanas, muitas delas marcadas pela dor e pelo sofrimento.[18] Desse "suposto entusiasmo" é de onde partiram muitas de suas críticas, principalmente da América Latina.[19] Há também a *Teologia Política* que, juntamente com Johann Baptist Metz, se tornou uma expressão teológica de grande repercussão.[20] Com efeito, mesmo o autor ampliando a sua perspectiva teológica e, na atualidade, passando a abrir novas perspectivas, como, por exemplo, com a questão ecológica,[21] é na Teologia da Esperança que se encontram os pilares do seu pensamento. O que vem depois é um somar-se, um ampliar da sua reflexão, porém sempre a partir da esperança.

O ponto principal de sua carreira teológica e que marca a sua ligação com a corrente teológica citada acima (e as demais correntes citadas) é com a publicação de sua obra *Teologia da Esperança* (*Theologie der Hoffnung*) em 1964[22] – objeto formal de nosso estudo para trabalharmos a questão do futuro de Deus na missão da esperança cristã. Nela, o tema da esperança aparece como elemento hermenêutico, levando-a, assim, ao centro da teologia, conforme suas palavras: "Já não mais teorizava sobre a esperança, mas a partir dela".[23] Ou também: "O todo da teologia em um único enfoque".[24]

Moltmann é um teólogo que possui grande aceitação no meio católico, principalmente pelo seu comportamento ecumênico diante dos teólogos católicos europeus.

---

[16] Id. *Weiter Raum*. Eine Lebensgeschichte, p. 185. Tradução nossa.

[17] Cf. ibid.

[18] A obra que marca esse momento na sua teologia é "O Deus Crucificado", "*Der gekreuzigte Gott*" de 1972.

[19] Cf. id. *Temas para una Teologia de la Esperanza*, p. 63-81.

[20] Cf. id. *Weiter Raum*. Eine Lebensgeschichte, p. 156. Sobre Johann Baptist Metz e a Teologia Política, indicamos: METZ, J. B. *Teologia Política*, 1976; id. *Para além de uma religião burguesa*: sobre o futuro do cristianismo, 1984.

[21] Moltmann tem dedicado a sua teologia à questão ecológica desde 1985, com a publicação do livro *Deus na criação*: doutrina ecológica da criação. Título original: *Gott in der Shöpfung – Ökologische Shöpfunglehre*, de 1985. A tradução brasileira é de 1993. De lá para cá, essa é uma temática que tem tomado conta da vida do autor e ele relaciona a sua teologia – no aspecto escatológico, público e político – dentro dessa perspectiva.

[22] Cf. MOLTMANN, J. *Weiter Raum*. Eine Lebensgeschichte, p. 103.

[23] Id. My theological career, p. 170.

[24] Id. *Teologia da Esperança*, p. 24.

Fato que não o impede, como teólogo protestante, de fazer críticas à Igreja Católica quando esta, no seu entender, não adere ao movimento ecumênico.[25] Em contrapartida, evidencia-se em sua carreira teológica uma aproximação com teólogos católicos no meio acadêmico, não só por consequência de pensamentos (J. B. Metz é um exemplo), mas também por amizade, estima e ambiente de trabalho. Sua última universidade, por exemplo, Tübingen Universität, sustenta (como em várias universidades alemãs) uma faculdade católica de teologia e uma faculdade evangélica, onde professores e alunos podem comungar desse ambiente. Nessa universidade ele se encontrou com Hans Küng, Joseph Ratzinger, entre outros. Também no livro *Weiter Raum* ele reproduz fotos e relatos de alguns eventos dessa natureza. Destacamos o encontro que teve com o Papa Paulo VI,[26] durante audiência em março de 1972, e com o Papa João Paulo II, em 1982,[27] durante Congresso Teológico Internacional de Pneumatologia. Moltmann possui também um importante diálogo com a *Teologia Latino-Americana da Libertação*,[28] nosso ponto de aproximação neste trabalho.

Como a intenção deste capítulo é despertar para a escatologia que se encontra na Teologia da Esperança de Jürgen Moltmann, que para ele se traduz em esperança no futuro de Deus, ao qual somos chamados a participar (em missão), e por percebermos que o seu modo de teologizar parte, primeiramente, de uma questão pessoal, do encontro do teólogo com Deus, apresentamos abaixo fragmentos de um breve relato:

> O começo de minha busca teológica por Deus coincidiu com o fim pavoroso de minha cidade natal, Hamburgo, em 1943. Pode-se dizer que sou um sobrevivente de "Sodoma e Gomorra". Essa menção não tem nada a ver com a poesia religiosa, mas com uma realidade dolorosa. Quando essa lembrança me vem à mente, me assaltam temor e tremor.
>
> [...] Nas últimas semanas de julho de 1943, aquela cidade foi destruída pelo fogo provocado por "Sodoma e Gomorra", nome dado à operação de bombardeio da força aérea britânica. A bomba que esfacelou um de meus colegas, ao meu lado, me poupou de modo indescritível. Naquela noite de morte em massa, eu gritei pela primeira vez por Deus: "Meu Deus, onde tu estás? Onde está Deus?".

---

[25] Ilustramos esse fato com seu artigo na revista *Concilium*, sob o título "A Igreja como *communio*". A intenção desse artigo era responder a carta da Congregação para Doutrina da Fé de 15 de junho de 1992, pela maneira como foram tratadas as comunidades protestantes e evangélicas, segundo Moltmann, de maneira não respeitosa. Ele argumenta que a carta ignora acentos já formulados pelo Vaticano II, tendo, portanto, um teor não ecumênico. Ver: MOLTMANN, J. A Igreja como *communio*, p. 161-163.

[26] Cf. id. *Weiter Raum*. Eine Lebensgeschichte, p. 126.

[27] Cf. ibid., p. 127.

[28] Cf. id. *Experiências de reflexão teológica*, p. 157-251. Também: id. *O Espírito da vida*, p. 110-114; id. *Weiter Raum*. Eine Lebensgeschichte, p. 215-224. Maiores detalhes desse encontro e aproximação serão desenvolvidos no decorrer deste trabalho.

Durante três anos como prisioneiro de guerra na Escócia e na Inglaterra, procurei uma resposta. Em todas as noites, travei uma batalha com Deus como Jacó, que lutou contra o Anjo do Senhor no Vau de Jaboque. Tratou-se de uma luta contra o lado mais obscuro de Deus, contra sua face abscôndita, contra o "não" de Deus que tivemos que suportar durante a guerra e na miséria do tempo de prisão. Nós escapamos da morte no conflito, mas para cada um que sobreviveu houve centenas que morreram. Nós escapamos do inferno, mas pusemo-nos atrás do arame farpado e perdemos a esperança.

[...] O meu mundo interior desabou. Eu recolhi meu coração que sangrava dentro de uma carapaça de imperturbabilidade e apatia. Isso foi uma forma de prisão interna para a alma, somada à prisão externa. Uma pessoa pode se tornar tão apática e indiferente que não é mais capaz de sentir nada: nem alegria nem dor. Então não se vive mais, torna-se como que um morto-vivo.

[...]

Em maio de 1945, tivemos que empurrar um veículo no miserável campo de prisioneiros da Bélgica. Eu o fiz calado e sem a menor vontade. De repente, notei que estava entre lindas cerejeiras florescentes. A vida plena "olhou" para mim. Eu caí, quase inconsciente, mas senti a primeira centelha de vida novamente em mim.

Na Escócia, trabalhamos na construção de ruas junto com o povo nativo. Eles nos chamavam pelo nome mesmo que nós trouxéssemos em nossas costas apenas números. Eles trataram seus antigos inimigos com uma hospitalidade tão natural, uma solidariedade tão humana que me senti profundamente envergonhado. Por meio deles, fomos transformados de figuras petrificadas em pessoas que novamente podiam sorrir.

Então, recebi uma Bíblia como presente de um capelão do exército inglês. Eu não sabia exatamente o que fazer com ela. À noite, li primeiro os salmos de lamentação do Antigo Testamento. Com a leitura do Salmo 39 (v. 3, 5, 12), me senti tocado[...].[29]

Isso foi ao fundo de minha alma. Depois, li o Evangelho de Marcos e encontrei a passagem que menciona o grito de morte de Jesus: "Meu Deus, por que me desamparaste?". Foi naquele momento que pude saber com certeza: "Aí está um que me entende".

[...]

Eu me tornei tão fascinado por aquela experiência de vida que perdi meu interesse pela Matemática e pela Física. Decidi estudar Teologia para investigar o que é verdadeiro na fé cristã. [...] Eu me inscrevi e fui levado em 1946 por um soldado inglês para Norton Camp, que ficava nas proximidades de Nottingham, num lindo parque do Duque de Portland.

[...]

---

[29] Pela tradução brasileira da Bíblia de Jerusalém a citação que o autor faz refere-se aos versículos 4, 6 e 13: "Meu coração queimava dentro de mim, ao meditar nisso o fogo se inflamava... minha duração é nada diante de ti... Ouve a minha prece, Iahweh, dá ouvido aos meus gritos, não fiques surdo ao meu pranto! Pois sou forasteiro junto a ti, inquilino como todos os meus pais".

Eu nunca experimentei Deus como opressivo ou alienante, mas sempre como esse *lugar espaçoso* da liberdade, no qual se pode respirar e ressurgir.[30]

Moltmann diz que, para ele, a teologia sempre é um caminho aberto e convidativo, seus métodos partem inicialmente do nível biográfico-pessoal (por essa razão reproduzimos o relato acima), contextual-político e pelo *kairós* histórico que vive no momento.[31] Passaremos, a partir de agora, a apresentar de maneira detalhada o transcorrer desse percurso teológico, no intuito de desvelar a escatologia no percurso de sua teologia.[32] Não se trata apenas de traços biográficos do autor em questão, mas sim de uma reflexão teológica com base em sua teologia, a partir de relatos de vida do próprio autor, através dos quais se descortina a esperança presente na sua escatologia e que, consequentemente, amadurece teologicamente no percurso de sua história. Nas suas palavras: "Primeiro vem a experiência, depois a teologia; primeiro a paixão, em seguida a ação".[33]

> Um teólogo verdadeiro deve ter elaborado a sua luta com Deus, a sua experiência de Deus, seus medos de Deus e sua alegria em Deus. Ele deve ter se exposto pessoalmente à causa que representa, e não reprimir as suas experiências negativas diante de Deus nem calar o seu gosto positivo em Deus (Sl 37,4). É bom quando se consegue reconhecer, numa teologia, o teólogo, a teóloga, e, nos agentes poimênicos, a própria alma envolvida.[34]

Essa é a intenção de chamarmos esta parte do nosso trabalho de "acenos teobiográficos de Jürgen Moltmann".

2.1.1. O encontro de Moltmann com a esperança

Entendemos que esse caminho parte, primeiramente, de uma experiência pessoal vivida por ele no incidente em Hamburgo (que relatamos acima), quando sua cidade natal foi destruída e, mais tarde, quando prisioneiro em um campo de concentração. É daí que surgem suas perguntas existenciais.[35] Um ponto marcante e central que sempre menciona é a questão de Auschwitz, apresentado por ele como

---

[30] Id. *Vida, esperança e justiça*, p. 10-12. Grifamos no final a expressão "lugar espaçoso" por se tratar de uma expressão que Moltmann se refere muito para explicitar a sua experiência com Deus. Um dos livros que estamos utilizando como base de suas experiências pessoal e teológica traz essa expressão no próprio título: "*Weiter Raum*".

[31] Cf. id. *Experiências de reflexão teológica*, p. 10.

[32] Ver também: PIAZZA, O. F. Moltmann Jürgen, p. 897-899.

[33] MOLTMANN, J. *Experiências de reflexão teológica*, p. 32.

[34] Ibid. Não tivemos acesso ao texto original em alemão para entender a abrangência que o tradutor quis dizer com "poimênicos". Entendemos que se trata de agentes de acolhimento, pastoral da acolhida, do aconselhamento, algo nesta direção.

[35] Cf. id. *Weiter Raum*. Eine Lebensgeschichte, p. 186.

a raiz de seus esforços teológicos. Temos aí a chave teológica para entendermos o que lhe aconteceu em Norton Camp, na Inglaterra, e como passou a refletir sobre a esperança em sua vida e na teologia. Essa sua experiência vai aos poucos ganhando espaço e dando-lhe respostas, sendo assim capaz de direcioná-lo para um futuro que até então, para ele, parecia incerto. Ao mesmo tempo em que sente na própria pele os efeitos da guerra e à medida que toma conhecimento das atrocidades nazistas, solidariza-se também com aqueles que, como ele, são vítimas da opressão. Num ambiente assim a esperança foi a sua companheira e o seu refúgio, foi a força que o manteve vivo e, por essa razão, e até hoje, a sua companheira inseparável.

Para fortalecer a nossa discussão enfatizaremos nesta parte do trabalho o encontro de Moltmann com a esperança em dois momentos: a questão de Auschwitz e a sua própria experiência de campo de concentração.

2.1.1.1. A esperança em Deus depois de Auschwitz

Moltmann não foi prisioneiro nos campos de concentração de Auschwitz, mas esse é um ponto de extrema importância para se compreender como se situa a esperança em Moltmann e percebermos a escatologia que se destaca em sua Teologia da Esperança. Sua reflexão teológica que foi aos poucos ganhando espaço é alicerçada pela sua experiência de cativeiro em campos de concentração, onde pôde ver, ao lado de seus colegas, a verdade sobre as práticas de extermínio que ocorriam dentro de certos campos nazistas, como, no caso, um dos seus maiores: *Auschwitz*. O início de sua teologia acontece – conforme relatamos acima – no fundo dessas experiências. Naquele momento histórico a grande pergunta que se fazia, originaria de Emmanuel Lévinas (1906-1995), era: "Como falar de Deus depois de Auschwitz?".

> Como se pode falar de Deus depois de Auschwitz? Este é o seu [de quem precisou gritar por Deus] problema. Mais ainda, porém, é seu problema como depois de Auschwitz não se pode falar de Deus. De que então é para falar depois de Auschwitz, se não de Deus?! [...] Esse não-mais-poder-falar-de-Deus e, contudo-ter-que-falar--de-Deus, em face da experiência esmagante do peso da culpa na minha geração, é possivelmente a raiz de meus esforços teológicos, pois o pensar sobre Deus sempre de novo me leva de volta àquela aporia.[36]

Para justificar essa dificuldade, colocada por ele como algo sem saída racional, ainda continua parafraseando outro autor, Elie Wiesel (sobrevivente de Auschwitz III), ao dizer: "Não se pode entender [Auschwitz] com Deus. E não se compreende sem Ele".[37] No fundo, tem razão, pois não há uma explicação plausível para a cruel-

---

[36] Id. Geschichte des dreieinigen Gottes, p. 222. Apud: HAMMES, E. J. A cristologia escatológica de J. Moltmann. *Teocomunicação*, p. 606.

[37] Ibid.

dade exercida contra a vida humana nesse campo e em outros. É impossível imaginar Deus lá, mas também não se compreende sem ele. Moltmann argumenta que sempre que tenta falar de Deus ou sobre ele, depara-se, novamente, às voltas com a questão de Auschwitz.[38] Por quê? Talvez porque ele também tenha gritado por Deus como tantos outros gritaram e se sentiram igualmente, devido à circunstância, abandonados por Deus, *supostamente, silencioso*. Mas não! A compreensão que ele adquiriu com o tempo e com a reflexão teológica proveniente dessa experiência mostrou-lhe que não se trata de um Deus silencioso, mas *solidário* e, ao mesmo tempo, *sofredor*.

Como ele próprio diz, essa experiência é a *raiz de seus esforços teológicos*. Porém, como será possível atribuir uma ligação do que aconteceu nesse lugar com uma experiência divina, capaz inclusive de suscitar esperança? Para responder a esse questionamento precisamos percorrer o caminho que Moltmann fez para teologizar o sofrimento divino e sua relação na amplitude humana. O momento que ele reflete é a partir da morte de Cristo na cruz. Como vimos acima, há uma identificação do autor com o grito do Cristo crucificado. Essa interpretação, ainda não de cunho teológico, mas dentro de uma forte experiência, é capaz de refazer o conceito de Deus a partir da visão da solidariedade.

> Quando li o grito de Jesus ao morrer: "Meu Deus, por que me abandonaste?", soube com certeza: está ali o único que me compreende. Comecei a compreender o Cristo atribulado, porque sentia que era compreendido por ele: o irmão divino na aflição, que leva consigo os cativos em seu caminho para a ressurreição. Recobrei o ânimo de viver. Fui tomado de uma grande esperança.[39]

Como a nossa intenção é apresentar um aceno teobiográfico do autor, vejamos isso teologicamente, a partir de seu pensamento.

Pelo ensinamento, prática, vida e obra de Jesus de Nazaré, sabemos que a consistência do Deus anunciado por ele se concentra no amor. "Deus é amor", dirá a primeira Carta de João (1Jo 4,16). É o conteúdo da Boa-Nova, como *dom gratuito* da abertura de Deus em relação à humanidade, porém, esta, no exercício de sua liberdade (dom de Deus), recusa-se a aceitá-la, rejeitando, com isso, o amor de Deus. Contudo, a essência de Deus consiste no amor que é eterno, ele não muda. Por isso, Jesus, que é a visibilidade concreta desse amor, assume a decisão de caminhar até as últimas consequências, chegando inclusive a ser morto, morto por causa do amor.

---

[38] Como apontamos acima, Moltmann não passou por esse campo; o que descobriu das atrocidades de Auschwitz veio do período em que ficou como prisioneiro em outros campos de concentração. No entanto, Auschwitz e seus campos de concentração permanecem até hoje como um marco do holocausto e da capacidade humana para a morte e para a destruição. Em Auschwitz I encontra-se até os dias de hoje a frase: *Arbeit macht frei* (O trabalho liberta).

[39] MOLTMANN, J. *A fonte da vida*, p. 12-13.

Para explicar esse estranho amor que decide sofrer, Moltmann menciona em sua obra *O Deus crucificado*[40] a novela *Demônios*, de Dostoyeviski (1821-1881), que diz: um Deus que não pode sofrer é mais desgraçado do que qualquer homem. Um Deus incapaz de sofrimento é um ser indolente, pois a injustiça e o sofrimento não o afetam. Seria carente de afetos, portanto, nada o pode afetar, nada o comove. Não pode chorar porque não tem lágrimas; se não pode sofrer, tampouco pode amar. Um Deus assim, diz Moltmann, poderia ser o Deus de Aristóteles, mas não o Deus de Jesus Cristo.[41]

Portanto, essa concepção de Deus silencioso em Auschwitz mostraria um Deus encurvado sobre si mesmo (*Deus incurvatus in se*), e não é isso o que atesta a doutrina cristã, da qual o ser humano é a imagem e semelhança (cf. Gn 1,26); não é o que mostra a experiência do Êxodo e não é o que mostra o caminho do próprio Jesus. Assim dirá Moltmann: "Mas um homem pode sofrer, porque pode amar. [...] Finalmente, um Deus, exclusivamente, onipotente é em si um ser imperfeito".[42] Vemos que, assim, segundo a doutrina cristã e assistida aqui pela teologia de Moltmann, a encarnação de Jesus é algo realizado por Deus no intuito de revelar a essência de seu ser que é amor. Não apenas revelar, mas atrair, convidar a participar dessa comunhão de amor.

Esse sentimento capaz de sofrer é resultado de um amor que se solidariza com quem é amado e pelo qual faz tudo para libertar. Agora, em Jesus, Deus vai mais longe nesse amor. Ele, pelo qual foi criada a história, decide fazer-se história. Assume a humanidade por inteiro no ser de Deus, pois agora Deus-Homem sente na própria carne, *sarx*, o que sente um ser humano, com todas as limitações provenientes dessa situação, até mesmo a íntima relação entre o ser humano e Deus.[43] Notamos aqui a importância do que é apontado em Fl 2,6-11, no qual se destaca a *kénosis* do Filho. Essa *kénosis* atinge todo o mistério trinitário e, por fim, a nós, destinatários desse evento salvífico. Essa íntima ligação *divino-humana*, que nos assegura a fé, é o que sustenta a nossa esperança.

---

[40] Título original: MOLTMANN, J. *Der gekreuzigte Gott*, 1972. Para as referências bibliográficas desta obra, estaremos utilizando a obra traduzida para o espanhol, de mais fácil acesso; mas em consulta com a obra no idioma original, edição de 2007. A edição brasileira, em português, foi lançada em setembro de 2011, por ocasião da visita de Moltmann ao Brasil.

[41] Cf. MOLTMANN, J. *El Dios crucificado*, p. 311.

[42] Ibid., p. 312. Grifos nossos.

[43] Encontramos aqui outro relato de Moltmann sobre essa relação do Filho com aqueles que sofrem: "O Filho de Deus, abandonado por Deus, carrega em si a eterna morte dos abandonados e condenados a fim de se tornar o Deus dos abandonados, e o irmão dos condenados. Todos os condenados e abandonados por Deus podem agora, no crucificado, experimentar a comunhão com Deus. O Deus encarnado faz-se agora presente e acessível à humanidade de cada ser humano. Não é necessário transformar-se ou assumir algum papel especial a fim de viver a humanidade, em Cristo". MOLTMANN, J. *Paixão pela vida*, p. 60.

Portanto, para compreender um Deus que seja solidário com o sofrimento humano, Moltmann nos convida a observar a atitude depositada pelo homem de Nazaré. Nessa atitude, Jesus (Deus-Homem) não olhava o outro apenas como outro, não o via como alguém estranho a si mesmo, mas sim se aproximava dele, tornando-se *próximo*, colocando-se junto, ao lado, sendo solidário (cf. Lc 10,25-37). Nisso consiste a atitude cristã que decorre da prática de Jesus. Aí ele é *solidário*, e também *sofredor*, pois faz da nossa vida algo importante a ele, vive-a em seu ser, sofre conosco, é solidário. Por isso nos liberta e por isso nos redime e nos salva. É a obra do amor, que é participativo e convidativo, que enche de esperança.

Retornando para a questão em Moltmann, dizemos que essa é a esperança de que falamos e que foi aos poucos extirpada em Auschwitz. Desse modo, Moltmann descobre que o caráter da esperança está em se fazer também solidário com quem está sofrendo, mas pelo ponto de vista do sofredor, a partir dele.[44] Ele aos poucos descobre essa esperança escondida dos muros, mas revelada na fé do Cristo ressuscitado e crucificado. Ao ver em si mesmo e nas demais vítimas traços semelhantes com *Aquele* que outrora, por nós, fora crucificado e morto, a esperança passou a ter outro significado. Por isso que, para ele, falar de Deus depois de Auschwitz é fundamental, pois a esperança neste Deus foi a única coisa capaz de fazer alguém sobreviver a esses tormentos, ou, talvez, a única coisa em que esperavam aqueles que morreram por causa desses.

Moltmann oferece uma importante reflexão a esse respeito na sua obra *Experiências de reflexão teológica*, quando fala do surgimento da "Nova Teologia Política". Cita, além de si próprio, o colega católico J. B. Metz e a teóloga Dorothee Sölle, que se veem obrigados a enfrentar a questão de Auschwitz e a questão dos judeus no momento em que propõem uma teologia voltada para o mundo.[45] Ignorar tal discussão seria um descaso e um desrespeito, além disso, era uma tarefa da teologia dar a sua resposta para as indagações, o que levava também a questionar e a incomodar o "silêncio" dos cristãos diante de tal fato. Diz: "O nome 'Auschwitz' designava para nós as condições hermenêuticas em que deveríamos considerar, na Alemanha pós-guerra, o falar cristão de Deus".[46]

Para Moltmann, a fé cristã está ligada às experiências de uma situação existencial particular que transcende para uma situação social. Para ele, somente quem já

---

[44] A Teologia Latino-Americana da Libertação parte dessa perspectiva. O Cristo crucificado identifica-se com o povo que sofre e torna-se solidário a eles; o povo, por sua vez, sente essa identificação e vê em Cristo alguém que lhe é próximo.

[45] Em 1997, Jürgen Moltmann promoveu um Simpósio com outros teólogos para discutir a questão da origem teológica de cada um e como a compreensão da mesma mudou ou foi ampliada no decorrer dos anos. Nesse evento, que depois teve as suas conferências publicadas, encontramos também J. B. Metz e Dorothee Sölle. Da obra entitulada *Wie ich mich geändert habe*, tivemos acesso à tradução italiana: MOLTMANN, J. (Ed.). *Biografia e teologia. Itinerari di teologi*, 1998.

[46] MOLTMANN, J. *Experiências de reflexão teológica*, p. 102-104.

esteve face a face com a morte e teve de clamar a Deus sabe que não poderá fazer uma teologia reservada e individual. A teologia deve tornar-se uma *Teologia Pública*, "que compartilha os 'sofrimentos desta época' e que formula suas esperanças em Deus no lugar em que vivem os seus contemporâneos".[47] O que valia daquele momento em diante não era perguntar como falar de Deus depois de Auschwitz, mas sim *como não falar de Deus depois de Auschwitz*?

No fundo, essa angústia reproduz algo vivido por ele interiormente, ao se confrontar em uma situação semelhante, quando foi prisioneiro no campo de concentração.

2.1.1.2. A esperança no campo de concentração – atrás do arame farpado

Acima reproduzimos um pensar teológico de experiência de campo de concentração com base naquilo que Moltmann compreendeu através de Auschwitz, porém, agora, retratamos aqui o encontro com a fé cristã que surgiu de uma experiência pessoal como prisioneiro de guerra; um momento atrás do arame farpado, vivido por ele mesmo. Esse foi um fato marcante em sua vida pessoal, vivenciado principalmente em *Norton Camp*.[48] Fato que ele sempre retorna para legitimar suas argumentações teológicas. É como se depois de fortes tribulações esse fosse um marco importante, um constante retorno, um *reinício vital*, em que após forte sofrimento ele encontrou *força* e *desejo de viver*.

Ao retornar sempre para aquele momento hostil, ele consegue refletir que, naqueles anos, a esperança foi a sua única companheira e, também, o motivo de sua vida e de sua liberdade futura. Nesse período, passou a refletir sobre a condição humana, a liberdade e a sua relação com Deus. Isso virá futuramente transparecer em sua teologia, destacada por todos como *Teologia da Esperança*. Prova disso, é uma confissão de sua experiência – sem liberdade – *atrás do arame farpado*,[49] maneira como ele a relata:

> Da experiência de um longo período como prisioneiro de guerra, entre 1945 e 1948, menciono dois perigos da falta de liberdade: a gente experimenta uma hostilidade de fora, contra a qual não tem mais como se defender, e por isso nos recolhemos à nossa concha interior para proteger-nos contra o mundo exterior hostil através da indiferença e da passividade. Mas com isso nossas energias vitais ficam bloqueadas. A gente não tem mais respeito por si mesmo. Deixamos de ter confiança em nós

---

[47] Ibid., p. 13.

[48] Moltmann esteve primeiramente no campo 2226 em Zedelgem, Holanda. Logo após no campo de trabalhos 22 em Kilmarnock/Ayrshire, chegando a Norton Camp somente em julho de 1946. Cf. MOLTMANN, J. *A fonte da vida*, p. 10-11.

[49] Essa expressão "atrás do arame farpado" faz parte do vocabulário de Moltmann. Ela pode ser encontrada em várias de suas obras.

mesmos. Além disso, a gente aprende a conviver com *o arame farpado* e com a vida sem liberdade. A gente procura apagar-se, para não ter dificuldades. Mas isso significa que a gente se submete interiormente. Essa submissão passa a ser dependência e essa dependência tira a capacidade de se tomar decisões. A fraqueza de impulsos evolui para uma apatia geral. A gente não vive mais, apenas se deixa levar. Quando então tudo passou a ser indiferente, a gente não sente mais *o arame farpado*. Nesses dois perigos, o do autodesprezo e o da acomodação, perdemos a vida e nos entregamos. Mas no momento em que nossa vontade de viver se reacende e em que determinadas experiências, que chamamos de experiências de Deus, despertam em nós a esperança de viver, começamos a nos revoltar contra a apatia dentro de nós e contra *o arame farpado* ao redor de nós. Nos arranhamos, nos ferimos (sic). Começamos a sofrer conscientemente e a chorar. Os gemidos e o choro dos prisioneiros sempre são os primeiros sintomas de vida neles, não são de forma alguma sinais de morte.[50]

Ao relatar esses dois perigos (autodesprezo e acomodação), Moltmann nos faz perceber que a linha que separa a esperança da desesperança é muito tênue. Esse fato faz com que, quem esteja em cima dela, possa enveredar-se de um lado para outro. Diante dessa situação, ou nos revoltamos com a situação e partimos para cima, superando os obstáculos e as adversidades, rompendo de uma vez por todas com o arame farpado, ou nos conformamos com a situação. Ao se conformar, nos recolhemos e perdemos a confiança em nós mesmos. Quando a esperança dá lugar à desesperança, tendemos a nos apagar e a nos submeter à dependência alheia. O *pathos* dá lugar à *apatia*. Por essa razão que a esperança cristã alicerça-se sempre na fé. Elas são companheiras inseparáveis em meio às turbulências decorrentes da fraqueza humana. Sem elas ficamos volúveis e tudo passa a ser indiferente, não se sente mais o arame farpado, como ele mesmo diz.

Para compreender a esperança atrás do arame farpado que menciona, ele nos lança um desafio. Esse desafio é reacender em nós a chama da ressurreição e buscar nas promessas de Deus uma justificação para o mundo, de forma a transformá-lo pela força da presença de Deus em nós. "Dessa forma, a fé em Cristo transforma a esperança em confiança e certeza; e a esperança torna a fé em Cristo ampla e dá-lhe vida".[51] Estamos aqui diante de um fundamento basilar de sua teologia, quando o ressuscitado vem até nós, de forma livre e gratuita, promete-nos um futuro com o seu Reino. Diante da vida que a ressurreição nos traz, calcada pela esperança da cruz, não podemos deixar que a apatia venha tomar conta de nosso ser. Precisamos superá-la, desafiá-la, vencê-la e conquistá-la. Aliás, esse é o objetivo da *esperança cristã*, sustentada na vida que vence a morte, numa certeza pela promessa na vinda do Senhor que vem. É o que desperta em nós a esperança de viver, que nos

---

[50] MOLTMANN, J. *O Espírito da vida*, p. 106. Grifos nossos.
[51] Id. *Teologia da Esperança*, p. 35.

impulsiona para frente, a ponto de nos lançarmos, definitivamente, ante o arame farpado e rompê-lo. Somos salvos pela esperança (cf. Rm 8,24).

Refletindo a partir dessa confissão, o autor nos remete a algumas indagações: Estamos hoje também *atrás de um arame farpado*? Será que, enquanto cristãos, portadores da verdade da fé e da ressurreição, não estamos também nós encurvados numa concha, de maneira passiva, indiferentes, protegidos de um mundo hostil? Será essa a *missio* cristã? Onde está a nossa esperança? Será a esperança passiva, ou embasada numa *pro-missio*? Que *promissio*? Que *missio*?

Responder a estas interpelações é a proposta que seguiu com Moltmann na Teologia da Esperança. Para ele, a *promissio* cristã fundamenta-se na fidelidade ao Deus da promessa, que por sua vez mantém-se fiel. "Aquele que promete 'mantém' sua palavra e cumpre o que prometeu."[52] Lança-se aí a uma *missio*. Ou seja, a missão (*missio*) se constitui numa promessa (*promissio*); para ele é de onde parte a esperança.[53] Diante da miséria e da crueldade presentes no mundo, onde *choro* e *gemido* passam a fazer parte de um cotidiano corrupto e injusto, é lícito descobrir nesses sentimentos sinais de vida em meio à morte e a destruição. São os *sintomas de vida* que nos fala o autor, que alicerçados na esperança procuram romper todos os paradigmas dominantes em busca da libertação plena e final. Nessas horas, o grito, os choros e os gemidos clamam por uma libertação definitiva, capaz de germinar num lugar hostil fragmentos de esperança.

Vemos assim que essas situações continuam e ainda persistem no pensamento de Moltmann. Ao retornar a elas, alinha-se ao Deus solidário e promitente e se sente assegurado por isso. "Em todo fim, está oculto um novo começo. Quando você procura por ele, ele o achará."[54]

2.1.2. O encontro de Moltmann com a fé cristã

Com certeza, a experiência de sofrimento em meio à guerra, a destruição de sua cidade natal, o tempo como prisioneiro em campo de concentração, o contato com os demais prisioneiros e a maneira com que foram tratados em Norton Camp antecederam o seu pensar teológico e marcaram o seu encontro com Deus de maneira profunda. Notadamente, conforme já dissemos no início deste capítulo, essa experiência de fé e também de abandono da falta de fé[55] – causa de grande inquieta-

---

[52] Id. *Experiências de reflexão teológica*, p. 86.
[53] Cf. id. *Teologia da Esperança*, p. 32.
[54] Id. *Vida, esperança e justiça*, p. 12.
[55] Destacamos essa crise interna em Jürgen Moltmann como algo positivo em seu processo, como algo que o faz repensar a sua situação e o sentido da sua própria vida, evidenciado pela experiência de Deus que começava a germinar. Joseph Ratzinger (Bento XVI) diz em sua obra *Introdução ao Cristianismo* que esta é uma situação normal na vida do crente. Estamos diante da dúvida e da fé que interpelam o ser humano diante de Deus. Não se trata apenas da dificuldade de se fazer entender, mas também da insegurança da própria fé; algo

ção pessoal – formam o seu *locus theologicus* inicial. Moltmann se vê numa busca de sentido para a própria vida e na tentativa de encontrar uma resposta para o que acontecia ao redor de si mesmo.[56] Temos aí o encontro de Moltmann com a fé cristã: "O abandono de Cristo por Deus me mostrou *onde* Deus está, *onde* ele estava e *onde* estará comigo em minha vida".[57]

Numa situação como aquela que relatamos acima, qualquer pessoa se sentiria também abandonada por Deus. Toda uma vida parece estar desmoronada e entregue ao acaso para quem se encontra nessa condição. A vida se encerrou no passado, o presente já não existe e o futuro parece incerto e perigoso. Alguns ideais de vida que pareciam intocáveis e inabaláveis se demonstram frágeis diante de tal fato. Tem-se aí um momento crucial, que nós – que felizmente nunca passamos por experiência semelhante – nunca saberemos e compreenderemos interiormente. O que ocorreu e o que essas pessoas viveram e sentiram na Segunda Grande Guerra são marcas indeléveis que mancham e ferem a história da humanidade.

Ao relatar em vários dos seus escritos que diante do seu sofrimento e do seu abandono ele se identificou com o sofrimento de Jesus na cruz, a ponto de poder exclamar em seu coração "Senhor meu e Deus meu!", representa aspectos sensíveis de uma esperança singular e verdadeira que foi semeada lentamente naquele campo de concentração, abrindo um espaço silencioso para uma fé interior. Esse sentimento de abandono que ele sentiu e que é comum no ser humano, o foi, também, por vezes, enfrentado pelo próprio Jesus em sua vida, de sobremaneira quando sentiu o abandono na cruz, como ele o menciona: "Deus meu, Deus meu, por que me abandonaste?" (Mc 15,34). Há aí uma identificação de Moltmann com Cristo, pois ele sente no crucificado alguém que lhe é próximo.

> Cristo – o amigo da peregrinação, que abandonou tudo para procurar as vidas abandonadas. Cristo – aquele que me toma pela mão em seu caminho rumo à ressurreição e à vida. Eu tornei a perceber a coragem de viver. Tomou-me – de modo lento, mas seguro – uma grande esperança na vida plena. Eu ouvi novamente os tons musicais, vi de novo as cores, senti mais uma vez as forças da vida. Naquele momento, eu não me decidi por Cristo, como é comumente exigido por muitos. Mas estou seguro de que, naquele instante e naquele lugar, no escuro buraco da minha alma, *Cristo me achou*. Posteriormente, me decidi por Cristo e por seu reino e faço isso até hoje.

---

natural da condição humana, pois este crer produzido pela fé lança-se ao que não se vê. Para responder a isso, Ratzinger aponta que existe no fiel, primeiramente, uma "ameaça da incerteza"; tudo aquilo que parecia certo e evidente, torna-se frágil e obscurece-se na falta de algo concreto. Significa que, "num mundo aparentemente sólido e blindado, um ser humano se vê confrontado, de repente, com o abismo que se esconde debaixo da estrutura firme das convenções que nos sustentam". Nesta relação entre o ser humano e o mundo não está em jogo apenas *parte* desta fé, mas o *todo* dessa fé. Essa fé que, pela experiência, parece ser sólida, vê-se às voltas com um abismo que a questiona. Cf. RATZINGER, J. *Introdução ao cristianismo*, p. 33.

[56] Cf. MOLTMANN, J. *Experiências de reflexão teológica*, p. 18.

[57] Id. *A fonte da vida*, p. 13. Grifos do autor.

Naqueles dias, o abandono de Cristo na cruz me mostrou onde Deus está presente, onde ele estava naquela noite de chamas em Hamburgo e onde ele estará ao meu lado, aconteça o que acontecer no futuro. Essa convicção não tem me abandonado até hoje.[58]

Notamos aqui que Moltmann reconhece nessa ação um *ato solidário* de Deus capaz de atingir toda a humanidade. Ele se percebe também como alguém que está incluído nessa ação: "Cristo me achou". Tomado dessa experiência, ele compreende que toda dor, angústia, sofrimento e fraqueza humana se encontram atingidos e representados na cruz de Jesus, que transfigura em sua morte todos os limites humanos. Entende que, em seu sofrimento, Cristo converte todo o sofrimento para si. Sendo solidário, torna-se também igual, sendo igual, torna-se caminho, e sendo caminho, torna-se esperança. Biblicamente falando: "o Caminho, a Verdade e a Vida" (Jo 14,6).

É importante se ter clara uma coisa: a solidariedade não está com o sofrimento, e sim com aqueles que sofrem. Há nisso uma enorme diferença. É um amor que não pode proibir a escravidão nem a inimizade, mas que sofre a causa dessa contradição, podendo carregar apenas a dor e o protesto contra o sofrimento, revelando-se nessa dor. É o que ocorre na cruz de Jesus e que Moltmann reflete teologicamente. Deus deixa que o desprezem, Deus sofre, deixa que o crucifiquem para dar prova do seu amor *incondicional* e cheio de esperança. O Pai que ama se corresponde no Filho que ama igualmente, criando, no Espírito, uma correspondência de amor entre Deus e a humanidade, que recusa esse amor. Isso gera uma libertação, representando algo novo, uma novidade que nasce do amor incondicional de Deus no coração do homem Jesus.[59]

Portanto, ao perguntarmos onde está Deus diante do sofrimento, ou mais precisamente onde estava Deus nos campos de concentração, em Auschwitz, em Norton Camp e em outros. Onde estava Deus quando aquelas pessoas foram arrancadas de suas casas, violentadas, acorrentadas e jogadas naquele lugar, com fome, sede e frio? Onde estava Deus nesse episódio da vida de Jürgen Moltmann? Onde estava Deus naquela noite em Hamburgo?[60] Estas perguntas, segundo ele, só terão uma única resposta: ele estava lá sofrendo com elas. Ele estava lá, junto com ele (Moltmann). Ele era cada uma daquelas pessoas que sofriam naquele campo de Auschwitz e em tantos outros. Para Moltmann, que em seu livro *O Deus crucificado* faz uma comparação semelhante,[61] qualquer outra resposta seria blasfêmia contra Deus, pois

---

[58] Id. *Vida, esperança e justiça*, p. 11. Grifos nossos.
[59] Cf. id. *El Dios crucificado*, p. 352-353.
[60] Cf. id. *Weiter Raum. Eine Lebensgeschichte*, p. 186.
[61] Moltmann relata a história contada por E. Wiesel, já citado anteriormente e que é sobrevivente de Auschwitz, o qual oferece em seu livro *Night* uma expressão comovente para a teologia: "A SS enforcou a dois homens

um Deus impassível se converteria em um demônio. Um Deus absoluto se converteria em nada e um Deus indiferente condenaria a humanidade à indiferença.⁶² Essa experiência vivida por ele o liga de maneira também solidária para com aqueles que sofreram em Auschwitz. "É Deus em Auschwitz e Auschwitz em Deus crucificado",⁶³ aludindo ao nome de sua obra.

> Este é o fundamento de uma esperança real, tanto transformadora como superadora do mundo e a base para um amor que é mais forte que a morte e que pode sujeitar o morto. É a razão de viver com os medos da história e de seu final e, ainda, permanecer no amor e contemplar o vindouro aberto ao futuro de Deus.⁶⁴

Toda essa experiência, agora refletida à luz de Cristo, leva Moltmann a questionar-se: "Por que não estou morto também? Para que vivo? O que dá sentido à minha vida? É bom viver, porém é duro ser um sobrevivente. É preciso suportar o peso do luto".⁶⁵ De fato, trata-se ainda de uma culpa imensurável que o percorreu desde o incidente em Hamburgo, quando sua cidade natal foi bombardeada, até os dias de hoje: "Quando essa lembrança me vem à mente, me assaltam temor e tremor".⁶⁶ Essa libertação que foi proporcionada pela esperança e, especificamente, a esperança cristã, só foi sendo consolidada lentamente, como ele mesmo falou, aproximando-lhe de um encontro com Deus, de um encontro de fé. Percebemos que essa experiência vivida por ele não se deu de maneira isolada, mas foi percebida, compartilhada e enriquecida com outras pessoas que compartilhavam, juntamente, da mesma situação.

> Não ouvíamos acusações. Não nos atribuíam nenhuma culpa (sic). Éramos aceitos como seres humanos, embora não passássemos de números e ostentássemos nas costas as lapelas de prisioneiros. Experimentamos perdão da culpa sem confissão de culpa de nossa parte. Foi isso que nos possibilitou viver com o passado de nosso povo e com as sombras de Auschwitz, sem reprimi-las e sem endurecermos.⁶⁷

Era um período difícil em que todos procuravam se libertar da sensação de culpa que os aprisionava em seus medos. Parece-nos que, naquele momento, muito antes da esperança se manifestar, o grande desafio era se sentir perdoado, acolhido e

---

judeus e a um jovem diante de todos os internos no campo. Os homens morreram rapidamente, a agonia do jovem durou meia hora. 'Onde está Deus? Onde está?', perguntou um atrás de mim. Quando depois de longo tempo o jovem continuava sofrendo, enforcado no laço, ouvi outra vez o homem dizer: 'Onde está Deus agora?'. E em mim mesmo escutei a resposta: Onde está? Aqui... Está ali enforcado no madeiro". MOLTMANN, J. *El Dios crucificado*, p. 393.

⁶² Cf. ibid.
⁶³ Cf. ibid., p. 399.
⁶⁴ Ibid.
⁶⁵ Id. *A fonte da vida*, p. 10.
⁶⁶ Id. *Vida, esperança e justiça*, p. 10.
⁶⁷ Id. *A fonte da vida*, p. 13.

aceito. A culpabilidade, mais que o próprio muro, os aprisionava a ponto de questionarem a própria vida e indagarem: "Como pode alguém viver com isso?". Para ele, o fato de ter sido salvo não foi uma dádiva, mas uma incumbência, que aos poucos, através de um sentimento de esperança, começa a despontar.[68]

> O que no início parecia ser um destino cruel tornou-se para nós uma bênção de riqueza imerecida. Começou na noite da guerra, mas quando chegamos a Norton Camp raiou o sol para nós. Chegamos com almas feridas, e, quando saímos, "minha vida foi salva". [...] foi Deus quem olhou para nós com os "olhos radiantes" de sua alegria eterna. [...] sentimos que ele olhou para nós com "olhar resplandecente", e sentimos o calor de seu amor.[69]

Temos, então, que esse encontro de Moltmann com a fé cristã vem antes de um encontro com o Deus da esperança, o Deus que vem em Cristo, que se torna próximo e solidário e que o encontra no abismo de sua vida. Esse *encontrar-se* com a fé cristã que surge a partir daí transforma-se na força necessária para ele continuar vivendo; tem-se, naquele instante, um sentido para a vida, e é esse sentido que o faz viver e o conduz até hoje.

2.1.3. O encontro de Moltmann com Ernst Bloch e o Princípio Esperança

No caminhar teobiográfico de Moltmann até a *Teologia da Esperança*, tem-se uma parada obrigatória, que é, também, uma das causas da origem desta obra e desta teologia; trata-se do encontro de Moltmann com *O Princípio Esperança* (*Das Prinzip Hoffnung*)[70] do filósofo Ernst Bloch.[71] Essa produção filosófica propõe colocar

---

[68] Cf. ibid., p. 10.

[69] Ibid., p. 16.

[70] Essa obra é dividida em 3 volumes. Tivemos acesso aos 3 volumes da tradução brasileira, feita pela UERJ, Editora Contraponto, de 2005.

[71] Ernst Bloch nasceu no dia 8 de julho de 1885 na cidade de Ludwigshafen, na Alemanha, filho único de uma família judia alemã. É considerado um dos grandes filósofos do século XX, de linha neomarxista, e teve grande influência na filosofia contemporânea, sobretudo, no aspecto da filosofia da práxis. Bloch escreveu seu primeiro texto filosófico aos 17 anos (*A potência e a essência*), tornando-se bacharel em 1905. Em 1908, apresenta a sua tese de doutorado sobre o filósofo neokantiano Heinrich Rickert. De 1908 a 1911, estuda em Berlim, onde conhece o filósofo Georg Lukács, com quem passa a frequentar, em 1912, o círculo de estudos de Max Weber (1864-1920). O seu primeiro grande livro chama-se *O Espírito da utopia* (*Geist der Utopie*), publicado em 1918. Em 1919, ele conclui o seu segundo livro, chamado *Thomas Müntzer – teólogo da Revolução*. Em 1930, publica *Pistas* (*Spuren*). Fugindo da ditadura nazista, exilou-se na Suíça, onde publica *Herança desta época* (*Erbschaft dieser Zeit*). Mais tarde, exila-se na Áustria, na França e na Tchecoslováquia; depois, fugindo das tropas de Hitler, exila-se por dez anos nos Estados Unidos, de 1938 a 1948. É nesse período que ele escreve a sua trilogia filosófica, intitulada *O Princípio Esperança* (*Das Prinzip Hoffnung*), cujo título originário era "Sonhos de uma vida melhor". A data da publicação completa desta obra é 1959. Mais tarde, em 1948, Bloch retorna à Alemanha, sendo professor de filosofia na Universidade Karl Marx de Leipzig, na então Alemanha Oriental. Porém, suas críticas ao regime burocrático stalinista de Berlim Oriental o fazem ir à Alemanha Ocidental, aproveitando uma autorização do Estado para viajar ao Ocidente. Lá, em uma

a esperança em um movimento antecipador do futuro (*consciência antecipadora*),[72] para o qual, aquele que espera (o ser), projeta o seu "ainda-não-ser" para esse futuro "ainda-não-realizado". É um "sonhar acordado", através do qual decidimos seguir em frente e ir em direção daquilo que é novo (*novum*). A expressão "ainda-não" demonstra um caminhar de esperança que está orientada para o futuro, como algo a se confirmar. Para Bloch, o seu objetivo é o ser utópico, suprimindo a alienação entre o sujeito e o objeto, a existência e o mundo, a natureza e ser humano.[73] A ideia é constituir uma nova filosofia da práxis,[74] que possa, a seu modo, interagir na história.

Basicamente, é dessa forma que ele começa a sua obra: "Movimento-me. Desde cedo na busca. Completamente ávido, gritando. Não se tem o que se quer".[75] Na sequência, ele continua, comparando essa busca incansável do ser humano, que ele vai denominar de *princípio esperança* com as atitudes de uma criança:

> Mas também aprendemos a esperar, pois o que uma criança deseja raramente chega imediatamente. Sim, espera-se pelo próprio desejo, até que ele se torne mais claro. Uma criança agarra tudo para encontrar o que tem em mente. Joga tudo fora, está incessantemente curiosa e não sabe pelo quê. Mas o novo já vive aqui, o outro com o qual sonha.[76]

Em outra passagem ele diz: "Quem nos impulsiona? Nós nos movemos, somos ardentes e incisivos. O que vive é estimulado – e em primeiro lugar por si mesmo. Enquanto existe, respira e nos atiça".[77] Mais: "O urgente se exterioriza *primeiramente como almejar*, ambicionando alguma coisa. Se o almejar é *sentido*, então passa a ser um *ansiar*, a única condição sincera de todos os seres humanos".[78]

---

entrevista, diz que não pretende mais retornar e vai residir na cidade de Tübingen, continuando as suas atividades de ensino e pesquisa como professor convidado da Tübingen Universität. Permanece aí por dezesseis anos, até o dia de sua morte em 4 de agosto de 1977, com 92 anos de idade. Nesse período, em Tübingen, Bloch publica mais cinco livros de grande importância: *Ensaios filosóficos* (*Philosophische Aufätze zur objektiven Phantasie*), 1969; *Mensurações políticas, tempos de peste, Vormärz* (*Politische Messungen, Pestzeit, Vormärz*), 1970; *O problema do materialismo, sua história e sua substância* (*Das Materialismusproblem, seine Geschichte und Substanz*), 1972; *Experimentum mundi*, 1975; *Aulas de Magistério em Leipzig* (*Aus Leipziger Vorlesungen*), 1977. Cf. MÜNSTER, A. *Ernst Bloch: filosofia da práxis e utopia concreta*, p. 119-124. Ver também do mesmo autor: MÜNSTER, A. *Utopia, messianismo e apocalipse nas primeiras obras de Ernst Bloch*, 1997. Indicamos também outras obras de Ernst Bloch que tivemos acesso: BLOCH, E. *Ateismo nel cristianesimo*, 1971; id. *Derecho natural y dignidad humana*, 1980. Sobre Ernst Bloch, além das obras já citadas, destacamos: FRAIJÓ, M. *Fragmentos de esperança*, 1999; GÓMEZ-HERAS, J. M. G. *Sociedad y utopía en Ernst Bloch: pressupuestos ontológicos y antropológicos para una filosofia social*, 1977; FURTER, P. *Dialética da esperança: uma interpretação do pensamento utópico de Ernst Bloch*, 1974.

[72] Cf. MÜNSTER, A. *Ernst Bloch: filosofia da práxis e utopia concreta*, p. 11-12.
[73] Cf. CABRAL, R. (Dir.). *Logos. Enciclopédia Luso-Brasileira de Filosofia*, p. 231, v. 2.
[74] Cf. MÜNSTER, A. Op. cit., p. 12.
[75] BLOCH, E. *O Princípio Esperança*, p. 29, v. 1.
[76] Ibid.
[77] Ibid., p. 49.
[78] Ibid. Grifos do autor.

Em sua obra, de três volumes, Bloch busca compreender o despertar da utopia em vários momentos da história humana e o que motivou a caminhada até ela, ou o afastar-se. No seu terceiro volume, ele dedica uma parte importante e extensa ao debate da religião e do ser humano que se apoia nesse mistério religioso;[79] destacamos aqui o que ele aponta, principalmente, no que diz respeito ao judaísmo e ao cristianismo. Marca-se aí a questão do êxodo e a utopia do Reino de Deus. Numa perspectiva não religiosa ele transforma a esperança bíblica do Reino de Deus na ideia de uma futura divinização humana, chamada a transformar este mundo numa nova terra de promissão.[80]

Pelo tom da práxis e o aspecto utópico que é apresentado no universo religioso, linhas de pensamento como a de Moltmann, a Teologia da Libertação e demais teologias da práxis,[81] identificaram-se com essa filosofia, salvaguardando o que é essencial, uma vez que Bloch se declarava totalmente ateu.

Sobre essa influência de Ernst Bloch na teologia de Moltmann, Arno Münster escreve:

> A ligação feita por E. Bloch entre a esperança e a práxis transformadora no horizonte da utopia permitiu a Moltmann falar de "esperança ativa em nosso encontro com Deus" e definir a teologia da esperança como "nova teologia da ressurreição". No entanto, apesar dessa convergência importante, as perspectivas de Bloch e de Moltmann não são exatamente as mesmas.[82]

É certo que *O Princípio Esperança* teve grande influência na vida de Moltmann e no desenvolver de sua teologia, sendo para ele uma provocação (*Herausforderung*),[83] mas, ao mesmo tempo, o foi para a fé cristã que parecia ter abandonado essa prerrogativa, maneira como ele descreve no prefácio da Teologia da Esperança.[84] Essa foi a primeira impressão que Moltmann teve da obra, passando na sequência para um olhar mais crítico. O que ele quis fazer foi utilizar as bases filosóficas de Bloch para produzir uma teologia que fosse orientada para o futuro, de maneia histórica, servindo-se da práxis. A diferença é que Bloch via esse caminhar na história "sem

---

[79] Cf. ibid., p. 265-396, v. 3. O referido capítulo intitula-se: *"Empenho humano crescente no mistério religioso, no mito astral, êxodo, reino; o ateísmo e a utopia do reino"*.

[80] CABRAL, R. (Dir.). Op. cit., p. 231.

[81] Cf. MÜNSTER, A. Op. cit., p. 103-118.

[82] Ibid., p. 113. No entanto, não significa que apenas a filosofia de Ernst Bloch teve influência sobre Moltmann. É o que alerta Érico João Hammes ao dizer, por exemplo, que em *O Deus Crucificado* (*Der gekreuzigte Gott*) ele se serve da dialética negativa e da teoria crítica de Th. Adorno e M. Horkheimer. Já em *O caminho de Jesus Cristo* (*Der Weg Jesu Christi*), volta em parte a Bloch, mas recorre mais a M. Buber e W. Benjamin. Cf. HAMMES, E. J. A cristologia escatológica de J. Moltmann, p. 610. Contudo, é com o filósofo Ernst Bloch que Moltmann mais faz referência e abre diálogo.

[83] Cf. MOLTMANN, J. *Weiter Raum. Eine Lebensgeschichte*, p. 103.

[84] Cf. id. *Teologia da Esperança*, p. 20-21.

transcendência"; já Moltmann buscava entender esse processo "com transcendência".⁸⁵ Esta é uma das diferentes perspectivas que aparece entre eles, conforme mencionamos na citação de Münster.

Já de início houve uma diferença de pensamentos, o que ocasionou certo diálogo e debate entre os dois. Podemos encontrar um retrato desse diálogo como apêndice na própria Teologia da Esperança, onde Moltmann reproduz uma publicação de 1963, resultado de um colóquio público com Ernst Bloch em Tübingen, em 21 de maio de 1963: "O Princípio Esperança" e a "Teologia da Esperança", título do apêndice. Em 1965, há um novo colóquio, onde além de Moltmann e Bloch participa também W-D. Marsch, teólogo. O conteúdo desse debate está publicado numa obra de Moltmann escrita em 1975 e publicada em 1976, dedicada a Ernst Bloch, chamado por Moltmann na ocasião de "mestre da esperança". Título da obra: *Em diálogo com Ernst Bloch* (*Im Gespräch mit Ernst Bloch*).⁸⁶

A grande questão que toca a aproximação da teologia de Moltmann com a filosofia de Ernst Bloch é que a dimensão utópica do marxismo passa a absorver elementos escatológicos da tradição cristã e procura redirecioná-los. Diante desse fato, Moltmann chama a atenção para a "meta-religião" de Ernst Bloch, dizendo que "a filosofia da esperança de Ernst Bloch quer ser, em seu ápice, uma 'metarreligião', isto é, 'religião como legado'. Ele pensa poder demonstrar que o substrato hereditário próprio de todas as religiões é a 'esperança em totalidade'".⁸⁷ Portanto, na leitura que Moltmann faz de Bloch, ele afirma: "quem quiser ser herdeiro da religião, sobretudo do cristianismo, deve tornar-se herdeiro de sua esperança escatológica".⁸⁸ No seu debate com Bloch, Moltmann tenta enaltecer que a esperança não pode ficar apenas na condição do desejo, mas que ela só é viva na força da ação.⁸⁹ Para ele, a categoria do *novum* que Bloch utiliza deve voltar-se também ao aspecto negativo da vida, ao sofrimento e à paixão. Para tanto, Moltmann argumenta a partir da teologia da cruz (que Bloch rejeita),⁹⁰ na qual diante da negatividade a esperança surge na realidade e revigora-se em uma força capaz de nos fazer enfrentar os desafios que surgem em torno a ela,⁹¹ ou, se necessário for, aceitar a "cruz da realidade" na

---

85 Cf. MÜNSTER, A. Op. cit., p. 113.
86 Tivemos acesso a tradução italiana: MOLTMANN, J. *In dialogo con Ernst Bloch*, 1979.
87 MOLTMANN, J. *Teologia da Esperança*, p. 423.
88 Ibid., p. 424.
89 Cf. MÜNSTER, A. Op. cit., p. 116.
90 Cf. ibid., p. 114.
91 Apesar desta postura de Moltmann em relação a Bloch, Arno Münster diz que Moltmann teve mais dificuldade em assumir a realidade histórica do que, por exemplo, os teólogos da libertação. Para os teólogos da libertação, o sujeito desta escatologia utópica e desta esperança eram os oprimidos e humilhados, cuja esperança e utopia eram a libertação dos sofrimentos e da injustiça sofrida no presente. Cf. MÜNSTER, A. Op. cit., p. 111-118.

força da ressurreição.⁹² Este último ponto é o que difere Moltmann e sua Teologia da Esperança da Teologia da Libertação, mas que, num segundo momento, com a publicação da obra *O Deus Crucificado* ganha outra conotação e importância.⁹³

Em seu debate com Bloch, Moltmann diz que "a esperança cristã não é uma utopia da fé".⁹⁴ Pelo contrário, ela apresenta-se a este mundo em direção à verdade. Ela não se alia apenas a esperanças terrenas, mas confia que o bem e a justiça de Deus virão. Por essa razão, ela produz um pensamento crítico sobre o passado e o presente, pois conhece a realidade e sabe que a mesma não se mantém sozinha.⁹⁵ Ele afirma:

> A confiança cristã deve encontrar forças para derrubar as imagens de uma esperança utópica, não para se resignar perante a realidade, mas em função da verdadeira miséria do mundo e do futuro de Deus. [...]. Junto com o "princípio esperança", ela não se conformará com a realidade dada, com suas supostas obrigatoriedades nem com as leis do mal e da morte. Mas ela tampouco se contentará com as projeções utópicas do futuro, mas ultrapassará também a estas. Ela as ultrapassará, não rumo à vacuidade do espaço aberto, mas na direção de onde a promessa de Deus lhe indica o caminho para a miséria da criatura. Dessa forma, ela rompe os horizontes utopicamente fechados. Nos horizontes utopicamente abertos a todas as possibilidades, ela reconhecerá e mostrará o necessário. Dessa forma, a esperança escatológica se torna a força impulsionadora da história para a criação das utopias do amor ao ser humano sofredor e seu mundo malogrado, ao encontro do futuro desconhecido, mas prometido de Deus. Nesse sentido, a escatologia cristã se pode abrir ao "princípio esperança", e receber ao mesmo tempo desse princípio o impulso para a projeção de um perfil próprio e mais perfeito.⁹⁶

Encerramos a nossa breve reflexão de Moltmann e o seu diálogo com Ernst Bloch e o Princípio Esperança afirmando que a esperança não pode ser uma mera utopia, como bem ele aponta no texto acima, mas, obviamente, não sobrevive sem elas. A esperança cristã movimenta-se em torno a essas utopias, insere-se na imanência da história, mas respira a transcendência para a qual é chamada. Busca o futuro antecipado pela ressurreição de Cristo, mas se compromete em transformar o mundo presente na perspectiva do Reino de Deus. Só assim a esperança escatológica

---

⁹² Cf. MOLTMANN, J. *Teologia da Esperança*, p. 451.

⁹³ No início do debate com a TdL, os teólogos latino-americanos acusaram a teologia de Moltmann de certo entusiasmo, principalmente, quando se propõe "aceitar a cruz da realidade na perspectiva da ressurreição". Temia-se aí certo conformismo e não uma atitude de mudança, própria da experiência da ressurreição. Esse debate torna-se positivo e na obra seguinte, *O Deus crucificado*, Moltmann desenvolveu essa esperança da ressurreição junto à teologia da cruz, algo mais próximo ao que se pretendia com a TdL.

⁹⁴ Ibid., p. 452.

⁹⁵ Cf. ibid.

⁹⁶ Ibid., p. 452-453.

se tornará a força impulsionadora da história rumo às utopias do amor, em direção ao futuro "ainda" desconhecido, mas prometido por Deus e "já" possível de ser experimentado na fé.

2.2. A Teologia da Esperança e a sua escatologia

Ao apresentar um breve estudo sobre a *Teologia da Esperança*, Wolf-Dieter Marsch, que teve a felicidade de ler a obra ainda como um manuscrito, diz: "Os livros têm os seus destinos".[97] É uma frase latina pertinente de Tereciano Mauro (século III d.C.),[98] que, com certeza, diz muito sobre o livro em estudo.[99] É um dado certo que alguns livros possuem a capacidade de conquistar um destino que muitas vezes não foi projetado pelo seu autor e, podemos dizer, com a Teologia da Esperança isso ocorreu de fato.

Moltmann nunca teve a pretensão de percorrer um caminho novo com a sua obra. Segundo J. M. Jong, o que ele faz é uma *reordenação da teologia*, desde o ponto de vista da esperança,[100] na qual ele apresenta *problemas teológicos* específicos. Desse modo, a concepção da escatologia motivada pela esperança cristã dentro da Teologia da Esperança, e o que se suscitou consequentemente em seu pensamento, ganha mais clarividência.

Vejamos como a obra se desenvolve dentro da problemática teológica.

O primeiro problema que é apresentado na sua obra trata da questão da escatologia. Ao refletir sobre a esperança cristã, Moltmann se pergunta sobre a essência do cristianismo. Para tanto, ele parte do pressuposto de que o cristianismo é escatologia do princípio ao fim. Nessa intenção, ele precisa relacionar a escatologia com a revelação; o que será desenvolvido por ele inicialmente no capítulo I, tendo como consequência o capítulo II, que trata das promessas como fundamento dessa esperança. Seu segundo problema parte do fundamento cristológico da escatologia cristã e constitui-se o ponto central da Teologia da Esperança, pois trata da ressurreição de Cristo e de todos nós, de maneira explícita no capítulo III. Aqui ele traz o Cristo ressuscitado como o crucificado e, para ele, esse é o tema central de toda a fé cristã. O terceiro problema que será desenvolvido diz respeito à relação entre Deus e a história, bem fundamentado no capítulo IV. Por fim, servindo-se do capítulo V, refere-se ao problema do futuro, destacando as consequências da escatologia cristã na sociedade: somos um povo em êxodo, comunidade do êxodo (*Exodusgemeinde*).

---

[97] MARSCH, W-D. Para introducir..., p. 9.
[98] *Habent sua fata libelli*.
[99] Moltmann também faz menção a essa frase na sua obra *Weiter Raum*, quando fala do momento kairológico em que nasce sua obra: *Auch Bücher haben ihr eigenes Schicksal*. Cf. MOLTMANN, J. *Weiter Raum. Eine Lebensgeschichte*, p. 104. Traduzindo: "Também os livros têm o seu destino".
[100] Cf. JONG, J. M. Teología de la esperança, p. 34.

Aqui se destacam aspectos pertinentes da modernidade e no confronto da fé e da esperança com essa realidade. No intuito de lançar a obra também para o futuro, ele perguntará: qual o papel da *missio* cristã, já que nossa esperança se sustenta numa *promissio* de futuro?[101]

Apresentaremos agora alguns aspectos do contexto histórico e teológico da Teologia da Esperança e uma reflexão a partir de seus principais fundamentos.

2.2.1. A obra e seu contexto histórico e teológico

Quando ele escreve o prefácio para os 33 anos de sua obra, em maio de 1997, Moltmann descreve isso como "algo arriscado", pois, para ele, os livros também têm um tempo bem próprio, seguem um caminho só deles.

> É o que ocorreu com a *Teologia da Esperança*. Eu a publiquei em 1964. Em 1967, foi lançada a tradução inglesa. Depois disso, porém, ela escapou ao meu controle e fez sua própria história; uma história que eu não havia pretendido nem previsto, mas que reverteu para mim de muitas formas diferentes. Eu sou o autor do livro, reconheço e sustento tudo o que escrevi naquela época. No entanto, algo bem diferente é a história que foi influenciada pela *Teologia da Esperança*. Nela eu sou apenas uma pessoa entre tantas outras. Nela, sou apenas o primeiro leitor do livro mais do que seu autor.[102]

Nesse relato, Moltmann nos insere dentro do contexto de sua obra.[103] Como ele mesmo diz, não é apenas o único autor, mas, como todos os leitores, foi influenciado por ela. Em algumas vezes, durante os anos que se seguiram pós-obra, ele mudou de posturas em relação à esperança, fato que ocorreu pelo retorno trazido por sua obra, quando entrou em contato com outros horizontes e com outras visões hodiernas da teologia. Por essas *visões hodiernas da teologia* entendemos os movimentos e correntes teológicos que o autor manteve diálogo ao longo de sua vida, conforme ele mesmo destaca várias vezes: a Teologia da Libertação, a Teologia Política, a Teologia Negra, a Teologia Feminista etc.;[104] sem falar das constantes mudanças no cenário político mundial, que provocam, por parte da Igreja e por parte da teologia, uma postura de atitude concreta. Sobre essas questões, ele as descreve como algo positivo, o que demonstra uma teologia aberta aos novos descobrimentos, além de

---

[101] Cf. id. Op. cit., p. 34-36.

[102] MOLTMANN, J. *Teologia da Esperança*, p. 19. Grifos do tradutor. Maiores informações sobre esse início da Teologia da Esperança encontram-se na obra: id. *Weiter Raum*. Eine Lebensgeschichte, p. 104-110.

[103] Parte do relato que se segue nesta etapa, já o apresentamos na Revista *Pistis & Práxis*: KUZMA, C. A esperança cristã na "Teologia da Esperança" – 45 anos da Teologia da Esperança de Jürgen Moltmann: sua história, seu caminho, sua esperança, p. 443-467. Agora, trazemos o tema de maneira mais desenvolvida e aprofundada.

[104] Cf. MOLTMANN, J. *Experiências de reflexão teológica*, p. 157-251.

um constante diálogo com o mundo contemporâneo. Para ele, a teologia "deve revogar seu restringir-se à Igreja, à fé e à interioridade, para procurar, com todos, a verdade do todo e a salvação de um mundo dilacerado".[105]

Ao querer resgatar a origem dessa obra, verificamos que a esperança sempre fez parte da vida do autor, sobretudo, no período guerra e pós-guerra. Ele diz: "Depois, na guerra e na prisão, tive experiências de vida e de morte. Percebi que as questões existenciais eram mais importantes do que as científicas. Elas me levaram à teologia".[106] No entanto, o surgimento da *Teologia da Esperança*, de maneira mais sistemática, ocorre entre os anos de 1958 e 1964, quando se discutia entre os editores do periódico *Evangelische Theologie* as controvérsias existentes entre a *Teologia do Antigo Testamento* de Gerhard von Rad e a *Teologia do Novo Testamento* de Rudolf Bultmann, com o objetivo de chegar a uma teologia sistemática que fosse fundamentada biblicamente. A questão central da discussão era a compreensão da história.[107] "O que estava em jogo era nada menos do que a superação do existencialismo generalizado do período pós-guerra, visando à obtenção de perspectivas de futuro para um mundo mais justo, mais pacífico e mais humano."[108]

Aquele era um momento em que se voltava a discutir as promessas de Deus dentro de um horizonte judeo-cristão, no qual Moltmann se vê influenciado pela filosofia de Ernst Bloch com a obra *O Princípio Esperança* (*Das Prinzip Hoffnung*), de 1959.[109] Em suas palavras: "e, naturalmente, foi a provocação proposta pelo 'Princípio Esperança' de Ernst Bloch que se tornou inevitável para mim".[110] Perguntava-se, pois, de que modo a história representava um todo e, de que maneira, as promessas de Deus despertavam esperanças humanas? Com isso, a reflexão teológica se direciona para o sentido do êxodo de Israel e, também, a compreensão de Reino de Deus

---

[105] Id. *Ciência e sabedoria*, p. 23.

[106] Ibid., p. 11. Sobre Jürgen Moltmann e seu contexto, ver o subcapítulo 2.1.1 – *O encontro de Moltmann com a esperança*.

[107] Essa busca pela compreensão da história fez com que o autor disponibilizasse parte de sua obra para confrontá-la com as promessas de Deus. O Deus da esperança, apresentado por ele, é um Deus que se insere na história, que se faz história, que a assume e a transforma. Na *Teologia da Esperança* encontramos um bom ensaio que retrata as promessas feitas por Deus na história de Israel no capítulo II, mas ela é estudada com mais magnitude no capítulo IV de sua obra. Vale destacarmos também que essa insistência pela história perpassa por toda a sua teologia, desde a discussão que ocasionou esta obra até seus trabalhos mais recentes. Em visita a Universidade Metodista de São Paulo (Umesp), em outubro de 2008, tivemos a honra e o privilégio de participar de uma audiência com ele. Perguntaram sobre os principais livros de sua vida; ele, seguro de si, respondeu: em primeiro lugar a Bíblia, especialmente o Antigo Testamento, pela história da promessa de Deus e o encontro deste na história da humanidade, culminando no Novo Testamento; em segundo lugar, a obra de Ernst Bloch, *O Princípio Esperança* (*Das Prinzip Hoffnung*), uma obra motivadora de sua teologia; e, em terceiro lugar, a *Dogmática Eclesial* de Karl Barth (*Kirckliche Dogmatik*). Ele ainda brincou dizendo que esta tem mais de 9 mil páginas...

[108] MOLTMANN, J. *Teologia da Esperança*, p. 20.

[109] Referências a Ernst Bloch e sua obra encontram-se no subcapítulo 3.1.4 – *O encontro de Moltmann com Ernst Bloch e o Princípio Esperança*.

[110] MOLTMANN, J. *Weiter Raum. Eine Lebensgeschichte*, p. 103. Tradução nossa.

passa a ganhar um sentido de orientação para o futuro, totalmente escatológico. Assim, a *base* e o *motivo* da esperança se encontram no *êxodo* e na *ressurreição* de Cristo.[111]

Porém, neste instante, faz-se necessário perguntar: como era a situação à qual nos referimos e que fez surgir então a Teologia da Esperança? Sobre isso nos utilizaremos de trechos do próprio autor, pelos quais nos descreve aspectos importantes de seu contexto histórico:

> Em 1964, a *Teologia da Esperança*, evidentemente, ainda que não intencionalmente, acertou o seu *kairós*. O tema, por assim dizer, estava no ar. No Concílio Vaticano II, a Igreja Católica Romana estava mesmo se abrindo para as questões do mundo moderno. Nos Estados Unidos da América, o Movimento pelos Direitos Civis teve os seus pontos altos na luta contra o racismo. Na Europa oriental, assistimos ao surgimento de um marxismo reformista, que em Praga foi chamado de "socialismo da face humana". Na América Latina, a revolução bem-sucedida em Cuba despertou, em toda parte, as esperanças dos pobres e dos intelectuais. Na Alemanha Ocidental, superamos a estagnação do período pós-guerra com a bandeira: "Nada de experimentos!", por meio da vontade de ter "mais democracia" e uma justiça social melhor e por meio da "luta contra a morte atômica". Os anos sessenta realmente foram anos de pôr-se em marcha e de voltar-se para o futuro, anos do renascimento das esperanças.[112]

Percebemos aqui que o contexto era propício para tal formulação, uma vez que, como diz o autor, o tema da esperança "estava no ar". Um aspecto positivo que ele destaca é sobre a abertura da Igreja Católica. É o que resulta dos reflexos provocados pelo Concílio Vaticano II, sobretudo, pela sua Constituição *Gaudium et spes*, que como o próprio nome diz trata sobre as *alegrias* e as *esperanças* que germinam do coração da Igreja. É um documento voltado para a ação da Igreja no mundo, uma missão *em diálogo* com o mundo moderno. Moltmann também enumera outras situações em que a esperança motivou forças e abriu novos caminhos. Mas, segundo ele, esse *kairós* ao qual se refere no início dos anos 1960 e que, como relatou antes, suscitou tantas esperanças, não permaneceu de maneira completa ao seu final. De imediato, por ordens diversas, o mundo é cercado por frustrações, como ele mesmo relata:

> Contudo, os anos sessenta terminaram com frustrações amargas em relação às referidas esperanças: no outono de 1968, em Praga, os tanques e as tropas do Pacto de

---

[111] Cf. id. *Teologia da Esperança*, p. 20-21.

[112] Ibid., p. 21-22. Grifos do tradutor. Na sua obra *Weiter Raum*, Moltmann reproduz uma apreciação semelhante a que utilizamos aqui, porém com outras acentuações e outros eventos políticos e religiosos que surgem ao lado da Teologia da Esperança. Ali ele detalha cada momento. Cf. id. *Weiter Raum. Eine Lebensgeschichte*, p. 105-106. Optamos por ficar com a citação acima, pois sintetiza melhor esse momento kairológico indicado pelo autor.

Varsóvia demoliram o "socialismo de face humana". A guerra do Vietnã fez com que os EUA entrassem em um conflito trágico consigo mesmos. Em 1968, foi publicada a *Encíclica Humanae vitae* que pôs um fim à abertura da Igreja Católica para o mundo de hoje. No mesmo ano, as esperanças ecumênicas atingiram seu ponto alto na Conferência Mundial das Igrejas em Uppsala, com o lema: "Eis que faço novas todas as coisas!", entrando em seguida em conflito com os evangélicos e conservadores. A crise econômica de 1972 – a crise do petróleo – deixou claro para todos que não vivemos na "terra das possibilidades irrestritas" e que o futuro tampouco é ilimitado, mas que temos que contentar-nos com esta terra e seus recursos limitados. Em vista disso, para muitos, a esperança de um futuro melhor reverteu em resistência ativa contra as destruições reais da vida neste planeta. A grande esperança, que naquela época, porém, ainda era de cunho muito geral, tornou-se concreta em muitas ações pequenas e restritas: nos movimentos ecológicos, no movimento pela paz, no movimento feminista e em outros movimentos.[113]

Evidentemente que não foram períodos marcados apenas por frustrações, pois vale destacar aqui que, para a Igreja Católica da América Latina, o ano de 1968 passou a ser um marco referencial histórico com a Conferência Episcopal de Medellín, onde se levantou a bandeira da "opção pelos pobres", marca da Teologia Latino-Americana da Libertação. Foi um momento de esperança que atingiu todo o continente ao traduzir e aplicar os conteúdos do Vaticano II àquela realidade. Contudo, não se anula o que foi mencionado por ele sobre o impacto que se teve com a Encíclica *Humanae vitae* do mesmo ano. Mas, para o contexto de Moltmann, basicamente europeu, todas essas frustrações começam a terminar exatamente vinte anos depois, quando a partir de 1989 surgem *sinais* e *milagres*, os quais, segundo o autor, ninguém mais esperava. Esses supostos sinais e milagres que ele deduz, trata-se, especificamente, de mudanças na política mundial: a queda do regime soviético, o fim do *apartheid* na África do Sul, modificações de paradigmas políticos mundiais, entre outras.[114] Por pertencer à história a esperança abre novos caminhos e redireciona novamente a própria história.[115]

Além do mais, naquele momento, sua obra e teologia percorrem parte do mundo, deixando nesses lugares a sua influência. Essa influência o autor não a assume como pessoal, mas como estritamente da obra, que fez um caminho próprio, como já foi detalhado aqui e ele mesmo disse tempos atrás no prefácio da terceira edição em 1977, registrado na obra atual. Ali o autor afirma que esse livro fez o seu próprio caminho pelo mundo: "A Teologia da Esperança foi discutida em numerosos periódicos teológicos e não teológicos, cristãos e não cristãos. Ela deu sua contribuição para que o labor teológico se orientasse para a história do Deus da esperança".[116]

---

[113] Ibid., p. 22. Grifos do tradutor.
[114] Cf. ibid., p. 23.
[115] Cf. ibid., p. 49.
[116] Ibid., p. 27.

Sobre a influência da Teologia da Esperança em outras teologias, o autor diz que tal experiência retornou para ele de modo diferente, contribuindo para que tivesse uma abertura maior dentro do horizonte teológico. Em muitos lugares em que a Teologia da Esperança foi apresentada, sua esperança foi traduzida por *ação*, pelo fato de sua efetividade se confrontar com o contexto atual. Sobre o que fez surgir essa influência, ele supõe duas hipóteses: primeiramente, a perspectiva coerente da libertação histórica; e, depois, a redenção escatológica que dela provém.[117]

Sobre as críticas que recebeu de sua obra, por muitas vezes, elas serviram de abertura ao diálogo teológico e ele nunca as viu como problema, nem mesmo quando o acusaram de ter uma visão unilateral.[118] Aliás, como ele mesmo relata, essa foi a crítica mais frequente a respeito de seus primeiros livros. Todavia, isso não o assusta, ao contrário, honra-o e vem confirmar aquilo que foi dito. Para ele, "quem toma a palavra em uma discussão importante e estimulante, quando quer alcançar alguma coisa, sempre se torna unilateral".[119] Portanto, a teologia não tem e nunca terá uma visão total de Deus e de seu mistério; ela parte antes de uma experiência de fé, está presa a um contexto determinado. Logo, toda ela é unilateral.

Terminamos esta parte com suas palavras, que trazem o tom do contexto histórico e teológico da Teologia da Esperança: "Eu não visava apenas uma teologia sobre a esperança, mas uma teologia a partir da esperança: teologia como escatologia, teologia do reino libertador de Deus no mundo".[120] Trazendo para o contexto do nosso trabalho, uma teologia que se propusesse a refletir o futuro de Deus, de modo escatológico, a partir da compreensão da esperança, alimentando a sua missão neste mundo.

2.2.2. Fundamentos e reflexões da Teologia da Esperança

Moltmann inicia a sua obra – *Theologie der Hoffnung* – com uma *Meditation über die Hoffnung* (meditação sobre a esperança). Trata-se de uma introdução na qual ele questiona, inicialmente, sobre o lugar que ocupa a escatologia cristã na reflexão teológica de seu tempo. Para ele, a escatologia não pode mais ser direcionada apenas ao final, como era apresentada no passado, como um apêndice da teologia.

---

[117] Cf. ibid., p. 23. Cf. também: id. *Weiter Raum. Eine Lebensgeschichte*, p. 104-110.

[118] Sobre este ponto específico, Moltmann respondeu de maneira sistemática, esboçando aquilo que pretendeu com a Teologia da Esperança. A totalidade do conteúdo desta resposta pode ser encontrada na seguinte obra, já antes mencionada: MOLTMANN, J. Respuesta a la crítica de la Teología de la Esperanza, p. 187-192. Ver estas críticas também em confronto com a Teologia Latino-Americana da Libertação: id. *Temas para una teologia de la esperanza*, p. 77-86. Nesta obra aparece uma das reações de Miguez Bonino, a quem Moltmann escreve uma "carta aberta" em 1976. Retomaremos a essas críticas no capítulo 3.

[119] Id. *Teologia da Esperança*, p. 24.

[120] Id. *Experiências de reflexão teológica*, p. 84.

Ela deve envolver o todo, pois compõe esse todo da teologia. Vejamos isso com suas palavras:

> Na realidade, a escatologia é idêntica à doutrina da esperança cristã, que abrange *tanto aquilo que se espera* como o *ato de esperar*, suscitado por esse objeto. O cristianismo é total e visceralmente escatologia, e não só como apêndice; ele é perspectiva, e tendência para frente, e, por isso mesmo, renovação, e transformação do presente. O escatológico não é algo que se adiciona ao cristianismo, mas é simplesmente o meio em que se move a fé cristã, aquilo que dá o tom a tudo que há nele, as cores da aurora de um novo dia esperado que tingem tudo o que existe. De fato, *a fé cristã vive da ressurreição do Cristo crucificado e se estende em direção às promessas do retorno universal e glorioso de Cristo*. Escatologia é "paixão" em dois sentidos, o de sofrimento e o de tendência apaixonada, que têm sua fonte no Messias. Por isso mesmo, a escatologia não pode ser simplesmente parte da doutrina cristã. Ao contrário, toda pregação e mensagem cristãs têm uma orientação escatológica, a qual é também essencial à existência cristã e à totalidade da Igreja.[121]

Ao comparar esta mesma passagem, Hans-Georg Geyer, que fez uma relevante discussão desta obra,[122] indicará que Moltmann nos apresenta nesta introdução três teses básicas de sua teologia: 1) O Cristianismo é escatologia do princípio ao fim; 2) O fundamento cristológico da escatologia cristã: a fé cristã vive da ressurreição de Cristo; 3) O problema do futuro. Se olharmos novamente para o texto acima poderemos verificar facilmente estas três teses totalmente sobrepostas. E, com um olhar mais atento para toda a obra, observamos que nestas três teses resume-se o objetivo principal de sua reflexão. R. Gibellini chama isso de *Teorema da Teologia da Esperança*.[123]

Destacamos também o novo caráter que Moltmann propõe à escatologia, trazendo no mesmo plano o *objeto que se espera com o ato de esperar*, conforme assinalamos acima. Essa intenção vai ao encontro da nossa proposta de trabalho, pois o futuro de Deus é o que esperamos e *a missão da esperança* é o nosso modo de esperar, de maneira ativa, impulsionada pela esperança *naquilo* que se espera. Portanto, o futuro de Deus na missão da esperança cristã.

No fundo, Moltmann quer afirmar que toda a essência dessa escatologia encontra-se na definição de esperança. É uma esperança que interage no meio em que está; é *dinâmica* e ao mesmo tempo *crítica* da realidade.[124] Por se fundamentar no Cristo ressuscitado como alicerce fundamental da fé, ela se projeta totalmente ao futuro, mas de maneira bem enraizada nas promessas do passado. Conforme citamos

---

[121] Id. *Teologia da Esperança*, p. 30. Grifos nossos.
[122] Cf. GEYER, H.-G., Acotaciones a la teologia de la esperanza de Jürgen Moltmann, p. 41-81.
[123] Cf. GIBELLINI, R. *La teologia di Jürgen Moltmann*, p. 80.
[124] Indicamos: MOLTMANN, J. La critica como deber, p. 21-25.

anteriormente, "a fé cristã vive da ressurreição do Cristo crucificado e se estende em direção às promessas do retorno universal e glorioso de Cristo". Ela não serve como fuga da história, mas como orientação a sua existência. Dessa forma, é uma "tendência apaixonada". Essa nova compreensão de escatologia, que o autor nos traz, "implica-se na realidade histórica a ponto de transformá-la".[125]

Para Moltmann, todo o conteúdo da verdade cristã possui uma orientação escatológica. Somos movidos pela esperança, pelo ato de esperar (*hoffen*). A verdade cristã está totalmente projetada para o futuro e anseia por ele, portanto, toda a teologia é escatologia. A partir desse enfoque o único problema que existe na teologia cristã, segundo nosso autor, diz respeito ao seu futuro (*das Problem der Zukunft*). Esse futuro apresenta-se como o *Outro* (*das Andere*),[126] o qual, a partir de nossas experiências, não podemos nem ousar pensar, pois ele está além daquilo que nos é dado. Transcende sempre como algo *novo* (*neuen*), portanto, o verdadeiro objeto da esperança cristã encontra-se, definitivamente, no futuro de Deus (*Die Zukunft von Gott*). "O Deus, de que aí se fala, não é o Deus intramundano ou extramundano, mas o 'Deus da Esperança'".[127]

Por essa razão que, para o nosso autor, a palavra escatologia (doutrina das coisas últimas) não é o termo mais apropriado para designar o futuro de Deus. Para ele, este termo é falso, pois uma doutrina sobre as coisas últimas não pode existir. O termo escatologia remete, teoricamente, a um fim, mas não é essa a intenção teológica, pois, a partir do enfoque que é conferido pela esperança, ela não é o seu fim (fim-fim), mas o seu princípio (fim-para). Na sua obra *A vinda de Deus* (*Das Kommen Gottes*), ele a inicia com a frase: "no fim – o princípio" (*Im Ende – der Anfang*).[128] Este é um raciocínio constante no pensamento do autor.[129] Para ele, aquilo que se espera (*hoffen*) no futuro do Deus que vem (*das kommen Gottes*) aproxima-se de nós como promessa (*die Verheißung*). Essas promessas suscitam a esperança e nos fazem caminhar rumo a esse futuro. "Nas promessas está anunciado o futuro oculto, o qual, por meio da esperança que desperta, age no presente".[130] Ou seja, no fim prometido tem-se o caminho da esperança, o início vivido em missão. No fim, o início. Em outro momento Moltmann diz também que no fim está Deus.[131] Em Deus tudo se realiza e tudo se torna pleno.

---

[125] TAMAYO, J-J. Escatologia cristã, p. 223.
[126] O sentido em que é colocado o termo *o Outro* (*das Andere*) pelo autor, remete para *o Outro novo*, que traz novidade.
[127] MOLTMANN, J. *Teologia da Esperança*, p. 30.
[128] Cf. id. *A vinda de Deus*, p. 11.
[129] Ver também: id. *No fim, o início*, 2007.
[130] Id. *Teologia da Esperança*, p. 32.
[131] Cf. id. No fim – está Deus, p. 131-140.

No entanto, esse futuro que o autor apresenta não é algo fácil de expressar racionalmente e, com efeito, gera uma indagação: como a escatologia cristã pode falar do futuro? No que ela se fundamenta? Vale apontarmos aqui que, segundo P. Hoffmann, as características da esperança cristã apresentadas no NT estão alicerçadas nas características da esperança do AT, basicamente, *esperar, confiar* e *perseverar*.[132] Elas também podem ser utilizadas aqui, porém ganham um sentido mais amplo. Sendo assim, Moltmann, ao afirmar a escatologia como esperança, diz que "ela toma seu ponto de partida em uma *determinada realidade histórica* e prediz-lhe o futuro, suas possibilidades futuras e sua eficácia futura".[133] Essa *determinada realidade histórica* de que nos fala o autor é algo fundamental para compreender a esperança como *novo enfoque* da escatologia cristã.[134]

Retornamos então à discussão que assistia ao grupo teológico *Evangelische Theologie*, do qual Moltmann participava e cuja discussão culminou com a publicação dessa respectiva obra. Essa nova visão que é proporcionada pela escatologia busca na história uma base forte de compreensão e de identificação. O nosso futuro é projetado na história e, mais que isso, projeta-se para além da história. Trazendo para uma definição cristã, com base no pensamento de Moltmann: "A escatologia cristã fala de Jesus e de seu futuro. Conhece a realidade da ressurreição de Jesus e anuncia o futuro do ressuscitado".[135]

Essas novas questões suscitadas a partir da nova compreensão da escatologia dizem que, se o Cristo ressuscitado e crucificado tem um futuro, para nós existe, por certo, algo *Novo* que podemos esperar. Essa formulação vai ao encontro da Carta aos Romanos, que diz: "os sofrimentos do tempo presente não têm proporção com a glória que deverá revelar-se em nós..." (Rm 8,18). Com esta nova definição, a esperança cristã passará a se identificar com aquilo que aconteceu com Cristo e passará a ansiar para si mesma esse futuro, "pois sofremos com ele para também com ele sermos glorificados" (Rm 8,17). No entanto, o futuro de Cristo também apresenta certas contradições. Isso ocorre porque o futuro ainda *não* se apresenta de modo visível no presente, mas como um contraste. Ainda esperamos o que não vemos (cf. Rm 8,24-25; Hb 11,1). Porém, nessa nova compreensão, ela, a esperança cristã, não ilumina a realidade que aí está, mas a que virá.[136] Para Moltmann, "a contradição,

---

[132] Cf. HOFFMANN, P. Esperança, p. 82.

[133] MOLTMANN, J. *Teologia da Esperança*, p. 30. Grifos nossos.

[134] Temos aqui um importante ponto para a aproximação da Teologia da Esperança com a Teologia Latino-Americana da Libertação. A TdL vê a esperança nascer da práxis e, dali, dentro de uma experiência concreta, desenvolve a sua reflexão e esperança. Vimos acima que a TdE vê a sua esperança a partir das promessas. No capítulo 3 e 4 faremos uma aproximação dessas duas perspectivas, tendo em vista o horizonte do nosso trabalho.

[135] MOLTMANN, J. *Teologia da Esperança*, p. 31-32.

[136] Cf. ibid., p. 32.

em meio à qual a esperança coloca o ser humano frente à realidade de si mesmo e do mundo, é a contradição entre a ressurreição e a cruz".[137]

Expliquemos melhor: ela coloca o ser humano numa contradição entre o real e o que não consegue ser visto como real, entre o visível e o invisível. Isto se identifica na contradição existente entre a cruz e a ressurreição, que só é exprimível pela fé. Para tal posição, ele se fundamenta em Calvino, que reflete a partir de Hebreus (Hb 11,1)[138] sobre a fé e a esperança, e por Moltmann ser da tradição cristã reformada, o pensamento calvinista exerce grande influência sobre a sua teologia. Segue abaixo o texto de Calvino:

> É-nos prometida a vida eterna – a nós, que estamos mortos; é-nos anunciada uma feliz ressurreição, mas, enquanto isso, estamos cercados de corrupção; somos chamados justos e, não obstante, reside em nós o pecado; ouvimos falar de uma felicidade indivisível e, enquanto isso, somos aqui oprimidos por uma miséria sem fim; abundância de todos os bens nos é prometida, mas só somos ricos de fome e sede. O que seria de nós se não nos apoiássemos na esperança, e se nossos sentidos não se dirigissem para fora deste mundo, no caminho iluminado pela palavra e pelo Espírito de Deus em meio a essas trevas?[139]

Como demonstra no texto citado acima, essa contradição entre a cruz e a ressurreição é uma constante da vida cristã. Isso reforça a tese de que o cristão vive neste mundo, mas com um olhar para além deste mundo (esperar), a ponto de confiante (confiar) na esperança futura decide por transformar o presente. Seguindo o pensamento de Calvino citado acima: "O que seria de nós se não nos apoiássemos na esperança" (perseverar). Vemos aqui novamente que as três características da esperança cristã destacadas por P. Hoffmann e que mencionamos acima estão muito bem representadas no pensamento do autor: esperar, confiar e perseverar.

Utilizando-se do texto de Calvino destacado acima, no qual ele cita em sua obra, Moltmann dirá que é na contradição que a esperança deve mostrar a sua força. Assim sendo, o verdadeiro significado da escatologia cristã é apresentar a esperança como fundamento e mola mestra de toda a teologia. Isso incidirá nas perspectivas que tratam da revelação de Deus, da ressurreição de Cristo, da missão da fé e da história.[140]

Mas como a esperança pode ganhar um sentido mais amplo? Seguindo o pensamento de Calvino, Moltmann afirma que a fé se apoia na esperança e se lança para fora deste mundo. Não como fuga, mas como quem busca o futuro. É o que Moltmann traduz por "transpor fronteiras, transcender, estar em êxodo".[141] Não se trata

---

[137] Ibid., p. 33.
[138] "A fé é garantia antecipada do que se espera, a prova de realidades que não se veem" (Hb 11,1).
[139] CALVINO, J. Apud.: MOLTMANN, J. Op. cit., p. 33.
[140] Cf. MOLTMANN, J. Op. cit., p. 34.
[141] Ibid.

mais de uma espera passiva, mas de uma *espera ativa*, que decide ir atrás daquilo que outrora fora prometido. Essa reflexão vai ao encontro do título da nossa tese, que traz o futuro de Deus na missão da esperança cristã; explicitando, o futuro do *Deus que vem* (Advento) provoca em nós, pela esperança, uma força no agir e nos impulsiona rumo a esse encontro escatológico e definitivo. Quanto mais nos envolvemos com a esperança, mais nos envolvemos em sua missão e cada vez mais "visualizamos" esse futuro de Deus prometido. Aqui consiste a diferença e amplitude do conceito. Do mesmo modo, também com base calvinista, Moltmann confirma: "A fé une o ser humano a Cristo, a esperança abre essa fé para o vasto futuro de Cristo. Por isso, a esperança é a 'companheira inseparável' da fé".[142] É somente por meio dela que o ser humano entra no caminho da verdadeira vida e somente a esperança o conserva nesse caminho. Concluindo esse raciocínio teológico com as palavras de Moltmann: "A fé é o *prius*, mas a esperança detém o primado".[143]

Na ótica da escatologia de Moltmann, encontrada na sua Teologia da Esperança, Cristo é o *éschaton*, o fundamento teológico por excelência e é nele que se encontra toda a contradição. No evento da cruz e ressurreição encontra-se o consolo, mas também o protesto contra todo tipo de mal. Por isso a fé aliada à esperança "não traz quietude, mas inquietude; não traz paciência, mas impaciência".[144] Sabe-se que o futuro é o Cristo ressuscitado, mas vive-se numa constante contradição em meio à dor e ao sofrimento do mundo (cf. Rm 8,22). Moltmann até se utiliza de Agostinho, refletindo a partir do coração inquieto (*cor inquietum*).[145] Para ele, a esperança não acalma o *cor inquietum*, mas ela é, com toda certeza, esse *cor inquietum*.[146]

---

[142] Ibid., p. 35. Sobre essa relação entre a fé e a esperança é importante apresentarmos outro texto de Calvino que trata de maneira poética e considerável esse tema e que também é citado por Moltmann: "Se faltar a esperança, por mais que falemos da fé de forma genial e eloquente, podemos estar certos de que não temos nenhuma! A esperança nada mais é do que a espera das coisas que, conforme a convicção da fé, foram por Deus realmente prometidas. Assim, a fé está convencida de que Deus é veraz; a esperança espera que ele, a seu tempo, revele sua verdade; a fé tem certeza de que ele é nosso Pai, e a esperança espera que ele sempre se mostrará como tal a nós; a fé está persuadida de que nos é dada a vida eterna, a esperança espera que ela um dia nos será manifestada; a fé é o fundamento sobre o qual descansa a esperança, e a esperança alimenta e sustenta a fé. Ninguém pode esperar qualquer coisa de Deus, se antes não crer em suas promessas; mas, ao mesmo tempo, nossa fraca fé, para não desfalecer pelo cansaço, deve ser sustentada e conservada, a fim de que pacientemente esperemos e aguardemos. A esperança renova e vivifica a fé sempre de novo e cuida para que sempre de novo se levante mais forte; para perseverar até o fim". CALVINO. J. Institutio, III2, p. 42. Apud: MOLTMANN, Op. cit., p. 35.

[143] MOLTMANN, J. Op. cit., p. 35.

[144] Ibid., p. 36.

[145] "*Tu nos fecisti ad Te, et cor nostrum inquietum est, donec requiescat in Te*". AGOSTINHO, S. *Confissões*, PL, I, 1. Traduzindo: "Tu nos fizeste para Ti, e o nosso coração inquieto está, enquanto não repousar em Ti". Tradução nossa. Não é nossa intenção aqui desenvolver ou aprofundar o que Agostinho quis trazer com a sua definição do *cor inquietum*. O que faremos é, a partir da compreensão que Moltmann forneceu, tratar da inquietude como algo próprio do ser cristão.

[146] Cf. MOLTMANN, J. Op. cit., p. 36.

Quem espera em Cristo não pode mais se contentar com a realidade dada, mas começa a sofrer devido a ela, começa a contradizê-la. Paz com Deus significa inimizade com o mundo, pois o aguilhão do futuro prometido arde implacavelmente na carne de todo presente não realizado. Se diante dos olhos tivéssemos só o que enxergamos, certamente nos satisfaríamos, por bem ou por mal, com as coisas presentes, tais como são. Mas o fato de não nos satisfazer, o fato de entre nós e as coisas da realidade não existir harmonia amigável é fruto de uma esperança inextinguível. Esta mantém o ser humano insatisfeito até o grande cumprimento de todas as promessas de Deus. Ela o mantém no *status viatoris*, naquela abertura para o mundo futuro, a qual, pelo fato de ter sido produzida pela promessa de Deus na ressurreição de Cristo, não pode cessar por nada, a não ser pelo cumprimento por parte do mesmo Deus.[147]

É por essa razão que a inquietude faz parte da esperança cristã e é ela que impulsiona à missão. Ela não se conforma com o que é apresentado quando este contradiz o que foi prometido por Deus, no sentido de trazer ao ser humano e a toda a criação vida e plenitude. O *cor inquietum*, a inquietude proporcionada pela esperança cristã, sai em busca do seu futuro e não se contenta enquanto não conseguir realizá-lo. É essa esperança confiante de transformação que torna, segundo Moltmann, a Igreja cristã inquieta diante da sociedade. Ela continua peregrina, pois vê naquilo que lhe é apresentado pela sociedade como *permanente* algo que para ela é *temporário*.[148] Seu destino é o futuro que ela ainda não vê, mas sente, pois confia no que foi prometido (*promissio*).[149] A esperança faz com que essa comunidade viva de impulsos sempre novos e, através de sua ação, de seu anúncio (missão), encontre a sua verdade e testemunhe o futuro de Cristo.[150] "Por isso, admitir a ressurreição de Cristo significa reconhecer nesse evento o futuro de Deus em relação ao mundo, e o futuro do ser humano, o qual ele encontra em Deus e em sua ação".[151]

Mas o próprio Moltmann também coloca em sua obra *Teologia da Esperança* que a falta da esperança também existe no atual cristianismo e essa falta produz o desespero (sem esperança). Para ele, "a dor do desespero consiste precisamente em haver uma esperança, mas o caminho para o cumprimento da mesma estar fechado".[152] Diante de certas situações que nos causam falta de esperança, nós nos defrontamos com duas posições: avançar e romper em direção ao futuro ou parar e fixar a nossa vida no passado. No propósito de seu futuro, "Deus promete uma nova

---

[147] Ibid., p. 36-37. Grifos do tradutor.

[148] Podemos encontrar neste trecho da teologia de Moltmann algo presente também na eclesiologia católica, sobretudo naquilo que foi apresentado no Concílio Vaticano II, pela Constituição *Lumen gentium*, n. 48, que trata da natureza escatológica da Igreja peregrina e sua união com a Igreja celeste.

[149] As promessas (*promissio*) são pontos fundamentais para se entender a teologia de Moltmann: cf. MOLTMANN, J. Op. cit., p. 129-180.

[150] Cf. ibid., p. 37.

[151] Ibid., p. 247.

[152] Ibid., p. 39.

criação de todas as coisas em justiça e paz, mas o ser humano faz e age como sempre foi. Deus o faz digno de suas promessas, mas o ser humano não confia naquilo que lhe é proposto".[153] Moltmann diz que a falta dessa ação transforma-se no pecado que mais ameaça a vida do crente: a *omissão*. "Não o mal que ele faz, mas o bem que deixa de fazer; não são as suas más ações que o acusam, mas as suas omissões. Elas o acusam de falta de esperança".[154]

Por isso apontamos a inquietude gerada pelo anúncio dessa esperança. Se a missão da esperança não trouxer essa inquietude, a esperança que se produz será uma falsa esperança e frustrará o ser humano já no seu presente. É o que ocorre ao se tornar prisioneiro de um passado sem qualquer projeção de futuro.[155] Você lembra que viveu, mas esquece de viver; lembra que amou, mas esquece de amar. Ou de forma alienada, a pessoa espera que um dia tornar-se-á feliz, mas essa felicidade passa longe de sua vida cotidiana.[156] Essa é uma falsa esperança, muito adaptada à *elpis* (esperança) dos gregos,[157] mas certamente não é o que produz a esperança cristã. A esperança cristã não pode frustrar o ser humano no presente porque ela é a verdadeira felicidade do presente.[158] Ela provoca o ser humano a viver a sua vida intensamente. Sua vida se projeta para futuro do mundo, que se realiza, juntamente, com o futuro de Cristo. "Pela esperança, o amor mede as possibilidades que lhe foram abertas na história. Pelo amor, a esperança tudo encaminha para as promessas de Deus".[159]

Essa espera futura, colocada pela escatologia cristã como *Parusia*, arranca-nos do tempo e arremessa-nos rumo à eternidade, porque nos faz sentir já no presente o que nos é antecipado escatologicamente pelas promessas de Deus; faz-nos sentir a experiência do encontro prometido com Deus e com o seu futuro. Quando acontece, o ser humano começa a viver em harmonia já no seu presente, sua contemporaneidade se transforma em antecipação escatológica, que se traduz em vida e plenitude. Tudo aquilo que foi prometido, através da esperança cristã, abre-se como realidade histórica. A *missio* se confirma na *promissio*. O escatológico penetra na história e a transforma. Nesse momento, o amor que é *filia* converte-se em amor *ágape*; o que era desigual se torna igual; o que era distante se torna próximo. A esperança cristã chama a si aqueles que foram excluídos e abandonados, os fatigados e sobrecarregados, os rebaixados e atormentados, os famintos e moribundos, porque sabe que

---

[153] Ibid., p. 38.
[154] Ibid., p. 38.
[155] Cf. ibid., p. 42.
[156] Cf. ibid.
[157] A *elpis* (esperança) dos gregos poderia ser uma expectativa tanto boa quanto má.
[158] Cf. MOLTMANN, J. Op. cit., p. 49.
[159] Ibid.

para esses existe a *parusia* e a realidade do Reino de Deus.[160] "Pela esperança, o amor mede as possibilidades que lhe foram abertas na história. Pelo amor, a esperança tudo encaminha para as promessas de Deus."[161] Aqui não temos apenas a fé e a esperança, mas as três virtudes teologais, concomitantemente: fé, esperança e caridade-amor.[162]

Assim, vislumbramos o teor da escatologia que se encontra dentro da Teologia da Esperança, que se traduz, majestosamente, em esperança. Neste momento, passaremos a desenvolver um pouco mais alguns aspectos dessa teologia, entendidos pelo próprio autor como suas palavras-chave: a promessa divina, a ressurreição do Cristo crucificado como uma promessa de Deus para o mundo e a questão do Reino de Deus.

2.2.2.1. O conceito de promessa

Promessas (*die Verheißungen*). Este é um ponto importantíssimo para se compreender os fundamentos que Moltmann utiliza em sua teologia. É pela promessa que temos acesso ao futuro de Deus e é aí que se encontra a esperança que ele nos apresenta. Como vimos, em sua teologia, ele faz uma nova leitura das promessas do AT, projetando-as a partir do evento da ressurreição de Cristo, e procura apontar para o futuro que ela traz. O autor também vai ao encontro de sua fundamentação na herança do judaísmo antigo, que começa a sua história em Canaã e, a partir de então, sustentado por uma promessa, vive em migração até a terra prometida, que cresce cada vez mais em perspectiva escatológica.

A promessa de uma "terra prometida" vai alimentando toda a esperança do povo de Israel, pois essa "terra" caracteriza-se como o cumprimento de uma promessa divina, como um local de encontro desse povo com o seu Deus, um lugar de realização e de plenitude. Com o passar do tempo, essa terra vai ganhando um sentido mais escatológico, na perspectiva de uma pátria futura, na figura de uma promessa

---

[160] Cf. ibid., p. 48-49.

[161] Ibid.

[162] Battista Mondin faz uma crítica de que o teólogo Moltmann fala muito de esperança, que ao lado dela ele fala da fé, mas, segundo Mondin, Moltmann não fala da maior virtude, que é o amor (*caritas*), afirma que ele não a coloca numa posição adequada. Cf. MONDIN, B. *Os grandes teólogos do século vinte*, p. 302. Pelo nosso estudo, não concordamos com Mondin e achamos que essa seria uma leitura simplista do autor e de suas obras. É certo que ele dá uma atenção especial à esperança, mas tal projeção torna-se necessária para o caráter de escatologia que quer propor, baseada na esperança. No entanto, o Deus que vem e que é objeto dessa esperança produz a esperança e a fé, mas o que envolve o todo dessa revelação é, seguramente, o amor. Se não compreendermos assim ficaria difícil entender a obra *o Deus crucificado* de Moltmann e mais tarde o seu caminhar pela pneumatologia; também, no discurso atual, a sua questão de justiça. Para Moltmann, Deus faz justiça por um ato *inclusivo* de amor. O mesmo ocorre na sua biografia e no encontro pessoal que Moltmann tem com Deus; há aí uma relação de amor, seguramente, ladeada pela fé e pela esperança. A fé e a esperança caracterizam o caminho humano, já o amor, que também existe no ser humano, é a essência do Deus que se revela e que nos enche de fé e de esperança. Comentário nosso.

de Reino e na figura de uma Jerusalém celeste (cf. Ap 21,2). No entanto, para a esperança cristã e para a escatologia de Moltmann essa promessa atrai o futuro para dentro da história, preenchendo-a de conteúdo e sentido escatológico, ou seja, o futuro invade a história, fazendo desta um sinal de sua promessa e de seu encontro. O "último" aponta para o seu início e faz com que sejam novas todas as coisas (cf. Ap 21,5). Nas suas palavras: "As promessas de Deus abrem os horizontes da história".[163]

Para Moltmann, então, promessa é "como história em andamento, que deixa as coisas para trás e irrompe rumo às coisas novas, rumo a horizontes ainda não vistos".[164] É certo que esse lançar-se para frente e deixar o passado para trás não resulta de uma anulação do que já foi, mas o coloca como alicerce, como prova do que ainda virá. A partir daí, com a promessa, "se origina o elemento da inquietude que não admite a reconciliação com um presente ainda não cumprido".[165] É aqui que entra o papel do Deus da promessa que deve ser considerado sempre como o "autor do seu cumprimento".[166]

Sobre os conteúdos presentes na palavra *promessa* (*die Verheißung*) o autor nos assegura alguns pontos:[167] 1) Uma promessa é uma palavra dada que anuncia uma realidade ainda não existente. Assim, abre ao ser humano a história futura, onde se deve esperar o cumprimento dessa promessa. 2) Essa promessa liga o ser humano ao futuro e lhe abre o sentido da história para a sua própria história, pois modela a existência humana para aquilo que foi prometido. 3) A história que é determinada e orientada pela promessa não consiste em retornar para as mesmas coisas, mas apresenta uma tendência ao cumprimento de um futuro prometido, mesmo ainda ausente. 4) Se uma palavra ainda é promessa é porque não encontrou ainda correspondência com a realidade, está em contradição. O futuro, que ela se destina, compreende-se como aquela realidade onde a palavra da promessa encontra e recebe a sua correspondência. Ela propicia então uma nova realidade. 5) A palavra promessa sempre cria um termo intermediário, carregado de tensão e contradição, que vai do evento até a realização da promessa. Dessa forma, não se confunde esperança com conformismo. Por ser promessa divina não pode estar separada do Deus que prometeu, mas espera a realização da mesma, garantida pela fidelidade de Deus. Essas características não resultam em obrigações fixas, ao contrário, por se tratar de um futuro podem surgir novidades. Por serem promessas divinas, Deus é o autor de seu cumprimento, não cabendo ao ser humano conquistá-lo. Em outras palavras, ela é fruto da graça e não mérito humano. 6) As promessas veterotestamentárias de

---

[163] MOLTMANN, J. *Teologia da Esperança*, p. 143.
[164] Ibid., p. 138.
[165] Ibid.
[166] Ibid., p. 141.
[167] Cf. ibid., p. 138-142. Estas páginas correspondem à reflexão que segue.

Israel não são liquidadas nem por frustrações nem por realizações, ao invés disso, recebem explicações novas que amplificam o seu horizonte. O "ainda não" da esperança supera todo e qualquer "já" de cumprimento.

Partindo destes pontos que destacamos do autor, é possível ter a clareza de que a fé cristã está diante de um Deus promitente, um Deus que ao criar oferece à sua criação uma possibilidade aberta de futuro. Ele concede à sua criação a sua própria liberdade, fazendo-a livre diante do seu amor, mas, ao mesmo tempo, promete e estende a ela um futuro pleno, propiciado por um encontro frutuoso e definitivo junto de si, no qual o escatológico antecipa-se no percurso da história. Esse escatológico penetra na história e a transforma, enchendo-a de significado e conteúdo escatológico. O Deus que sustenta a nossa fé é um Deus de promessas e que por essa razão sai em busca para realizar aquilo que prometeu.

Essa promessa faz parte da nossa tradição de fé, porque percorre toda a história de salvação, passando pelos patriarcas, pelos profetas até o encontro último em Jesus Cristo, no qual todas as promessas ganham pleno cumprimento: "Muitas vezes e de modos diversos falou Deus, outrora, aos Pais pelos profetas; agora, nestes dias que são os últimos, falou-nos por meio do Filho..." (Hb 1,1-2).

Em concordância a estes pontos, a escatologia ganha um sentido mais amplo; a esperança, por sua vez, dá-lhe plena sustentação. Moltmann confirma: "As promessas de Deus abrem os horizontes da história".[168] E, esses horizontes, não possuem limites. Os horizontes que se apresentavam diante do povo de Israel eram móveis pelas promessas. Desse modo, cada instante da história era reverenciado como uma experiência nova, capaz de abranger as lembranças e as esperanças.

> Os acontecimentos recordados como "históricos" não têm, portanto, sua verdade última em si, mas a recebem somente da meta da promessa, feita por Deus, e que só dele deve ser esperada. Acontecimentos conhecidos assim como "históricos" têm a característica de serem prenúncios do futuro prometido. Em face da promessa que sempre os excede, eles têm caráter provisório. Encontra-se neles o elemento da *pro-visio*, isto é, anunciam e prenunciam algo que neles está, mas ainda não se realizou plenamente.[169]

Esses acontecimentos podem aparecer algumas vezes na história de Israel como um *continuum*, melhor dizendo, elas (as promessas) não se consomem nos fatos acontecidos, mas abrem-se a algo ainda maior.[170] Tal situação faz com que as promessas não se engessem dentro da história e, como consequência, mantenham-se firmes e fiéis. Moltmann dirá que tal fato só se torna possível dentro do *tradendum*,

---

[168] Ibid., p. 143.
[169] Ibid., p. 145. Grifos do tradutor.
[170] Cf. ibid., p. 146.

como processo de tradição e de transmissão, que recorda a história, a ponto de se fazerem novas experiências.[171]

Mas, mesmo nas promessas, não se pode perder o caráter escatológico da revelação. Eis que surge à questão: "De que forma Deus se torna conhecido, quando suas revelações são essencialmente promessas que abrem novos horizontes históricos e escatológicos no futuro?".[172] Será que a revelação de Deus, a Aliança, a eleição de Israel, a promessa e a missão pertencem, essencialmente, ao evento da revelação?[173]

Para responder a estas questões Moltmann chega a três resultados específicos:

1. Deus se revela como Deus. Ele mostra ser o mesmo e é reconhecido como o mesmo. Ele *se torna identificável quando se identifica no ato histórico de sua fidelidade*. Logo, a esperança humana suscitada pelo reconhecimento de Deus é uma ação de resposta.[174]

2. A história esperada por meio da promessa e da Aliança revela a fidelidade de Deus, enquanto ele mesmo mantém a fidelidade consigo mesmo. Deus não se revela no início nem no fim da história, mas *em meio a ela*, enquanto ela acontece, de maneira aberta e orientada para o processo das promessas.[175]

3. A correspondência entre a promessa e a realização consiste na fidedignidade e na fidelidade daquele que a faz. Assim, *a compreensão integral da esperança abrange a verdade pessoal e a verdade histórica concreta*. A certeza do que se espera provém do Deus da promessa. Essa fidelidade antecipa o seu cumprimento através de utopias do presente, mas sem ferir a liberdade e o futuro do Deus promitente.[176]

Dessa maneira, acreditamos ter demonstrado o caráter escatológico que subjaz nas promessas do AT e que se tornam importantes para a escatologia de Moltmann. Elas suscitam esperança porque vivem dela e isso é o que quer dizer a Teologia da Esperança, quando passa a interpretar, no evento da ressurreição de Cristo no NT, o cumprimento das mesmas. É o que ficará mais evidente ao tratarmos, a seguir, da questão do ressuscitado como o crucificado.

---

[171] Cf. ibid., p. 150.
[172] Ibid.
[173] Cf. ibid.
[174] Cf. ibid., p. 155. "Deus se revela em seu nome, manifesta o mistério de sua personalidade à medida que manifesta o mistério de sua fidelidade. O nome de Deus é uma promessa, que promete sua presença no caminho da promessa e da vocação. O nome de Deus e as promessas no nome de Deus não são, portanto, simples fórmulas de autoapresentação, mas comunicam algo 'além de Deus', pois, nelas, ele se compromete em favor deles para o futuro. Elas nos comunicam o que ele será, anunciam que ele será encontrado e onde será encontrado, sê-lo-á no caminho que a promessa aponta para o futuro." Ibid., p. 156.
[175] Cf. ibid., p. 157-158.
[176] Cf. ibid., p. 158-160.

2.2.2.2. O ressuscitado que é o crucificado – uma promessa para o mundo

A ressurreição (*die Auferstehung*) é o *ponto central* da Teologia da Esperança de Moltmann, que poderia muito bem se chamar de *Teologia da Ressurreição*, como atesta, por exemplo, W.-D. Marsch, uma vez que toda nova compreensão da escatologia se dirige a ela e a partir dela.[177] É o futuro que aponta para o início; o futuro que vem e nos coloca em caminho, em missão na sua direção.

Por essa razão apresentamos o ressuscitado que é o crucificado, sendo assim para nós e para toda a humanidade uma promessa em andamento, pois na contradição da cruz vivemos a esperança da ressurreição. "A escatologia cristã fala do futuro de Cristo, o qual ilumina o ser humano e o mundo."[178] A novidade que aqui encontramos é o fato de que as promessas, antes vistas apenas no horizonte do AT, agora se apresentam num caráter especial também no NT. O ponto central é demonstrado pelo cumprimento destas em Cristo com a questão da sua ressurreição. O autor procura enquadrá-las, primeiramente, em Cristo e depois, por consequência, em todos nós. Na teologia de Moltmann a ressurreição *já* realizada em Cristo ainda subsiste para nós em promessas, num *ainda não*, arremessando toda a esperança humana para o futuro de Cristo.

Para chegar a tal compreensão escatológica, Moltmann utiliza-se de elementos característicos das promessas do AT e que são agora absorvidos num caráter novo por Cristo. Este é o Evangelho da Boa-Nova, o *Evangélion*, que conterá neste mistério toda a tendência da revelação escatológica. Ou seja, o que ocorre com Cristo, que aparece de forma nova e ainda aponta para um futuro (*die Zukunft*), remonta à história prometida por Deus, na qual ele agora se revela nela e a constitui. Mas, para fundamentar essa argumentação, Moltmann, de início, esbarra em conceitos cristológicos muito bem postos na teologia.

Assim sendo, essa cristologia por ele questionada pode ser abordada de duas maneiras diferentes: 1) será aquela originária da compreensão da formula grega da dogmática cristã, que compreende o mistério de Jesus por meio da ideia geral de Deus da metafísica grega: o único Deus, a quem todos buscam, a ideia suprema, a verdade, o eterno, a origem de todas as coisas, apareceu em Jesus de Nazaré. O mistério de Jesus consiste na encarnação do Deus único, eterno e imutável. As características atribuídas a Deus passaram a integrar a pessoa de Jesus, o que deixa impossível exprimir nessa compreensão uma dimensão escatológica, principalmente pelo evento da cruz e da ressurreição.[179] 2) Já em tempos recentes, buscou-se acesso ao mistério de Jesus partindo da sua existência humana. Pela sua palavra e pela sua ação foi

---

[177] Cf. MARSCH, W.-D. Op. cit., p. 13-14.
[178] MOLTMANN, J. Op. cit., p. 247.
[179] Cf. ibid., p. 182-183.

trazida uma mudança radical, é algo que veio ao mundo com ele. Ao invés da busca de uma ideia universal de Deus, pressupõe-se um conceito universal de ser humano, que é revelado e vivido por Jesus de Nazaré.[180]

A crítica que Moltmann faz a estas duas abordagens (do alto e de baixo) é que elas não atingem o ponto escatológico, o *kairós*, pois estes dois modos expostos acima partem do universal para depois encontrar-se no concreto e na história. Dessa maneira, esses dois procedimentos não passam ao lado do AT e não o encontram necessariamente. Para ele, no entanto, a via correta para se chegar ao mistério de Cristo deve passar antes por uma via histórica (histórico-indutiva), a qual necessariamente parte do AT.[181] Aqui ela encontra o seu *kairós* (cf. Hb 1,1-2; Gl 4,4).[182]

Assim sendo, para compreender todo o mistério salvífico constituído na cristologia, a qual para ele, obrigatoriamente, aponta para um horizonte escatológico, ele parte das seguintes constatações: 1) Foi Javé, o Deus de Abraão, Isaac e Jacó, o Deus da promessa, que ressuscitou Jesus dentre os mortos. O Deus que se revela em Jesus resulta daquilo que se difere ou se identifica com o Deus do AT. 2) *Jesus era um judeu*. Jesus e o ser humano que nele se revelou era alguém em confronto com a Lei e a promessa do AT.[183] Ao contrário do que antes era visto na cristologia com uma passagem do universal para o particular, há aqui uma passagem do *particular para o universal* e do *histórico para o escatológico-universal*.[184]

A seguir temos um breve resumo dessa intenção que Moltmann apresenta, a modo de resgatar para a cristologia a dimensão de promessas contidas já no AT:

> A primeira afirmação significa que o Deus que se revela em Jesus deve ser pensado como o Deus do Antigo Testamento; isto é, como o Deus do êxodo e da promessa, o Deus que tem o "futuro como propriedade do ser", o qual, portanto, mesmo em suas qualidades, não pode ser identificado com a ideia grega de Deus, nem com a "eterna presença" do ser de Parmênides, nem com a ideia suprema de Platão, nem com o motor imóvel de Aristóteles. O que quer que seja, não é o mundo como um todo que o indica, mas a história da promessa em Israel. Suas propriedades não podem ser expressas pela negação da esfera do que é terreno, humano, mortal e transitório, mas tão somente por meio da memória e da narração da história de sua promessa. Em Jesus Cristo, o Deus de Israel revelou-se como o Deus de todos os seres humanos. O caminho vai assim do *concretum* para o *concretum universale*, e não vice-versa.

---

[180] Cf. ibid., p. 183.
[181] Cf. ibid., p. 183.
[182] Sobre a compreensão cristológica de Moltmann, indicamos: MOLTMANN, J. *O caminho de Jesus Cristo*, 2009. Id. *El Dios crucificado*, 1977; id. *Quem é Jesus Cristo para nós hoje?*, 1997; GARCÍA, B. F. *Cristo de esperanza. La cristología escatológica de J. Moltmann*, 1988; HAMMES, É. J. A cristología escatológica de J. Moltmann, p. 605-634.
[183] Cf. MOLTMANN, J. *Teologia da Esperança*, p. 183-184.
[184] Cf. ibid., p. 184.

É *nessa* linha que a teologia cristã tem de refletir. Em Jesus, não se tornou concreta uma verdade universal, mas o evento concreto, único, histórico, da crucifixão e ressurreição de Jesus por Javé, o Deus da promessa, que do nada cria o ser, torna-se universal por meio do horizonte universal e escatológico que anuncia.[185]

Assim, para Moltmann, quando Deus se revela em Jesus Cristo como o Deus da promessa do AT, ao mesmo tempo, ele se revela para nós como o Deus de todos os seres humanos que esperam e vivem dessas promessas. Entendemos aí também que o nosso Deus é um Deus que existe na eternidade e, em Cristo, despojou-se (cf. Fl 2,6-11), mas o fato é: a revelação pela qual ele se deu a conhecer foi *algo presente na história* e, que, por isso constitui a história como algo que se projeta para o futuro. O eterno permeia a história e a transforma, mas a sua projeção, a sua esperança, é eficaz no *concretum*, pois ali ela é sustentada pela força das promessas. E, neste caso, Moltmann é bem claro ao frisar no texto acima que "é nessa linha que a teologia cristã tem de refletir". Portanto, a cristologia presente na Teologia da Esperança, fortalecida pela experiência da ressurreição de Jesus, é totalmente orientada para o futuro, é totalmente escatologia, é totalmente esperança.

Essa projeção fica clara ao entendermos que somente numa compreensão de Jesus Cristo como um ser humano concreto, que também viveu a sua esperança na história, é que o ser humano atual pode encontrar na fé a sua esperança. Somente no evento Cristo – *ressuscitado-crucificado* – é que se compreende o sentido da vida humana, que se compreende o *verdadeiro ser humano* e a *verdadeira humanidade*.[186] Consequentemente, a compreensão de *humanitas* (humanidade) presente na verdade cristã não é a mesma de outras antropologias fundamentadas no lógos e na linguagem. Dentro do mistério de Cristo, a *humanitas* possui um conteúdo escatológico, pois se orienta para uma justificação e para uma vocação capazes de responder ao ser humano o sentido do próprio ser humano.[187]

Para tanto, Moltmann procura responder suas questões apoiando-se nas promessas do AT, realizadas em Cristo no NT, como uma *chave de leitura* para a sua teologia.[188] Na ressurreição de Cristo essas promessas não se encerram, mas se abrem para um novo futuro, algo que ainda deve ser esperado (cf. 1Cor 15,54-56). Ele procurará nessa parte de sua obra trazer uma rica fundamentação da revelação divina contida nessas promessas, passando desde Abraão, fundamentando nos textos paulinos, reafirmando Cristo como o *Éschaton* para o qual se dirige toda a história humana e toda a criação.[189] Tal reflexão o conduz a um ponto importante: as promessas podem apresentar uma situação de *continuidade* e uma situação de *descontinuidade*.

---

[185] Ibid. Grifos do autor.
[186] Cf. ibid., p. 185.
[187] Cf. ibid.
[188] Cf. ibid., p. 186.
[189] Cf. ibid., p. 192-199.

Como *continuidade* compreende-se o evangelho como cumprimento da história anterior.[190] "A fé cristã se fundamenta na história, está em meio à história e confia na história."[191] Na *descontinuidade* a história é retirada do horizonte iluminado pela promessa para que seja levada ao horizonte da Lei. Dessa forma, fé e história não se pertencem.[192] Para Moltmann, não se trata de uma questão de continuidade ou descontinuidade, uma vez que o NT não interpreta a história passada nem se emancipa dela, mas *engloba* as promessas passadas no horizonte escatológico descrito pelo Evangelho, abrindo-as a *algo novo*. De Abraão a Jesus Cristo, desenvolve-se não apenas uma história de salvação, mas uma história de promessas.[193] Moltmann dirá: "A promessa encontra no evangelho seu futuro escatológico, enquanto a lei encontra seu fim. O 'novo' do evangelho não é, portanto, inteiramente, novo".[194] E mais: "As promessas passadas são assumidas no próprio futuro escatológico aberto pelo evangelho, que as amplia".[195]

Em sua reflexão teológica, Moltmann fundamenta a escatologia tanto nas promessas quanto na revelação. É o que leva, de modo imediato, a uma compreensão de mistério sobre o cumprimento das promessas e, por consequência, a uma definição das *arras escatológicas do Espírito*.[196] Ou seja, se ele trata aqui da ressurreição e, primeiramente da ressurreição de Cristo como primícias, fala-se também, obrigatoriamente, de uma ação do Espírito. Outro ponto por ele levantado é o fato de que o crente ou o cristão vive em constante contradição entre o futuro prometido e o presente ainda não realizado, e é justamente essa a contradição da cruz, conforme já elucidamos antes.

Tal questionamento nos leva por fim ao ponto decisivo dessa problemática levantada por ele na Teologia da Esperança, que é a questão da *ressurreição de Cristo como realidade histórica*. Ele ainda diz: "O cristianismo fica de pé ou cai com a realidade da ressurreição de Jesus dentre os mortos por obra de Deus".[197] Ele dirá, e todos podemos afirmar com ele, que no NT não existe fé que não se baseie na

---

[190] Cf. ibid., p. 192.
[191] Ibid., p. 193.
[192] Cf. ibid., p. 194.
[193] GIBELLINI, R. Op. cit., p. 98-99.
[194] MOLTMANN, J. Op. cit., p. 196.
[195] Ibid., p. 199.
[196] Por *arras*, expressão muito utilizada na tradução brasileira da Loyola, entende-se aqui a *garantia* dada pelo Espírito, no modo de Efésios: "... fostes selados pelo Espírito da promessa, o Espírito Santo, que é o penhor da nossa herança, para a redenção do povo que ele adquiriu para o seu louvor e glória" (Ef 1,13-14). No texto original, em alemão, Moltmann utiliza a palavra *Angeld*, que também pode ser entendida como garantia e aparece em várias partes do texto. Acentuamos aqui um exemplo: "*Das Evangelium ist Verheißung und ist als Verheißung Angeld der verheißenen Zukunft*". MOLTMANN, J. *Theologie der Hoffnung*, p. 133. Tradução: "O evangelho é promessa e, como promessa, é garantia do futuro prometido". Tradução nossa.
[197] MOLTMANN, J. *Teologia da Esperança*, p. 212.

ressurreição de Cristo. Caso não seja fé na ressurreição, não é, de fato, fé cristã. Na Teologia da Esperança de Moltmann o conceito de ressurreição não se encerra por aqui como algo apenas já realizado e consumado. Trata-se de algo maior: é um evento capaz de gerar a *missão* dos apóstolos e, por assim dizer, a *missão* de toda a Igreja. Surgem, por conseguinte, as questões do ponto de vista da ressurreição de Cristo na história: O que posso saber? O que devo fazer? O que posso esperar?[198] Baseando-se aqui nas perguntas kantianas.

Moltmann escreve que somente no inter-relacionamento dessas três questões é que se manifesta toda a realidade da ressurreição. Para se perguntar se ele de fato ressuscitou, devemos perguntar também *de que modo* essa realidade da ressurreição deve ser compreendida? E também: é uma realidade *historicamente* acessível? *De que forma* ela atinge o ser humano na sua existência? Dessa maneira, partiremos, então, da compreensão histórica do evento da ressurreição.[199]

Para chegar a sua argumentação, Moltmann diz que o nosso ponto de partida é sempre o objeto narrado e anunciado pelas testemunhas pascais. Esses episódios dos Evangelhos nos obrigam a perguntar sobre a realidade do evento que falam e, mais ainda, *o que está por trás* do *kerygma* que envolve esses relatos.[200] Pois "a questão histórica sobre a realidade da ressurreição de Jesus não é apresentada nos textos bíblicos unicamente como os *realia* históricos, mas dentro de um horizonte de experiência e sentido de história...".[201] São nessas experiências que os acontecimentos narrados recebem uma luz diferente. Desse modo, a questão a cerca da historicidade da ressurreição de Jesus questiona também aquele que estava envolvido nesse relato, porque a história dessa ressurreição está envolvida diretamente na sua história particular. É aqui que verificamos que a historicidade da compreensão de Jesus, vista aqui com olhar escatológico, sempre está acompanhada da fé. Trata-se de um elemento indispensável.

Não há como separar o fato (ressurreição) de quem presenciou o fato (testemunha). Moltmann resolve então partir do *kerygma* como pressuposto fundante dessa experiência. Para ele, "a ressurreição de Cristo não significa uma possibilidade do mundo e de sua história, mas uma *nova possibilidade* de mundo, de existência e de história em sua totalidade".[202] Um evento só pode ser inaugurado por uma experiência nova, na qual a ressurreição pode tornar-se inteligível como *nova creatio*. Como queremos tratar a sua escatologia dentro da perspectiva do futuro de Deus, essa interpretação enriquece o nosso foco de pesquisa.

---

[198] Cf. ibid., p. 212-213. Baseia-se aqui nas três perguntas de Imanuel Kant no final de sua *Crítica da Razão Pura*.
[199] Cf. ibid., p. 213.
[200] Cf. ibid., p. 221-222.
[201] Ibid., p. 224.
[202] Ibid., p. 230. Grifos nossos.

A ressurreição se torna um marco incomparável dentro da existência cristã, capaz de romper de uma vez por todas com todos os limites da vida humana. Portanto, a ressurreição de Jesus não é histórica apenas porque aconteceu na história, mas é histórica porque abre à história o futuro escatológico.[203] "Nesse caso, a ressurreição de Cristo não deve ser chamada de 'histórica' pelo fato de que se deu *dentro* da história e é representada por muitos tipos diferentes de categorias históricas, mas é história por que *constitui* história".[204]

Diante da afirmação sobre a ressurreição de Cristo, Moltmann não encerra aqui a questão, mais que isso, ele a tem como abertura para algo sempre novo. Esse evento atinge igualmente a toda a humanidade. "A ressurreição de Cristo é *promissio inquieta* até que encontre sua *quietas* na ressurreição dos mortos e na plenitude do novo ser".[205] Na ressurreição de Cristo o ser humano consegue ver aquilo que estava *absconditum sub cruce* (oculto sob a cruz). Esse evento prolonga a *promissio* para um horizonte ainda maior, resultante da *missio* de Jesus, que agora é *missio* de toda a Igreja. Nesse evento se torna latente a promessa da justiça de Deus, a promessa da vida a partir da ressurreição dentre os mortos e a promessa do Reino de Deus em uma nova totalidade do ser. Em Cristo, "a *promissio* do reino fundamenta a *missio* do amor no mundo".[206]

Nas palavras do autor:

> A esperança cristã espera do futuro de Cristo não só a manifestação e o descobrimento, mas também o cumprimento final e perfeito. Aquilo que através da cruz e da ressurreição de Cristo foi prometido para os seus e para o mundo deve ser finalmente cumprido. O que traz, portanto, o futuro de Cristo? Não simples repetição nem simples manifestação de sua história, mas alguma coisa que até agora não aconteceu com Cristo. A esperança cristã não se orienta para outro a não ser para o Cristo já vindo, mas dele ela espera algo de novo, algo que até agora não aconteceu; espera o cumprimento e a realização da justiça de Deus prometida em todas as coisas; espera o cumprimento e a realização da ressurreição dos mortos, prometida em sua própria ressurreição; espera o cumprimento e a realização do senhorio do crucificado sobre tudo e que foi prometido em sua exaltação. [...] Portanto, é necessário esperar do futuro algo de novo. Entretanto, se esse futuro é esperado como "o futuro de Jesus Cristo", ele não é esperado de alguém novo ou diferente. Aquilo que o futuro traz se tornou, por meio do evento crístico da ressurreição do crucificado, "de uma vez para sempre" possível de ser esperado com confiança. A fé em Jesus como o Cristo não é o fim da esperança, mas é a certeza da esperança (Hb 11,1). A fé em Cristo é o *prius*, mas nessa fé a esperança detém a primazia.[207]

---

[203] Cf. ibid., p. 231.
[204] Ibid. Grifos do autor.
[205] Ibid., p. 250. Grifos do autor.
[206] Ibid., p. 282. Grifos do autor.
[207] Ibid., p. 287-288. Grifos do autor.

Esse novo que esperamos com a ressurreição de Cristo torna-se, pois, já manifesto e, portanto, sensível na história por aquilo que Cristo já nos deixou e convidou a segui-lo, que é a proposta do Reino de Deus. Essa proposta justifica o caminho de Jesus até a cruz e antecipa-nos o nosso caminhar da cruz até a sua ressurreição. Por essa razão, afirmamos que o Cristo Ressuscitado e Crucificado é uma promessa para o mundo.

2.2.2.3. O Reino de Deus

O Reino de Deus não se separa do evento Cristo, mas irrompe com ele. Esse Reino, com base na definição de Moltmann, é aquilo que foi prometido e ainda é esperado, portanto, o núcleo e o sentido básico da escatologia, e, pois, da fé e esperança cristãs. Esse Reino prometido e esperado no seu sentido pleno é possível de ser vivido e encontrado na pessoa histórica de Jesus.

> Reino de Deus significa originariamente reino em promessa, fidelidade e cumprimentos. A vida neste reino significa, portanto, peregrinação histórica, movimento e obediente prontidão frente ao futuro. Trata-se de uma vida que é recebida por promessa e está aberta para a promessa.[208]

Notamos aqui que para ele a questão da promessa está completamente ligada à questão do Reino. Elas não se separam, ao contrário, fundem-se e se interagem mutuamente. O Reino é o cumprimento das antigas promessas do AT, que perpassou por toda a história de Israel e que em Jesus irrompe como um fim, porém um *fim-não-fim*, mas projetado ao futuro, um *fim-para*. O conteúdo deste Reino provém da promessa e ao mesmo tempo permanece aberto para ela. É o que consagra as representações do Senhorio de Deus sobre a criação, sobre todas as coisas, sobre a vida humana; como também o que acarreta esse Senhorio: "sua vinda, sua justiça e seu julgamento na terra estão relacionados com o Deus que está a caminho com Israel, o Deus da promessa e do êxodo".[209]

Assim sendo, para Moltmann, nessa ideia de Reino (*das Reich Gottes*) e Senhorio (*die Herrschaft*) existem dois instantes relacionados entre si: *a lembrança* que o povo tem de seu reino histórico e tal percepção suscita *a esperança*; e a espera do Senhorio universal, no qual todo mundo, povos e coisas pertencem a seu universo e estão sob seu domínio e lhe prestam louvor.[210] Por essa razão que "o futuro do reino de Deus está diretamente relacionado com o mistério de sua presença".[211]

---

[208] Ibid., p. 273.
[209] Ibid., p. 274.
[210] Cf. ibid.
[211] Ibid., p. 275.

No instante em que essa concepção foi sendo identificada com a pessoa de Jesus, passou-se a ter a ideia da real e histórica instauração do reino, agora de maneira definitiva. O sentido escatológico ainda não ocupava um lugar central, a ideia de um domínio que fosse totalmente terreno e presente não deixava lugar a uma percepção futura. Fato consumado pela frustração dessa concepção que foi notória em alguns dos seguidores de Jesus, pois viam a sua missão apenas num horizonte libertador--político e mais nada. Jesus não negou essa causa e também a assumiu em parte, mas a transcendeu, pois colocou o Reino numa direção mais ampla e num horizonte escatológico. Para Jesus, o Reino era algo já presente e que irrompia na sua pessoa: "os cegos recuperam a vista, os coxos andam, os leprosos são purificados, os surdos ouvem, os mortos ressuscitam e aos pobres é anunciado o Evangelho" (Lc 7,22). Toda essa realização que se projetava para um horizonte futuro veio a realizar-se por ele e nele em tempo presente, cotidianamente com aqueles que se acercavam desse jovem Galileu. Com essa definição, o futuro esperado do Reino já é inaugurado com o presente realizado por Jesus. "Hoje se cumpriu aos vossos ouvidos..." (Lc 4,21).[212]

Quando a comunidade primitiva decidiu levar adiante essa mensagem, ela encontrou motivo e justificativa na própria vida de seu mestre e Senhor. Pela ação do Espírito eles recordaram suas palavras, seus atos e anunciaram Jesus Cristo como o Senhor de todo o mundo; compreenderam pelas aparições que o ressuscitado era o crucificado e o seu fim transformou o presente, agora envolvido pela graça da ressurreição.[213] "O caráter escatológico de decisão próprio de sua pregação sobre a proximidade do reino de Deus foi naturalmente aplicado ao caráter de decisão da mensagem sobre o Senhor crucificado e ressuscitado".[214] O Reino, naquele instante, não era apenas algo lembrado ou esperado, mas tornou-se uma *situação-ato*, dinâmica, ele aconteceu em Jesus e acontece nos seus seguidores.

Para Moltmann, a ressurreição do crucificado permanece sempre como ponto decisivo para a compreensão da promessa do Reino de Deus. Com efeito, das diferentes compreensões que resultam desse tema, ele destaca duas especificamente. Assim, seguiremos o seu caminho para discorrer com total fidelidade ao seu pensamento.

Primeiramente, ele trata sobre as experiências da cruz e das aparições do ressuscitado, que trazem uma nova característica à mensagem do Reino de Deus.[215] Ele diz: "Sua cruz e ressurreição 'deslocam', em certo sentido, o futuro mantido em aberto por ele, bem como a vinda do Reino de Deus. Mas, ao mesmo tempo, o senhorio de Deus assume assim a forma concreta do evento da ressuscitação do crucificado".[216]

---

[212] Cf. BOFF, Lina. *Espírito e missão na obra de Lucas-Atos*, p. 38.
[213] Cf. MOLTMANN, J. Op. cit., p. 275.
[214] Ibid., p. 276.
[215] Cf. ibid.
[216] Ibid.

Nessa primeira concepção, apresentada por ele, a compreensão de Reino que essa experiência traz o coloca num sentido apresentado concretamente. Com a ressurreição de Jesus tem-se início uma *nova creatio* (nova criação). Se o ressuscitado é o crucificado, como atesta a fé, então o futuro Senhorio de Deus se caracteriza e é tocado pelo sofrimento dos cristãos neste mundo.[217] Pela missão e pelo amor de Cristo, estes se veem introduzidos também nos sofrimentos dele. Nessa conexão da ressurreição com a cruz evidenciamos um Reino que não é algo apenas espiritualizado, nem numa realidade de outro mundo, mas que penetra neste mundo e o assume ao mesmo tempo em que o contradiz e se opõe a ele. A Cruz de Cristo está fixada num mundo, aparentemente, sem Deus e, por essa razão, torna-se sinal para aqueles que nele se identificam e veem nele a superação de todo e qualquer sofrimento causado pela injustiça. Na cruz, vemos o que transcende a ela: a ressurreição; e, na ressurreição, o que a precedeu: a cruz.

Esses dois eventos não se encontram de modo separados, mas estão intimamente ligados entre si e é o que produz o *kairós* que resulta do evento cruz-ressurreição. Sua ação contempla no mundo o que se espera do Reino, que é prometido por Deus porque sai do coração de Deus. Uma ação como essa só pode trazer paz, justiça e liberdade para aqueles que esperam. E mais: é uma ação superior capaz de envolver a todos pela graça. É o que escreveu Moltmann, e já apontamos antes: "A ressurreição de Cristo não significa uma possibilidade do mundo e de sua história, mas uma *nova* possibilidade de mundo, de existência e de história em sua totalidade".[218] Por essa razão, o autor diz que essa experiência produzida nessa concepção de Reino transforma esse evento (cruz-ressurreição) em nova *creatio*.

Num *segundo ponto*, ele dirá que a compreensão para o Reino de Deus proveniente da cruz e ressurreição não é apenas captada cristologicamente, mas, sobretudo, escatologicamente.[219] Evidencia-se esse fato ao analisarmos primeiramente as comunidades primitivas que não viviam em razão do *tempo cumprido* pela cruz e ressurreição, mas na *expectativa do futuro*.[220] Vejamos: nessa linha de raciocínio proporcionada pela compreensão escatológica, esse evento produz algo maior que ele próprio, visto que, o que percebemos da cruz e da ressurreição, vai além de nossa razão. Se no primeiro ponto havia a possibilidade de se solidarizar com a cruz a ponto de se sentir redimido por ela, esse ponto, mesmo não rejeitando tal dado, vai mais longe. Se cristologicamente, com Moltmann, vimos uma ligação entre a cruz e

---

[217] Este é um ponto que Moltmann desenvolveu mais a partir da obra *O Deus Crucificado* (*Der gekreuzigte Gott*). Na Teologia da Esperança essa abordagem, embora apareça, não aparece em profundidade. Na verdade, essa foi uma das críticas que ele sofreu e que acarretaram maior abertura de sua parte em entender outras realidades, refletindo-as na sua teologia posteriormente.

[218] MOLTMANN, J. Op. cit., p. 230. Grifos nossos.

[219] Cf. ibid., p. 279-280.

[220] Cf. ibid.

a ressurreição, aqui, além disso, também se verifica que existe um contraste resultante dessa ligação.

Na cruz se torna visível o abandono, por parte de Deus, das coisas do mundo e se percebe uma real ausência do Reino. Logo, o Reino não significa menos que a ressurreição, uma vez que somente pela cruz o Reino não acontece. De outro lado, apenas a ressurreição não é completa sem o que antecedeu a ela, a cruz.[221] Como então acontece o Reino de Deus nesse contraste e qual é a ação humana diante disso? Prosseguimos com Moltmann:

> Dessa forma, o reino de Deus está presente como promessa e esperança dentro do horizonte de futuro para todas as coisas, as quais são apreendidas em sua historicidade porque ainda não têm em si sua verdade. Se ele está presente como promessa e esperança, a realidade presente é caracterizada pela contradição com o futuro, o possível, o prometido para uma realidade má. Os reformadores diziam que o reino de Deus estava *tectum sub cruce et sub contrario*. Com isso se queria dizer que neste mundo o reino de Deus estava oculto sob seu contrário: sua liberdade sob sua contradição, sua felicidade sob os sofrimentos, sua justiça sob as injustiças, sua onipotência sob a fraqueza, sua glória sob a ignomínia. Assim o reino de Deus era reconhecido sob a forma do crucificado.[222]

Para ele, essa é uma ideia certa e irrecusável, pois tudo aponta para a cruz, para o crucificado.[223] Isso é um fato. Porém, não é algo completo, já que a compreensão escatológica dirá que a ação de Deus e a mensagem do Reino não terminam nesse aspecto paradoxal. Essa não é a sua forma eterna. O sentido do Reino de Deus é exatamente o que transcende a toda essa realidade, sendo essa a esperança cristã. Ele completa:

> Com efeito, é a esperança da ressurreição, a missão de Cristo, a fome pela justiça em todas as coisas e a sede pela verdadeira vida que nos introduzem no sofrimento, na fraqueza, na injustiça e na ignomínia. A contradição que o cristão sente não resulta por si mesma de suas experiências com a história, com a culpa e com a morte, mas resulta da promessa e da esperança que contradizem essas experiências e não mais podem concordar com elas. Se a promessa do reino de Deus faz entrever um horizonte universal escatológico no futuro para todas as coisas – "para que Deus seja tudo em tudo" –, então é impossível para aquele que espera a resignação religiosa ou cultual na terra. Antes, sente-se impelido a ir misericordiosamente ao encontro da terra, sujeita à morte, e dos poderes do nada para levar todas as coisas ao encontro de seu novo ser. Torna-se apátrida com os apátridas, por causa da pátria da reconciliação;

---

[221] Cf. ibid., p. 280-281. Deixamos claro aqui que não se trata da cruz isolada, mas do caminho de Jesus até a cruz, suas ações, sua proposta de Reino.
[222] Ibid., p. 281.
[223] Cf. id. *El Dios crucificado*, p. 283.

fica um sem-paz com os sem-paz por causa da paz de Deus; torna-se injustiçado com os injustiçados por causa da justiça de Deus que virá.[224]

Percebemos que a oferta do Reino não é exclusiva, mas *inclusiva*; da mesma forma que toda ação divina que se volta à nossa salvação. A proposta do Reino de Deus que irrompe no evento Cristo é força resultante da ação criadora e salvífica de Deus desde o início. Deus já cria salvando e essa salvação se torna concreta e visível na ação do Reino proposta por Jesus. Isso incidirá sobre cada um de nós, destinatários e promotores deste Reino. Corresponde exatamente à *missio* cristã, que se fundamenta na *promissio* de Deus, colocando aqui numa linguagem de Moltmann.

Em síntese, esses fundamentos presentes na Teologia da Esperança que aqui refletimos culminam no seguinte: o futuro do Reino pré-figurado por Cristo sujeita também a nós. Por certo, a esperança cristã caracteriza-se em uma profunda realização humana, herdada da ação salvífica de Jesus Cristo. O Reino de Deus, fundamentado no Cristo ressuscitado e crucificado, só se torna pleno à medida que atinge toda a criação. Aí a *creatio* se torna nova *creatio*. Não como um rompimento do antigo, mas como um cumprimento daquilo que foi iniciado por Deus: a plenitude. É uma obra do amor capaz de fazer o futuro de Cristo completar toda a realização humana. É o futuro de Deus que se torna presente na missão da esperança cristã.

2.3. A Teologia da Esperança e o anúncio da esperança hoje

Tendo visto como se desenvolve a Teologia da Esperança, acreditamos que os primeiros capítulos de sua obra tratam dos principais fundamentos de sua teologia, todavia, é na sociedade atual (capítulo V da Teologia da Esperança – *Exodusgemeinde*) que Moltmann destinará a missão de sua esperança, sua *missio*. E é nessa parte que se abrem novas possibilidades para a compreensão do anúncio da esperança que a sua teologia propõe hoje. A esperança cristã que nasce de sua teologia deve estar inserida no mundo, a fim de transformá-lo. Ela não pode ser vista como uma esperança de fuga, mas sim de enfrentamento. Não apenas destinada ao céu, mas também à terra, onde está fincada a cruz de Jesus: "assim na terra como no céu".[225]

Ou seja, a Igreja (comunidade dos que creem) permanece em constante caminho (êxodo) na sociedade atual. Essa é a sua missão. Moltmann procurou retratar aqui a compreensão escatológica do cristianismo na sociedade moderna, confrontando

---

[224] Id. *Teologia da Esperança*, p. 281-282.
[225] Id. *Vida, esperança e justiça*, p. 36. Aqui temos Moltmann justificando a sua teologia com a oração do "Pai-Nosso". De acordo com essa intenção, esse "aqui *na* terra" pretende realizar tudo aquilo que se espera "*no* céu". O fundamento dessa intenção, que também se aproxima do tema de nossa tese, encontra-se na própria atuação de Jesus e na sua pregação do Reino (cf. Lc 4,18-19, especialmente, 4,21).

o seu papel diante desse quadro. Por essa razão, parece-nos oportuno, dentro de uma atualização de sua obra, focar a realização do futuro de Deus *na* missão da esperança cristã, pois o real ponto de apoio para uma compreensão escatológica dentro da sociedade só pode partir desse conceito. Este é o ponto que se apoia o autor e também é onde se apoia a Igreja, que tem na missão diante do mundo a sua fundamentação.[226] Entendemos assim que a Igreja, portadora do Espírito de Cristo, tem algo a dizer ao mundo e essa sua vocação atinge completamente as dimensões sociais, sejam elas políticas, familiares, ecológicas, morais, éticas, religiosas etc. É desse ponto que entendemos o caminho do autor e o anúncio que se produziu com sua teologia até hoje: a ação da esperança e a missão dela diante do mundo.

Moltmann relata também o fato de que não há dentro da sociedade moderna um espaço reservado para um *cultus privatus*, como se tinha antigamente na Igreja. Hoje em dia, o cristianismo sustenta uma *vocação pública*, com o intuito de dizer ao mundo aquilo que é essencial na sua dimensão de ser. Na atualidade, não se pode conceber uma imagem do cristianismo (ou mais especificamente de Igreja) que esteja totalmente apartada do mundo, como uma *societas perfecta*. O *chamamento* que se faz na atualidade e que o autor frisa demasiadamente é de se sentir incluído dentro da história real, a ponto de, estando com o olhar focado para o futuro, transformar de imediato a realidade presente. Para ele, a visão que se deve ter de Igreja é sempre de base pneumatológica, ela nasce da força do Espírito, como retrata a sua obra *Igreja na força do Espírito* (*Kirche in der Kraft des Geistes*):[227] "... a Igreja é o que é na medida em que está na *presença do Espírito e é impulsionada por ele*. O Espírito a renova em sua comunicação com Cristo. O Espírito derrama sobre ela a força da nova criação, sua liberdade e sua paz".[228] Aliás, essa é uma fase que percorreu a vida do autor por muito tempo, tendo publicações de grande relevância nesse período, como as obras *Espírito da vida* e *Fonte da vida*. Tal visualização o fez caminhar para uma *teologia pública* e para uma teologia política, que desenvolveu ao lado de teólogos católicos como Johann Baptist Metz e demais colegas.[229]

---

[226] O Concílio Vaticano II fundamentou isso de maneira específica: "A Igreja peregrina é por natureza missionária. Nasce, segundo o desígnio divino, da própria missão do Filho e do Espírito Santo" (AG n. 2). Também: "Como toda a Igreja é missionária e o povo de Deus tem por função fundamental evangelizar" (AG n. 35). A partir deste ponto, observamos que qualquer diálogo aproximativo com a Teologia da Esperança pode ser feito a partir do conceito de missão (*missio*), que é pelo qual a Igreja, comunidade de fé e esperança, projeta-se para o futuro, para o *éschaton* absoluto, a partir deste mundo.

[227] Não existe tradução desta obra em português. A indicação de mais fácil acesso está em espanhol: MOLTMANN, J. *La Iglesia fuerza del Espiritu*, 1978.

[228] Ibid, p. 12. Grifos do autor.

[229] Cf. id. *Weiter Raum*. Eine Lebensgeschichte, p. 156-158.

Esse confronto da Igreja com a modernidade é o que desafia o fato de ser cristão no mundo de hoje.[230] Esse é um dos grandes desafios da esperança cristã. Todavia, ressaltamos que não deve ser uma atitude de enfrentamento, na ânsia de dar uma resposta, mas *no diálogo*, como alertou o Concílio Vaticano II. Tal situação nos desafia na questão de olhar para o *outro*, tido como desconhecido, obrigando-nos a nos colocar agora como *próximo* e ver assim a dimensão do Eu e do Tu, transformando-a numa dimensão do "Nós". É uma comunicação indispensável para o confronto que vive hoje a esperança cristã.[231] Entendemos por esse confronto toda a contradição que existe entre a cruz e a ressurreição, entre aquilo que já foi prometido e o presente *ainda não* realizado. Trata-se do conteúdo do amor *ágape*, que faz o cristianismo agir, em qualquer época, conforme a vontade de Cristo.

Diz Moltmann na Teologia da Esperança:

> Se o cristianismo quer e deve ser outra coisa, segundo a vontade de Cristo, em quem crê e a quem espera, deve tentar nada menos do que irromper para fora desses papéis sociais fixados. Deverá mostrar um comportamento não conforme os papéis que lhe são designados. Eis o conflito imposto a cada cristão e a cada pastor. Se o Deus, que os chamou à vida, espera deles outra coisa do que a sociedade industrial espera e exige, então o cristianismo deve ousar enfrentar o êxodo e ver os seus papéis sociais como um novo cativeiro babilônico. Somente quando ele aparecer como grupo que, do ponto de vista social, não se adapta perfeitamente e é incapaz de se adaptar; somente quando a integração moderna de todos em todos fracassar perante ele, só assim se defrontará com esta sociedade, em uma rivalidade carregada de conflito, mas frutuosa.[232]

Essa ação do cristianismo – que ele já aponta em 1964 – se dá de modo diferente agora, no contexto atual, o que leva o nosso autor a apontar para essa nova realidade em uma reflexão que fez de sua Teologia da Esperança em 2008, durante sua passagem pelo Brasil. Ele diz: "o fim do cristianismo e o renascimento da Igreja".[233] É evidente que é uma frase forte, contudo, tem os seus fundamentos. Ele aponta para um fim porque o modo como o cristianismo se apresentou e se apresenta na sociedade nem sempre foi e é condizente com a *Verdade* que o sustenta. Atualmente, vemos que o cristianismo não confronta o mundo, ele não dialoga mais, o mundo já não o assusta e não o questiona.[234] O que a Igreja diz (enquanto cristianismo – reli-

---

[230] Sobre esse confronto da Igreja com a modernidade e o *locus theologicus* da esperança neste tempo, indicamos a seguinte obra: MOLTMANN, J. *Dio nel progetto del mondo moderno*, 1999.

[231] Cf. id. *Teologia da Esperança*, p. 392.

[232] Ibid., p. 403.

[233] Id. *Vida, esperança e justiça*, p. 34.

[234] Afirmamos, porém, que existem grupos cristãos que procuram fazer esse enfrentamento e dar uma resposta eficaz aos problemas humanos de maneira dialogada. O movimento ecumênico é uma prova disso, como também às diversas campanhas de solidariedade, como, no exemplo do Brasil, a Campanha da Fraternidade

gião global) não causa mais tanto impacto na vida das pessoas, uma vez que estas descobriram que podem viver num mundo, que ainda é marcado pela cultura cristã, sem necessariamente terem de ser cristãs. O crescente número dos que se afirmam sem-religião é uma prova disso. No nosso trabalho apontamos essa realidade, quando discorremos sobre a esperança num mundo não cristão.

Moltmann diz que o futuro da Igreja é mais do que Igreja; seu futuro deve se basear na novidade do ressuscitado e na força do Espírito que a conduz. Nesse caso, precisa-se mais do que nunca de uma teologia do apostolado, voltada obrigatoriamente para o projeto do Reino de Deus.[235] Ressaltamos que do lado católico latino-americano essa intenção também apareceu na Conferência de Aparecida em 2007, que reforçou o tema de discípulos missionários.[236] O mesmo seguiu como Papa Francisco em sua Exortação apostólica *Evangelii Gaudium*.[237]

Se olharmos com o autor por esse prisma, acreditaremos que a *única força* capaz de manter a missão de forma livre e em andamento é a esperança. Ela que vai sustentar a verdade da fé cristã para além do cristianismo. Ela procurará dar respostas àquilo que é a sua essência, que como vimos acima é puramente escatologia, logo, esperança. Com efeito, toda essa espera e projeção terão como horizonte último – *éschaton* – a espera pelo Reino de Deus, ou seja, o seu futuro.

> O "cristianismo" tem sua essência e seu fim não em si mesmo e na própria existência, mas vive de alguma coisa, e existe para alguma coisa, que alcança muito além dele. Caso se queira compreender o mistério de sua existência e de suas formas de comportamento, necessário se faz perguntar pela sua *missão*. Caso se queira descobrir sua essência, é preciso perguntar pelo *futuro* em que ele coloca suas *esperanças* e expectativas. E se o cristianismo se tornou inseguro e sem orientação em meio às novas relações sociais, é preciso perguntar, mais uma vez, sobre a razão por que existe e o fim para o qual caminha.[238]

Certamente, a razão para qual o cristianismo caminha não deve ser algo distante da sociedade em que ele está inserido. Ao contrário, toda a sua força encontra-se em

---

promovida pela CNBB, ações de movimentos e pastorais sociais, ONGs etc. Um grande desafio para a Igreja é sentir-se *parte* do mundo e não mais *a parte*. Numa entrevista reservada com Moltmann na Universidade Metodista de São Paulo (UMESP), ouvi-o falar que os católicos deveriam observar mais os avanços do Concílio Vaticano II, principalmente da *Gaudium et spes*, que diz que as alegrias e as tristezas do mundo são também as alegrias e as tristezas da Igreja (cf. GS n. 1). Também falou sobre a Encíclica *Populorum Progressio* de Paulo VI, que ainda é bastante atual. Na mesma fala ele disse que os evangélicos deveriam ver mais a Bíblia, que é a sua base. Relacionada a esses assuntos, indicamos outra obra do autor que tivemos acesso em italiano: MOLTMANN, J. *La giustizia crea futuro*, 1990.

[235] Cf. MOLTMANN, J. *Teologia da Esperança*, p. 35-36. Ver também: Id. *La Iglesia fuerza del Espiritu*, p. 344-353.
[236] Ver: CELAM. *Documento de Aparecida*, 2007.
[237] FRANCISCO. *Evangelii Gaudium*, 2013.
[238] MOLTMANN, J. *Teologia da Esperança*, p. 404.

ser fermento no meio da massa, em ser contradição diante daquilo que é apresentado como definitivo e concreto. Vem do fato de ser sinal e luz. O olhar do cristão pertence ao mundo, mas projeta-se para fora do mundo, à procura do *éschaton*, do seu futuro. Moltmann dirá que "os cristãos que seguem a missão de Cristo, seguem igualmente a Cristo no serviço do mundo".[239] É o que caracteriza a missão da Igreja e por essa razão ela é uma comunidade do êxodo, conforme ele atesta na Teologia da Esperança. "Ela é comunidade de Deus quando é comunidade para o mundo".[240] Esse serviço que Moltmann aponta em sua teologia é reforçado por ele hoje ao dizer que toda essa esperança deve ser desenvolvida por amor à vida; à vida humana e a vida de toda a terra. Nossa missão é destinada a contribuir na construção do Reino para este mundo. É o que se espera na ressurreição, onde Deus fará novas todas as coisas (cf. Ap 21,5).[241]

O que não significa outra coisa a não ser uma Igreja orientada para o Reino de Deus. Esse Reino acontece quando a Igreja, na esperança do seu futuro com Cristo, transmite concretamente na sociedade uma prática de justiça, vida, humanidade e sociabilidade, e em suas decisões históricas evoca o futuro prometido. Ela não é em si mesma a salvação do mundo, mas está a serviço dessa salvação, pois indica ao mundo o seu futuro. Ela é sinal e sacramento, como bem apresentou o Concílio Vaticano II, na Constituição *Lumen gentium*.

É o que Moltmann chamou de *vocação do cristianismo na sociedade*,[242] quando este não se conforma com este mundo e procura transformá-lo através da resistência, baseado na imagem que crê, espera e ama (fé, esperança e amor). É o resultado do *chamamento* no qual todos os cristãos são chamados, que conforme o NT é único, irrevogável e imutável. É Deus que nos chama à santidade e nos convoca para uma missão neste mundo.[243] Trata-se, especificamente, da *missão da esperança cristã*.

Portanto, aceitar essa missão é ter esperança em algo melhor para a própria vida, é externá-la para que possa abranger a todos. Fazer isso é não se conformar, mas se inconformar. É viver inquieto na espera que um dia o *éschaton* prometido venha e complete toda a existência (cf. 1Cor 15,28). Tal atitude nos leva, segundo o autor, a um *seguimento criativo* e a um *amor criativo*.[244] Estas expressões trazem comunhão e correspondem significativamente a todas as esperanças humanas, pois não se trata de uma expectativa passiva, mas de uma esperança cristã, uma esperança ativa. "A

---

[239] Ibid., p. 407.
[240] Ibid.
[241] Cf. id. *Vida, esperança e justiça*, p. 35-37.
[242] Cf. id. *Teologia da Esperança*, p. 410.
[243] Cf. ibid., p. 414.
[244] Cf. ibid., p. 416.

vida humana deve ser engajada caso queira ganhá-la. É preciso que ela se exteriorize se quiser consistência e futuro."[245]

Assim, o caminho da esperança cristã que Moltmann apresenta na Teologia da Esperança nos faz ter um olhar para o futuro, mas, que pela experiência de Cristo – ressuscitado e crucificado –, de certa forma, esse futuro ilumina toda a ação revelada por Deus no passado (suas promessas). É certo que toda a ação da Igreja projeta-se hoje numa missão futura, a ponto de, inserida na sociedade, ela seja de tal modo um sinal concreto e vivo do amor de Deus por toda a humanidade. É o que aponta a promessa e é o que deve fazer a comunidade do êxodo (Igreja). Na Teologia da Esperança, Moltmann nos remete às consequências de uma escatologia cristã (*Konsequenzen einer christlichen Eschatologie*), que conforme suas palavras destinam-se à missão de toda a Igreja presente na sociedade, comprometida hoje, também, com as grandes questões globais emergentes e as grandes tragédias ecológicas.[246] Deve-se, pois, estar atento e perceber o movimento do Espírito. Nessa escatologia é possível compreender *o futuro de Deus na missão da esperança cristã*.

2.4. Reflexões conclusivas

Neste capítulo procuramos seguir com aquilo que se mostrou mais relevante para nós a respeito da esperança cristã que se desenvolve na Teologia da Esperança de Jürgen Moltmann. Como vimos, trata-se de um autor que se debruçou sobre o presente tema, fazendo da esperança cristã a sua vida de fé, pessoal e teológica. Em torno à esperança, percebemos que a sua obra é muito vasta e ele sempre reflete com ela e a partir dela, seja no livro de nossa referência neste trabalho (Teologia da Esperança), seja nos demais escritos que se seguiram. A sua concepção de esperança ampliou-se com o passar do tempo e o autor sempre viu esse movimento de maneira positiva. Sempre esteve aberto ao caminhar da esperança, atento ao *kairós* em que está vivendo. Aquilo que era entendido de maneira entusiasta na Teologia da Esperança passou para um teor mais concreto e próximo à realidade nas obras subsequentes, principalmente com a obra *O Deus Crucificado*, que marca a sua teologia da cruz. Mais tarde teve o desenrolar de sua pneumatologia até chegar à Trindade,

---

[245] Ibid., p. 419.
[246] Cf. MOLTMANN, J.; BASTOS, L. *O futuro da criação*, 2011. Além desta obra, lançada no Brasil (Rio de Janeiro) em 2011, a temática das grandes causas globais e das grandes tragédias ecológicas perpassa todas as conferências que ele realizou no Rio de Janeiro em sua última visita. Dentre as suas falas, tivemos a oportunidade de interagir com ele pessoalmente no Centro Loyola, no Instituto Bennett e na PUC-Rio. Na ocasião de sua fala no Instituto Bennett, durante uma intervenção de Leonardo Boff, Moltmann afirmou que para ele a esperança não é apenas uma virtude, mas uma força. Para nós, isso fica claro ao relacionar a esperança em sua vida, principalmente no recente pós-guerra. Nessa mesma ocasião, ele disse também que toda pessoa nasce com esperança na vida. Dividiu em três níveis: 1º nível: sobrevivência; 2º nível: da alegria; 3º nível: da vida eterna e vida em Deus, no Deus vivo.

indo na sequência, para o viés ecológico, em vistas da teologia da criação. Contudo, sempre na esperança.

Do mesmo modo como fizemos no capítulo anterior, passamos agora para os pontos importantes daquilo que foi sistematizado:

1. Toda a reflexão que Moltmann faz sobre a esperança tem a sua origem numa experiência totalmente pessoal. Trata-se de algo vivenciado por ele em seu longo período de prisioneiro de campo de concentração e que vai aos poucos ganhando espaço na sua vida e dando-lhe respostas, sendo assim capaz de direcioná-lo a um futuro que até então parecia incerto. Ao mesmo tempo em que ele sente na própria pele os efeitos da guerra e na medida em que toma conhecimento das atrocidades nazistas, solidariza-se também com todos aqueles e aquelas que assim como ele foram vítimas da crueldade humana. Num ambiente assim, a esperança foi a sua companheira e o seu refúgio; foi ela que o manteve vivo e, por essa razão, é até hoje a sua companheira inseparável. Em meio à dor, encontra compaixão; na compaixão, abre-se à esperança; na esperança, encontra-se com a fé; nessa fé, é *encontrado*[247] por Cristo e se encontra com o Deus da esperança.

2. Nesse momento de sua vida, enquanto prisioneiro de campo de concentração, a sua ligação com o mistério de Cristo na cruz e o grito de abandono por parte de Jesus que acontece nesse evento, parece-nos indispensável. Naquele grito de abandono, Moltmann sente alguém que o entende, alguém que o conhece e sabe o que ele sente, pois passou pela mesma experiência, e ainda maior. Há uma identificação e, com ela, um voltar-se para dentro de si mesmo, para o profundo de seu ser. Moltmann vê na cruz e ressurreição de Jesus algo capaz de penetrar em todo o horizonte humano. Ele não vê essa experiência como algo passageiro, mas sim como uma força que o transforma, um sentimento que é assumido e que assume tudo o que está ao seu redor. Moltmann se sente, enquanto está na prisão, assumido por esse mistério insondável, que demonstra entender os gritos mais profundos de quem clamou por salvação. Há aqui uma grande identificação, responsável pelo encontro dele com a fé cristã.

3. De volta à Alemanha, Moltmann se dedica aos estudos da teologia. Inicialmente, torna-se pastor em uma pequena comunidade e mais tarde assume o magistério acadêmico. Nesse período, vê-se envolvido com a obra *O Princípio Esperança* de Ernst Bloch, que acaba sendo uma provocação para a redação da sua *Teologia da Esperança*. A maneira como Bloch abordava a questão da práxis chamou a atenção, e Moltmann quis dar uma resposta a essa filosofia a partir da fé cristã, dentro da qual a experiência da ressurreição de Cristo antecipa-nos a realidade do futuro de Deus e nos faz caminhar em sua direção. Temos aqui o caminho aberto para a Teologia da Esperança.

---

[247] Frisamos aqui "encontrado", porque, no relato que utilizamos, Moltmann diz que foi Cristo que o achou, antes de qualquer coisa.

4. O primeiro ponto que Moltmann procura trazer para a reflexão diz respeito ao lugar que ocupa a escatologia dentro do debate teológico. Ela não pode mais aparecer como um apêndice, mas como um tratado que perpassa toda a teologia. Ele a redireciona, trazendo a esperança como elemento hermenêutico para uma nova visão teologal. Para confirmar essa intenção, em sua obra, ele apresenta três teses básicas: 1) O cristianismo é escatologia do princípio ao fim; 2) O fundamento cristológico da escatologia cristã é a fé cristã que vive da ressurreição de Cristo; 3) O problema do futuro. Nestas três teses resume-se o objetivo principal de toda a sua reflexão na Teologia da Esperança. Para ele, trata-se de uma esperança que interage no meio em que está; é *dinâmica* e ao mesmo tempo *crítica* da realidade.

5. Para o nosso autor, todo o conteúdo da verdade cristã possui uma dimensão escatológica. Somos movidos pela esperança, pelo ato de esperar. O problema teológico para ele é o problema do futuro (*die Zukunft*) e o verdadeiro objeto da esperança cristã encontra-se no futuro de Deus (*die Zukunft von Gott*). Para tanto, identificamos na sua teologia três características da esperança cristã: *esperar, confiar* e *perseverar*. Elas se projetam no futuro, mas alicerçadas numa determinada realidade histórica, o que é fundamental para compreender o novo enfoque dado por ele à escatologia. Essa situação do futuro *já* prometido e o presente *ainda não* realizado deixarão o ser humano numa contradição entre o real e o que ainda não pode se visto como real, entre o visível e o invisível, entre o presente realizado e o futuro prometido. Para Moltmann, é a contradição existente entre a cruz e a ressurreição, só exprimível pela fé.

6. Moltmann compreendeu que Deus age na história e se revela nela por meio de promessas. Eis um *tema-chave* para a sua teologia. Essa revelação que ele nos mostra não é algo preso ao passado, mas algo que é presente ainda hoje na vida humana e em sua história. O Deus que se revelou no AT e que trouxe uma novidade com Cristo no NT continua ainda hoje a se revelar e a se comunicar por promessas. Para Moltmann, promessa é história em andamento, que deixa as coisas para trás e irrompe rumo a coisas novas, em direção a horizontes ainda não vistos. A fé cristã está diante de um Deus promitente, um Deus que ao criar oferece à sua criação uma possibilidade aberta de futuro. Deus concede à sua criação a sua própria liberdade, fazendo-a livre diante do seu amor, mas ao mesmo tempo promete e estende a ela um futuro pleno, propiciado por um encontro frutuoso e definitivo junto de si. Nesse encontro prometido, Deus antecipa-nos o seu Reino e nos convida a participar de sua presença. O futuro prometido antecipa-se na história e a enche de conteúdo escatológico. A promessa de Deus, que Moltmann chama de *promissio*, é, no seu entendimento, o que origina a esperança e nos provoca a missão, a *missio*.

7. A ressurreição de Cristo é o *ponto central* de toda a Teologia da Esperança e, por certo, é o objeto principal de toda a esperança cristã. Ela é primícias de toda a ressurreição. É um momento kairológico que impulsiona a vida humana e toda

a criação ao *éschaton* absoluto, que é, com certeza, o futuro do Cristo ressuscitado. O ponto-chave que o autor apresenta é a compreensão desse mistério pela via histórica, a qual parte necessariamente das promessas feitas por Deus no AT, que culminam no NT. Através do evento da ressurreição o eterno penetra no mundo e o transforma, mas a sua projeção, a sua esperança, só é eficaz no *concretum*, pois ali a esperança é sustentada pela força das promessas que agora garantem também o NT. Para Moltmann, o Cristo ressuscitado será sempre o crucificado e, com as marcas que ele traz da Paixão, demonstra uma íntima ligação com a humanidade, sob a qual o ser humano compreenderá a si mesmo dentro desse mistério. Toda essa novidade que o autor nos coloca só se torna verdadeira pelas *arras escatológicas do Espírito Santo*, que são as garantias do que foi prometido. Por essa razão, enfatizamos que o ressuscitado-crucificado constitui-se em promessa para o mundo. É o Espírito Santo quem age na ressurreição de Cristo e, que agora, continua a agir na missão da Igreja. Somente o Espírito pode trazer compreensão para a contradição existente entre a cruz e a ressurreição. Só pela fé, resultado da ação do Espírito, é que podemos compreender a ressurreição de Cristo como realidade histórica. E é essa realidade que impulsionou os apóstolos e ainda hoje impulsiona toda a Igreja a viver em missão, na missão da esperança.

8. Outro ponto importante que apresentamos é a questão do Reino ou Senhorio de Deus. Dentre as várias concepções que podem ser apresentadas, Moltmann destaca duas de maneira específica: *Primeiramente*, numa dimensão cristológica, ele destaca que as experiências da cruz e as aparições de Jesus trazem uma nova característica à mensagem do Reino de Deus. Pela ressurreição, inaugura-se uma nova *creatio* (nova criação). Na cruz e ressurreição evidenciamos um Reino que não é algo apenas espiritualizado, nem mesmo uma realidade de outro mundo, mas que penetra neste mundo e o assume, ao mesmo tempo em que o contradiz e se opõe a ele, transforma-o. A Cruz de Cristo, fixada no mundo, torna-se sinal para aqueles que nele se identificam e que veem nele a superação de todo e qualquer sofrimento que pode ser causado pela injustiça. Um ponto forte é que na cruz vemos o que transcende a ela, a ressurreição; e, na ressurreição, o que a precedeu, a cruz. Num *segundo ponto*, ele afirma que a experiência da cruz e da ressurreição apresenta o Reino de Deus dentro de um horizonte escatológico. Tal experiência também é projetada para o futuro, porém gera uma contradição. O Reino não anula esse evento que lhe é fundamental, mas é visto para além dele, pois o contradiz. Provoca-nos uma atitude de confronto com o mundo, pois a realização deste Reino implica a luta pela justiça, pelo direito dos oprimidos; é também uma ação que se faz solidária com todos aqueles que sofrem e precisam ser libertados de suas prisões. Esta é uma definição de Reino que remonta à vida de Jesus e que procura atender aos anseios da esperança atualmente.

9. Por fim, os fundamentos e reflexões que o nosso autor apresenta em seu livro remetem-nos para *as consequências de uma escatologia cristã* que, na realidade, é uma *ação prática da nossa fé* diante da sociedade atual. Somos um povo em êxodo, diz o autor, para confirmar que o nosso futuro se encontra para além deste mundo, mas que, no entanto, deve viver para transformar este mundo. Fortalece-se aqui o conceito de *missão*, no qual o autor entende que a Igreja e a teologia têm algo a dizer na atualidade. Para nós este é um ponto em que se pode buscar uma atualização de sua teologia. Vimos também que, de acordo com a sua reflexão, na atual sociedade não há mais espaço para um *cultus privatus*. Ao invés disso, o cristianismo nos chama para uma *vocação pública*, no intuito de dizer ao mundo aquilo que é essencial na sua dimensão de ser. Trata-se do *chamamento* que Deus nos faz nas suas promessas, a ponto de, por meio de nosso *seguimento criativo* e *amor criativo*, podermos atender ao que pede a *vocação do cristianismo na sociedade*. É Deus que nos chama à santidade e nos convoca para uma missão neste mundo. Essa é a missão da esperança.

Acreditamos que os pontos levantados neste capítulo são suficientes para atender à proposta do nosso trabalho. Passamos agora para o próximo passo, que é um estudo da Teologia Latino-Americana da Libertação, nosso ponto de aproximação.

3. A Teologia Latino-Americana da Libertação: nosso ponto de aproximação com a Teologia da Esperança de Jürgen Moltmann

Nos capítulos anteriores desenvolvemos um raciocínio teológico inicial sobre o tema de nossa tese – o futuro de Deus na missão da esperança –, conduzindo-o, a partir da nossa abordagem, para um encontro com a escatologia que se destaca na Teologia da Esperança de Jürgen Moltmann, que, por sua vez, é fruto de uma rica experiência de vida do próprio autor em contato com a fé cristã, refletida e construída na sua história pessoal e teológica, sendo, dessa forma, traduzida por ele, majestosamente, em esperança. Passaremos agora para outra etapa do nosso trabalho, que trará um desenvolvimento sobre a Teologia Latino-Americana da Libertação, nosso ponto de aproximação na pesquisa a partir da escatologia.

No momento em que decidimos aproximar duas teologias, ou melhor, duas expressões ou movimentos teológicos contemporâneos para atingir o tema de nossa tese, temos que ter claro que tal feito só será possível se entre elas houver pontos comuns que favoreçam essa aproximação. Uma aproximação que não leva em conta as diversas particularidades existentes em cada contexto e manifestação teológica e que não consegue descortinar uma causa comum como base de reflexão, já tende ao fracasso de sua intenção. Aproximar, portanto, é, antes de tudo, identificar as causas de cada situação, suas origens, fundamentos, reflexões, expressões e variações, para que num segundo momento possa se configurar um caminho em direção ao outro, num intuito de oferecer algo que enriqueça e acarrete valor e, ao mesmo tempo, que tenha abertura para acolher de modo receptivo o movimento que caminha na outra direção. Basicamente, é o que entendemos por aproximação e é o que faremos neste trabalho.

Dessa forma, uma aproximação não é a anulação de características para o encontro de uma causa, mas um despertar de fundamentos relevantes de cada contexto ou expressão, que podem contribuir de maneira conjunta para um bem maior, ou seja, tendo como fim último uma única causa. Trazendo para o nosso enfoque e tese, dizemos que é o aproximar de esperanças em vista de uma grande e única esperança, a esperança cristã. Essa esperança se expressa numa missão a partir da experiência de fé num Deus que se revela como amor-gratuito e que chama a todos (e a toda a criação) à sua plenitude. Nas palavras de Paulo em Primeira Coríntios: "Para nós, contudo, existe um só Deus, o Pai, de quem tudo procede e para o qual caminhamos, e um só Senhor, Jesus Cristo, por quem tudo existe e para quem caminhamos" (1Cor 8,6), que reflete o nosso ponto de partida inicial.

Com efeito, para que uma aproximação entre essas duas teologias seja possível é importante que neste momento da pesquisa tenhamos por base as principais características que identificam a Teologia Latino-Americana da Libertação (TdL), e que apontam, em seu horizonte epistemológico e prático, para o contexto histórico de seu nascimento e a maneira como se desenvolveu até os dias de hoje. Tal apresentação vai nos levar aos fundamentos dessa teologia, ao seu método e ao modo como reflete os principais temas teológicos, a partir dos quais teremos acesso ao anúncio da esperança cristã que se encontra em seu processo. Não será nossa intenção neste trabalho de pesquisa elaborar um tratado completo e denso sobre a Teologia da Libertação, pois se trata de um empreendimento já realizado e bem fundamentado em estudos anteriores.[1] Não faremos também um estudo de autores, mas de temáticas relevantes para o nosso tema de estudo. De ordem mais prática, utilizaremos a obra de Gustavo Gutiérrez,[2] pois se trata de uma das primeiras referências dessa teologia (como também outras de sua autoria),[3] e, também, as obras de Leonardo e Clodovis Boff,[4] por se tratar de autores mais próximos à realidade onde estamos. Dos autores

---

[1] Aproveitamos para mencionar e sugerir algumas obras que fizeram um estudo mais detalhado sobre essa teologia, as quais tivemos acesso: GUTIÉRREZ, G. *A Teologia da Libertação*: perspectivas, 2000. ALVES, R. *Teologia della speranza umana*, 1971; SEGUNDO, J. L. *Libertação da Teologia*, 1978; Id. *Teologia da Libertação*: uma advertência à Igreja, 1987. Id. *Da sociedade à teologia*, 1983; ASSMANN, H. *Teologia desde la praxis de la liberacion*, 1973; BOFF, C. *Teologia e Prática*, 1978; ANDRADE, P. F. C. *Fé e eficácia*: o uso da sociologia na Teologia da Libertação, 1991; RUBIO, A. G. *Teologia da Libertação*: política ou profetismo?, 1983; LIBÂNIO, J. B. *Teologia da Libertação*: roteiro didático para estudo, 1987; DUSSEL, E. D. *Teologia da Libertação*: um panorama de seu desenvolvimento, 1999; BOFF, L.; RAMOS-REGIDOR, J; BOFF, C. *Teologia da Libertação*: balanço e perspectiva, 1996; SUSIN, L. C. (Org.). *O mar se abriu*: trinta anos de teologia na América Latina, 2000; Em 2012, na Unisinos/RS, Brasil, ocorreu um Congresso Continental, organizado pela Ameríndia, que buscou celebrar os 50 anos do Vaticano II e os 40 anos da TdL. Os grandes nomes dessa teologia se fizeram presentes. Seguiu uma publicação: BRIGHENTI, A.; HERMANO, R. (Org.). *A Teologia da Libertação em perspectiva*, 2013, dentre outras. Por parte do Magistério Eclesiástico temos acesso a dois documentos importantes e específicos sobre essa teologia, o primeiro com teor mais crítico e o segundo mais positivo. São eles: CONGREGAÇÃO PARA A DOUTRINA DA FÉ. *Liberatis nuntius*: instrução sobre alguns aspectos da Teologia da Libertação, 1984; CONGREGAÇÃO PARA A DOUTRINA DA FÉ. *Liberatis conscientia*: instrução sobre a liberdade cristã e a libertação, 1986. No que se refere ao Magistério Eclesiástico temos que mencionar também a Carta do Papa João Paulo II aos Bispos do Brasil, que diz que a Teologia da Libertação "é não só oportuna, mas útil e necessária". JOÃO PAULO II. *Carta aos Bispos da Conferência Episcopal dos Bispos do Brasil*, 1986. Um estudo sistemático sobre os conceitos fundamentais da TdL se encontra na seguinte obra, em dois volumes: ELLACURÍA, I.; SOBRINO, J. (Org.). *Misterium Liberationis*: conceptos fundamentales de la teología de la liberacion, 1991, v. 1 e 2. Há também obras sobre estudo de autores, com linhas e perspectivas variadas que não faremos menção neste momento.

[2] Ver: GUTIÉRREZ, G. *A Teologia da Libertação*: perspectivas, 2000.

[3] Ver: GUTIÉRREZ, G. *Beber em seu próprio poço*, 2000; id. *A força histórica dos pobres*, 1981, dentre outras.

[4] Ver: BOFF, L.; BOFF, C. *Como fazer Teologia da Libertação*, 2001; BOFF, L.; BOFF, C. *Da Libertação*, 1980. BOFF, L.; BOFF, C. *Teologia da Libertação no debate atual*, 1985, dentre outras.

da TdL (que são vários), teremos suas considerações apreciadas em nosso trabalho, quando se fizer necessário.

Muitos estudos foram realizados sobre a Teologia da Libertação no decorrer da sua história na América Latina, o que nos obriga, para este momento específico, a certo recorte na apresentação e escolha na exposição destes estudos e conteúdos. De início, apresentamos a obra de referência sobre essa teologia, publicada em 1971 por Gustavo Gutiérrez (Peru). Gutiérrez sente-se impulsionado pelo alvorecer que favoreceu a Conferência de Medellín em 1968; reúne alguns textos de conferências realizadas por ele naquele ano, a partir dos quais apresenta um primeiro ensaio, publicado em 1969, sob o título: *Hacia una teologia de la liberación*. Em 1971, apresenta esse conteúdo, mais elaborado, em forma de livro, numa perspectiva latino-americana da libertação: *Teologia da Libertação: perspectivas*. Junto a esta obra e este autor, temos o que pode ser chamado de "primeira geração de teólogos da libertação", formada também por Juan Luis Segundo (Uruguai), Segundo Galilea (Chile), Lucio Gera (Argentina), Hugo Assmann (Brasil) e Plabo Richard (Chile). Havia também alguns teólogos protestantes organizados pela ISAL (Igreja e Sociedade na América Latina), dentre os quais destacamos: Emílio Castro (Uruguai), Julio de Santa Ana (Uruguai), Rubem Alves (Brasil) e José Míguez Bonino (Argentina).[5]

Em pouco tempo surgiu uma "segunda geração" de Teólogos da Libertação, com J. C. Scannone, Severino Croatto e Aldo Büntig (todos da Argentina), Leonardo Boff (Brasil), Raúl Vidales (México), Ronaldo Muñoz (Chile), Ignacio Ellacuría (El Salvador) e Enrique Dussel (Argentina e depois México).[6] Num pulsar crescente temos o que pode ser chamado de "terceira geração". Destacam-se aqui Clodovis Boff, Frei Betto, Rogério de Almeida (todos do Brasil), Fernando Castillo (Chile), Jon Sobrino (El Salvador – mas de nascimento espanhol) e Juan H. Pico (Nicarágua).[7] Dos diversos nomes que foram se aproximando dessa teologia ou foram formados por ela, surgem teólogos e teólogas diversos que reformulam *um novo jeito de se fazer teologia* neste continente e, com isso, de ser Igreja. Não será possível citar todos, pois é uma teologia que percorre várias latitudes deste continente e se manifesta em várias expressões. Contudo, a extensão e a importância de tudo o que já se produziu nesta linha reflexiva já demonstra a seriedade e a abrangência desta teologia. Há também outras obras com temas específicos sobre a TdL e diversos estudos acadêmicos a seu respeito.

A nossa intenção aqui é fazer uma apresentação dessa teologia do mesmo modo como fizemos com a Teologia da Esperança de Jürgen Moltmann, resgatando assim os pontos necessários para tal aproximação. Em vistas dessa intenção faremos

---

[5] Cf. FÜSSEL, K. Teologia da Libertação, p. 866.
[6] Cf. ibid., p. 866.
[7] Cf. ibid., p. 867.

apontamentos da recepção da Teologia da Esperança de Moltmann pela Teologia Latino-Americana da Libertação e, também, da recepção que a Teologia da Esperança teve da Teologia Latino-Americana da Libertação. Essa percepção nos fará elencar pontos possíveis de aproximação entre elas. Buscamos, na verdade, os pontos de convergência que tendem a levar o nosso trabalho às consequências teológicas desejadas.

3.1. A Teologia Latino-Americana da Libertação

Na intenção de resgatar as principais características da Teologia Latino-Americana da Libertação, para que possamos ter em nosso estudo fundamentos possíveis de uma aproximação com a escatologia que se encontra na Teologia da Esperança, procuraremos destacar nesta parte do nosso trabalho o contexto histórico e teológico dessa teologia. Logo em seguida, passaremos para a compreensão dos seus fundamentos e reflexões, que serão responsáveis por nos apresentar o anúncio da esperança cristã que essa teologia produz.

3.1.1. O contexto histórico e teológico dessa teologia

A Teologia Latino-Americana da Libertação é considerada como uma teologia contextual e uma teologia da práxis, pois a sua reflexão teológica e o seu discurso partem, obrigatoriamente, de um contexto determinado e dirigem-se a ele novamente, iluminados pela experiência de fé que se produz de forma crítica dentro dessa teologia. Sem compreender o contexto histórico latino-americano em que surgiu a TdL,[8] não é possível perceber a importância que ela teve para este continente e para a Igreja, bem como o impacto que ela ocasionou em toda a teologia e no modo de fazê-la. É uma teologia que absorve e pressupõe os conteúdos da fé já assimilados pela teologia e pela tradição eclesial, mas que, a partir de sua realidade e experiência de fé, oferece uma resposta que corresponda às situações concretas da vida e da sociedade, que clamam e pedem uma alternativa de mudança, de esperança e de libertação. Para tanto, faz-se necessário uma percepção ampla dessa realidade para discernir com eficiência o teor de sua proposta e o entender de sua perspectiva.

No trabalho que segue, faremos essa exposição apresentando primeiramente o contexto histórico e, logo em seguida, o contexto teológico dessa teologia, refletindo, seguramente, a atualização dessa proposta na atualidade.

---

[8] Nesta parte do trabalho em diante, passaremos a utilizar também a sigla TdL para identificar a Teologia Latino-Americana da Libertação.

3.1.1.1. Acenos históricos de um continente oprimido

A Teologia da Libertação procurou ser em todo o seu desenvolvimento histórico a expressão forte e inquieta do continente latino-americano, marcado desde o início por miséria, violência e opressão. Guzman M. C. Lecour descreve no seu livro *Uma aposta pela América Latina* que desde o desembarque de Cristóvão Colombo na "nova terra" (1492), que depois ficou conhecida como América (em homenagem a Américo Vespúcio que chegou e percorreu o Continente), basicamente o Novo Mundo, bem como as demais navegações que trouxeram a expansão dos territórios espanhóis e portugueses pelo globo terrestre (não só na América), tem-se início um processo de *mundialização* e de *globalização*, algo que ele aponta como uma "primeira grande onda" a esse respeito. No continente latino-americano, recém-conquistado, em apenas cinco décadas, de 1520 a 1570, foi realizada a conquista dos grandes territórios indígenas, indo de pequenas tribos e civilizações a grandes impérios mais no interior do continente. Este território foi explorado em todas as suas latitudes e em ritmos acelerados. Segundo o autor, há um "encontro-choque" étnico e cultural entre os povos mais diversos e os conquistadores, seguido de massacres e domínios de povos inteiros.[9]

Extraindo a opinião do autor para a nossa pesquisa, achamos relevante a questão que ele aponta como *mundialização* e *globalização* já no início do processo de colonização, porque, em nosso entender, são duas forças existentes na América Latina atual e que em grande parte interferem na vida das pessoas deste continente, gerando, em muitos casos, pobreza, desemprego, fome, morte, violência, vítimas de drogas, falta de desenvolvimento humano etc.

Essas características que marcaram a América Latina no transcorrer de sua história sempre encontraram vozes contrárias, que de forma profética e evangélica tomaram posição em favor daqueles que não tinham vez nem voz e que eram excluídos em todas as esferas estruturais e sociais, acorrentados por correntes físicas e psíquicas; situações que são capazes de deixar marcas indeléveis na sua existência. É o que nos apontam Leonardo e Clodovis Boff:

> Na América Latina, onde nasceu a Teologia da Libertação, sempre houve, desde os primórdios da colonização ibérica, movimentos de libertação e de resistência. Indígenas, escravos e marginalizados resistiram contra a violência da dominação portuguesa e espanhola, criaram redutos de liberdade, como os quilombos e as reduções, encabeçaram movimentos de rebelião e de independência. Houve bispos como Bartolomeu de las Casas, Antonio Valdivieso, Toríbio de Mogrovejo, e outros missionários e sacerdotes que defenderam o direito dos oprimidos e fizeram da evangelização também um processo de promoção da vida. Apesar da dominação maciça e da contradição com o Evangelho, nunca se perderam na América Latina os sonhos

---

[9] Cf. LECOUR, G. M. C. *Uma aposta pela América Latina*, p. 19-20.

de liberdade. Nos últimos decênios, entretanto, assistimos em todo o continente à emergência de uma nova consciência libertária. Os pobres organizados e conscientizados batem às portas de seus patrões e exigem vida, pão, liberdade e dignidade. Começam-se ações que visam libertar a liberdade cativa; emerge a libertação como estratégia dos próprios pobres que confiam em si mesmos e em seus instrumentos de luta como os sindicatos independentes, organizações camponesas, associações de bairros, grupos de ação e reflexão, partidos populares, comunidades eclesiais de base. A eles se associam grupos e pessoas de outras classes sociais que optaram pela mudança da sociedade e se incorporaram em suas lutas.[10]

Destacamos aqui que o momento em que Leonardo e Clodovis Boff escrevem este texto é 1985. Portanto, a América Latina e, inclusive, o Brasil lutavam politicamente por uma democracia, na tentativa de um sistema político que trouxesse mais oportunidade de participação popular e das bases. É, também, um momento em que os países latino-americanos começam a se libertar das ditaduras militares que se enquadraram no continente nos últimos anos, e que foram responsáveis por fechar o acesso da grande maioria das pessoas à informação e ao diálogo, sustentando-se, em diversas vezes, na opressão, tortura e morte.[11]

Continuando a nossa reflexão, acentuamos que não é possível entender a Teologia da Libertação, que tem seu início na América Latina e daqui encontra eco em várias partes do mundo, sem que tenhamos a clareza do que foi a conquista deste continente, tanto no seu aspecto político e colonial quanto, e também, no seu aspecto religioso.[12] Somente a capacidade de "caracterizar a América Latina como um continente dominado e oprimido leva, naturalmente, a falar de libertação e, sobretudo, a participar no processo que ela conduz".[13]

---

[10] BOFF, L.; BOFF, C. *Como fazer Teologia da Libertação*, p. 18-19.

[11] Um livro que marca esse período de resistência e que merece a nossa indicação aqui é o livro do Cardeal Dom Paulo Evaristo Arns, que traz como título *Brasil: nunca mais* (2003).

[12] Naquele momento histórico, desde a chegada de Colombo em 1492 e de Cabral (no caso específico do Brasil) em 1500 tem-se um panorama de conquista do outro e de dominação. Há que se entender que a Igreja, naquela ocasião estava ainda muito ancorada pelo poder real, que a mantinha e que a conservava num momento específico do século XVI, que era a ocasião da Reforma e da Contrarreforma. Não havia ali um conceito de evangelização separado da conquista do outro e de dominação. Tratava-se de uma visão de época, alicerçada por valores próprios. Sobre esse assunto, Maria Carmelita de Freitas aponta dois objetivos principais dessa situação: 1) anexar as novas terras aos reinos de Espanha e Portugal; 2) incorporar os indígenas à Igreja Católica. Cf. FREITAS, M. C. *América Latina: 500 anos de evangelização*, p. 14. Sobre todo o processo de colonização e implantação da fé, ver também na mesma obra: p. 13-32. Para ilustrar esta visão de época, vale destacar uma frase da Carta de Pero Vaz de Caminha ao Rei de Portugal, por ocasião da conquista da Terra Nova (Brasil); uma frase que relata o que se pode tirar desta terra "recém-descoberta" e que diz muito e justificava a visão acima, foi apresentada por Maria Carmelita de Freitas. Diz a frase: "Contudo, o melhor fruto que dela se pode tirar parece-me que é *salvar esta gente*". MINISTÉRIO DA EDUCAÇÃO. *Carta de Pero Vaz de Caminha ao Rei de Portugal*. <http://www.dominiopublico.gov.br/download/texto/ua000283.pdf>. Grifos nossos. Com certeza, esse "salvar" foi ganhando uma conotação pró-indígena com o passar do tempo. A importância religiosa foi tomando outra posição e passou a oferecer um novo olhar e um novo modo de atuar.

[13] GUTIÉRREZ, G. *Teologia da Libertação*, p. 145.

Para entender a América Latina e sua situação atual, que já é e tem aspectos desenvolvidos em várias partes, mas que em outras ainda é sinônimo de subdesenvolvimento e carência de elementos humanos, faz-se necessário, num tom obrigatório, entender a história dos povos que aqui habitavam antes da chegada dos colonizadores (espanhóis e portugueses na maioria). Esses povos conquistados, chamados por eles de "indígenas", tinham uma cultura própria e rica na sua concepção. Por dominação e força do "outro" que chegou naquele instante, tiveram que abrir espaço para esse "conquistador" que de maneira violenta e brutal passou por cima de seu contexto e identidade. Exploraram a sua terra "virgem" e a "prostituíram" com seu jeito próprio de dominar. A exploração da terra, chamada pelos portugueses no Brasil de "Terra de Santa Cruz", fez dos seus antigos habitantes "novos crucificados", engolidos por um conceito epocal de Deus que lhes foi imposto e de um pseudo "rosto cristão" aliado à força dominante e poderosa da época.

Quando os europeus iniciaram o contato com os nativos "latino-americanos", iniciaram também a história da negação da identidade destes. Os nativos, os assim chamados "índios", foram violentados em sua cultura e dignidade e submetidos à escravidão. Por trás dessa dominação estava o debate cosmológico da época que perguntava se esses "índios" tinham alma, ou se eram realmente "homens". Talvez, segundo a compreensão da época, não fossem tão humanos assim, mas "homúnculos" que apresentavam vestígios de humanidade. Uma vez que diminuíram a dignidade destes, justificava-se, para os colonizadores, dessa forma, a dominação, a exploração, a violência e a escravidão. Era como se para esses nativos a melhor coisa que ocorreu foi o contato com o povo europeu, capaz de civilizá-los e de apresentá-los ao verdadeiro Deus.[14] É o exemplo da carta de Pero Vaz Caminha, que já apontamos em nota anterior: "salvar esta gente". Esse mesmo esquema se repetiu com os povos africanos escravizados em período posterior. Diante de uma nova leitura da sociedade atual, percebe-se que esse fenômeno de *diminuir para explorar*, característico do momento colonial da América Latina, ainda é uma realidade constante neste continente e, também, no mundo como um todo.

Não demorou muito para que esse contato fizesse surgir nos indígenas um "grito" de ruptura e um "clamor" por libertação, que fez eclodir uma nova leitura dessa realidade e que encontrou eco no coração de alguns líderes religiosos que passaram, daquele instante em diante, a conviver ao lado desses. Esses religiosos que se sentiram tocados solidarizaram-se com a história desse povo oprimido, escravizado e espoliado; comoveram-se e sentiram, desde dentro, um novo modo de ser e de viver em torno a eles. Têm-se aí uma primeira crise deste continente, marcada entre os que defendiam os direitos dos mais fracos e vulneráveis contra aqueles que dominavam e exploravam; uma crise que não fica apenas nas questões do poder real ibérico,

---

[14] Cf. SANCHES, M. A. *Bioética*, p. 102.

mas que atingiu mais tarde também o interior de uma Igreja que, a partir de alguns importantes personagens históricos, tomou o lado dos "pequenos".[15] Nesse episódio, houve consequências históricas, que vão do político ao religioso; vale mencionar que em 1759 houve a expulsão dos jesuítas do Brasil.

Um segundo processo desse "rosto" que se transfigura na América Latina vem na perspectiva daqueles que foram tirados de suas terras, em outro continente (Africano), e trazidos como escravos – aos milhões – para as grandes fazendas existentes nesses "países-colônias". Diz Lecour que "os africanos violentamente erradicados e transplantados incorporaram-se à mestiçagem dos novos povos americanos, como um componente submetido a condições de marginalização".[16] Nesse triste episódio que se estende de 1518 até 1888, o Brasil foi o último país a abandonar essa prática,[17] com a assinatura, em 1871, da Lei do Ventre Livre, que concedia aos filhos de escravos o direito à liberdade a partir daquela data, embora ficassem ainda sob a tutela do "senhor do escravo" até a maioridade; todavia, esse foi um passo importante para a abolição futura, que só ocorreu no Brasil no dia 13 de maio de 1888 com a Lei Áurea.

A escravidão no Brasil e na América Latina foi resultado de uma visão etnocêntrica que justificava a exploração do outro, colocando esse outro como alguém inferior, de menos prestígio e importância, consequentemente, de menor valor.[18] Em torno a este fato, houve aqui na América Latina também o grito que se ouviu desses lugares, um grito que fez eco na história e que ainda hoje faz ressoar em nós o sangue dos "mártires justificados" por poder e ambição.

Resgatando essa condição histórica, percebemos que tanto os olhares do negro como do índio ainda constituem na atualidade um importante clamor deste continente, pois se encontra nas suas descendências um sofrimento latente, resultante de condições de injustiça e exploração ocorridas no passado.[19] As carências em infraestruturas sociais, de educação e de inclusão, que colocam esses dois povos às margens ou abaixo da esfera social, causam um lamento forte. Quando olhamos esses contextos à luz da fé, é como se estivéssemos com a nossa história diante do Deus do Êxodo que diz: "Eu vi, eu vi a miséria do meu povo que está no Egito. Ouvi seu grito por causa dos seus opressores; pois eu conheço as suas angústias. Por isso desci a fim de libertá-lo..." (Ex 3,7-8).

---

[15] Mencionamos Bartolomeu de las Casas (1474-1566), importante frade dominicano que durante seu percurso pela América Latina tomou a defesa dos indígenas.

[16] LECOUR, G. M. C. Op. cit., p. 179-180.

[17] Cf. MOLTMANN, J. *Experiências de reflexão teológica*, p. 163-168.

[18] Cf. SANCHES, M. A. Op. cit., p. 102.

[19] Em 18 de dezembro de 2009, a Assembleia Geral das Nações Unidas proclamou o ano de 2011, começando em 1o de janeiro, como Ano Internacional dos Afrodescendentes (A/RES/64/169). Disponível em: <http://www.unesco.org/new/pt/brasilia/about-this-office/prizes-and-celebrations/international-year-for-people-of-african-descent>.

Num período mais próximo ao nosso, a Conferência de Aparecida (2007) chamou a atenção nesse sentido para os "rostos daqueles que sofrem" (DAp n. 65), onde se encontram as comunidades indígenas e afro-americanas que, em muitas ocasiões, não são tratadas com dignidade e igualdade de condições. Em outra passagem, o mesmo documento traz que "os povos indígenas e afros estão ameaçados em sua existência física, cultural e espiritual; em seus modos de vida; em suas identidades; em sua diversidade; em seus territórios e projetos" (DAp n. 90).

Ainda sobre os afro-americanos:

> A história dos afro-americanos tem sido atravessada por uma exclusão social, econômica, política e, sobretudo, racial, onde a identidade étnica é fator de subordinação social. Atualmente, são discriminados na inserção do trabalho, na qualidade e conteúdo da formação escolar, nas relações cotidianas e, além disso, existe um processo de ocultamento sistemático de seus valores, história, cultura e expressões religiosas. Permanece, em alguns casos, uma mentalidade e certo olhar de menor respeito em relação aos indígenas e afro-americanos. Desse modo, descolonizar as mentes, o conhecimento, recuperar a memória histórica, fortalecer os espaços e relacionamentos interculturais, são condições para a afirmação da plena cidadania desses povos" (DAp n. 96).

Trata-se de um grito de libertação.

Não se pode esquecer também das inúmeras migrações que partiram do "Velho Mundo" e de outros lugares do Oriente para a tentativa de uma "nova esperança" em uma "nova terra". É evidente que o contexto que marcou a chegada destes ao continente latino-americano e as condições encontradas no processo de colonização diferem em muitos níveis dos povos anteriores (indígenas e africanos), mas também aqui surgem problemas e exclusões, próprios de uma sociedade desde o início marcada pela desigualdade e exploração, pelo domínio e pela conquista do outro. Numa terra de desiguais, o outro é apenas o outro, que não nos atinge e que não nos comove enquanto não o vemos, ou fingimos não vê-lo; uma situação de indiferença.

Outro fenômeno latino-americano que marcou o início da TdL decorre da sua situação político-econômica na década de 1950 e 1960. Uma expectativa de crescimento e desenvolvimento marca a metade desse século, causando na população grande expectativa de mudança e de melhoria de vida. Essa tendência acaba sendo absorvida pela sociedade e também pela Igreja que vê num modelo desenvolvimentista uma alternativa para o progresso econômico e, com isso, a diminuição das diferenças sociais.[20] García Rubio explica que essa opção de aceitar o desenvolvimento

---

[20] Cf. RUBIO, A. G. *Teologia da Libertação*: política ou profetismo?, p. 22-33. Sobre o tema, diz García Rubio: "Quando se trata de concretizar a libertação política, econômico-social e cultural, incluída na libertação integral cristã, já vimos não existir em Medellín uma perspectiva única. Os bispos participantes da Assembleia, como os demais homens preocupados com o problema do desenvolvimento na América Latina,

e o progresso como algo benéfico à sociedade latino-americana tinha a intenção inicial de colaborar para um bem do continente e encontrava eco na *Gaudium et spes*, que no seu artigo 39 diz: "na medida em que se entende por progresso a organização mais perfeita da sociedade, essa organização é da maior importância para o reino de Deus" Esse debate sobre o desenvolvimento e o progresso aparece na Conferência de Medellín, de modo mais específico quando trata da questão da "Promoção Humana", logo na primeira parte. Contudo, de Medellín em diante, percebe-se que a visão desenvolvimentista não é a mais adequada às realidades deste continente e que ela não resolve os problemas existentes.[21]

Há também nesse contexto a força de dois blocos, que após a Segunda Grande Guerra ganharam força e dividiram o globo em suas ideologias. Especificamente, falamos do Bloco Capitalista, liderado pelos Estados Unidos da América, e o Bloco Socialista, liderado pela antiga União Soviética. No continente americano, Cuba já havia sido envolvida pelo ar socialista e existia a preocupação norte-americana de que isso ocorresse também em grande parte da América Latina. Tal percepção fez com que os Estados Unidos investissem numa política influente no continente latino americano, sustentando, inclusive, algumas ditaduras militares, na ideia de fortalecer o regime.[22]

No entanto, estamos diante de um continente dependente da política e economia estrangeira e da dominação cultural que esses países produzem. A ilusão que se formou era que com o progresso industrial todos os problemas seriam solucionados, o que na realidade não aconteceu. Essa frustração e perspectiva da realidade fizeram com que surgisse na América Latina uma "Teoria da Dependência". Basicamente, tratava-se de um "conceito que influiu em toda uma geração de analistas, tanto da área de história como das de sociologia e economia, que o utilizaram como paradigma para explicar os problemas da América Latina".[23] A ideia, obviamente, era fazer valer a consciência real do continente e, a partir disso, encontrar alternativas para

---

inclinaram-se, uns para uma solução reformista dentro do sistema atual, outros para uma solução mais radical, de tipo revolucionário. Todos, porém, desejando servir ao homem latino-americano". Ibid, p. 52. Abordaremos mais essa temática, quando falarmos em seguida sobre o Vaticano II e Medellín. Sobre esse assunto, ver também: GUTIÉRREZ, G. Op. cit., p. 227-231; ANDRADE, P. F. C. *Fé e eficácia*, p. 36-51.

[21] Cf. RUBIO, A. G. Op. cit., p. 52-54.

[22] Diz José del Pozo: "A partir de 1960, a América Latina entrou numa fase crítica de sua história. Os dirigentes dos diversos países se defrontavam com um desafio complexo, com maiores exigências de uma população que crescia em ritmo explosivo. No nível político, diante dos empecilhos à democratização, o modelo da revolução cubana apresentava-se como opção atraente para quem entendia que a via ocidental não tinha futuro nessa região do mundo. Essa situação e o fato de os acontecimentos de Cuba trazerem a Guerra Fria diretamente para a região latino-americana iam gerar graves tensões, muito maiores que as experimentadas até então. Ao mesmo tempo, as deficiências do 'modelo latino-americano' de desenvolvimento se evidenciavam, fornecendo mais argumentos aos defensores de transformações radicais, mas também encorajando os adeptos da economia de mercado a criar novos projetos de desenvolvimento, baseados na formação de mercados regionais e em maior participação do capital externo". POZO, J. *História da América Latina e do Caribe*, p. 229.

[23] Ibid., p. 291.

a independência, tanto econômica e política quanto social e cultural.²⁴ Nessa linha surge um confronto maior da sociedade com as ciências sociais e com os movimentos políticos de libertação. Surgem teóricos como os brasileiros Fernando Henrique Cardoso, Theotônio dos Santos e Ruy Mauro Marini; entre os chilenos temos Aníbal Pinto e Osvaldo Sunkel; também o peruano Aníbal Quijano e o germano-americano André Gunder Frank.²⁵ Na área da educação, que é percebida como parte fundamental no processo de libertação, temos a grande influência de Paulo Freire e a sua "Pedagogia do Oprimido".²⁶

Tal situação penetra na Igreja latino-americana que passa a pensar uma estratégia de missão que vise responder a essas prerrogativas.²⁷ Um passo positivo nessa direção acontece com a abertura proporcionada pelo Concílio Vaticano II, que principalmente pela Constituição Pastoral *Gaudium et spes* ofereceu pistas de abertura que foram acolhidas e reinterpretadas neste continente, principalmente com a Conferência de Medellín, em 1968.²⁸ Todavia, percebeu-se que a Igreja latino-americana também nasceu numa condição de dependência e viveu, em parte, até os dias de hoje em uma situação que não permitiu desenvolver suas particularidades.²⁹ Conforme diz Gutiérrez, "essa dependência não é apenas um fator externo, mas configura as estruturas, a vida e o pensamento da Igreja latino-americana".³⁰ Henrique de Lima Vaz chamou isso de postura de "Igreja-reflexo".³¹ Assim sendo, via-se na ocasião que a superação dessa mentalidade de dependência, também por parte da Igreja, era uma tarefa tão urgente quanto necessária.³² O mesmo fenômeno de consciência libertadora que surge na Igreja Católica aparece também do lado protestante, o que

---

[24] Cf. GUTIÉRREZ, G. Op. cit., p. 145-152.

[25] Cf. POZO, J. Op. cit., p. 291.

[26] Paulo Freire possui importante destaque na sociedade latino-americana, principalmente pelo seu método de ensino e aprendizagem, utilizado como importante ferramenta de libertação e socialização. Sobre Paulo Freire, indicamos: FREIRE, P. *Educação como prática de liberdade*, 1980; id. *Pedagogia da autonomia*, 2007; id. *Pedagogia do Oprimido*, p. 2005; id. *Pedagogia da esperança*, 2008.

[27] Cf. GUTIÉRREZ, G. Op. cit., p. 153-184.

[28] Cf. BOFF, Lina. A esperança como Teologia da História. Relendo as nossas Conferências Episcopais, p. 133-140.

[29] Cf. GUTIÉRREZ, G. Op. cit., p. 193. Aliamos a isso o fato de que, mesmo com os nossos avanços apresentados pelas Conferências Episcopais Latino-Americanas e Caribenhas, ainda se pode ver e até mesmo constatar, na atualidade, a tendência de se criar uma Igreja, diríamos reflexa e pouco sintonizada com o nosso contexto, sobretudo, com novos grupos religiosos que parecem negar em sua prática eclesial a inculturação, própria do Evangelho e do agir cristão, repetindo, às vezes, sem amplo discernimento, as orientações da Igreja pelo Vaticano. O nosso modo de ver aqui leva em conta o fato de que essa atitude afasta-se daquilo que se buscava com as Igrejas locais, que deveriam, pela sua riqueza sociocultural e tradição, enriquecer também a Igreja universal, de acordo com o Concílio Vaticano II, na Constituição Dogmática *Lumen gentium* (cf. LG n. 13).

[30] Ibid., p. 194.

[31] Cf. ibid.

[32] Sobre isso, diz Gutiérrez: "A superação da mentalidade colonial é uma das grandes tarefas da comunidade cristã. Será também uma forma de contribuir autenticamente para o enriquecimento da Igreja Universal.

ocasionou, desde o seu início, o surgimento de uma TdL com caráter ecumênico.³³ A consciência histórica da América Latina e da Igreja que aqui se teve diz algo sobre a sua história, sobre a sua colonização e sobre o seu processo de dependência e anseio de mudança. Ao conhecer a realidade, pode-se, num sentimento cristão, tentar libertá-la.³⁴

Em suma, o que marca esse contexto de continente oprimido da América Latina, que suscitou o debate que origina a TdL, é que por trás de tudo o que apresentamos não se tem apenas um continente e suas variações políticas, sociais, culturais e religiosas, mas tem-se uma pessoa concreta, real e histórica; trata-se especificamente daquele que não encontrou espaço nem forças para resistir e subsistir nessas condições. Seguramente, a TdL que se fará nesse contexto falará a partir do ponto de vista do "pobre". Mas não se trata de um pobre abstrato ou generalizado, mas um pobre feito como *sujeito* de sua história e que com ele a Igreja decide por caminhar.³⁵ É um pobre como *sujeito coletivo*, o que reflete uma situação de vulnerabilidade humana e social, mas também religiosa.³⁶ Esse é um eixo concreto da Conferência de Medellín que faz por eles uma "opção", fato reafirmado em Puebla, que coloca como "opção preferencial" (DP n. 1134).

É uma opção que tem seu fundamento no Vaticano II, que diz: a Igreja "reconhece nos pobres e nos desvalidos a imagem de seu fundador, pobre e sofredor, empenha-se em combater a pobreza e se coloca a serviço dos pobres, como a serviço de Cristo" (LG n. 8g). Mas uma opção que tem seu fundamento maior em Jesus de Nazaré, apresentado por Lucas como aquele que nasceu fora da cidade e foi colocado por sua mãe numa manjedoura (cf. Lc 2,7), que disse que o Espírito do Senhor estava sobre ele e que o consagrou para evangelizar os pobres (cf. Lc 4,18), a quem chamou de bem-aventurados (cf. Lc 6,20; Mt 5,31); um Jesus que na sua práxis de vida encontrou nos "pequeninos" de seu tempo traços de uma sociedade injusta, colocando-se, portanto, ao lado destes como próximo (cf. Lc 10,29-37). Diante dessa situação, quem os resgata e os acolhe, é a ele que faz (cf. Mt 25,40). Jesus fez em sua vida uma clara opção pelos pobres, o que, seguramente, tem forte fundamento

---

Apenas assim a Igreja latino-americana poderá encarar seus verdadeiros problemas e deitar raízes num continente em transe revolucionário" (ibid).

33   Destacamos aqui a importância do ISAL (Igreja e Sociedade na América Latina).

34   Enrique Dussel tornou-se um grande historiador da Igreja da América Latina e em suas obras aponta para o desenvolvimento da TdL no seio da Igreja e do continente latino-americano; aponta também para a responsabilidade ética que se toma em atitude de libertação. De suas obras, indicamos: DUSSEL, Enrique D. *Caminhos de libertação latino-americana*, 1985; id. *De Medellín à Puebla*: uma década de sangue e esperança, 1981; id. História da Igreja latino-americana: 1930-1985, 1989; id. *Historia Liberationis*: 500 anos de história da Igreja na América Latina, 1992; id. *Ética da libertação*: na idade da globalização e da exclusão, 2000; id. *Para uma ética de libertação latino-americana*, 1987.

35   BOFF, L.; BOFF, C. Op. cit., p. 48-49.

36   Este é um ponto que Clodovis Boff chama a atenção, dentro do debate recente da TdL: Cf. BOFF, C. *Volta ao fundamento*: réplica, p. 919-927.

bíblico, constatado tanto no AT, principalmente pelo Pentateuco e pelos livros Proféticos, como também no NT, sobretudo, pela prática e atuação de Jesus; ele fez essa opção não pela qualidade desses, mas porque via neles uma situação de injustiça e mostrava-lhes o olhar benevolente de Deus.

Leonardo Boff diz que o *"punctum stantis et cadentis* da Teologia da Libertação é o pobre concreto".[37] Na verdade, dentro dessa conjuntura de América Latina que tentamos demonstrar (que não difere, em muitos casos, de outras partes do mundo em nível de interpretação), os pobres são anônimos e destinados a um anonimato ainda maior. Basta olharmos os exemplos dos países africanos, de alguns países asiáticos e mesmo nos países desenvolvidos, que encontraremos sempre aqueles e aquelas que por razões diversas estão fora do desenvolvimento e estão sendo excluídos da sociedade. Fazem parte de uma enorme "massa sobrante". A pobreza é um fenômeno global, na qual todos nós, direta ou indiretamente, somos afetados. A pobreza é uma realidade na qual todos nós, direta ou indiretamente, estamos envolvidos e somos responsáveis. Esses pobres "nascem e morrem sem se fazer notar. Peças descartáveis numa história que escapa às suas mãos e os exclui dela".[38] Para Gustavo Gutiérrez "a pobreza significa morte".[39]

> Morte provocada pela fome e pela doença ou pelos métodos repressivos daqueles cujos privilégios são postos em risco por qualquer tentativa de libertação dos oprimidos. Morte física acrescida de morte cultural, pois o dominador busca o aniquilamento de tudo o que dá unidade e força aos despossuídos deste mundo, para transformá-los em presas fáceis do aparato opressor.[40]

Nesse caso, a opção da Teologia Latino-Americana da Libertação será uma opção pelo Deus da vida. Os pobres, excluídos e todos aqueles que sofrem veem no Cristo crucificado alguém que deles se aproxima e alguém que com eles se identifica. O contato com este Cristo traduz-se na presença inesgotável do Cristo crucificado e ressuscitado, fonte de amor, fé e esperança. Para Jon Sobrino, "a ressurreição de Jesus é apresentada antes como resposta de Deus à ação injusta e criminosa dos homens".[41] Evidencia-se aqui uma identificação fundamental.

De forma resumida, esse é o contexto histórico que marca a origem daquilo que se projetou como Teologia Latino-Americana da Libertação ou, basicamente,

---

[37] BOFF, L. Quarenta anos de Teologia da Libertação: uma metáfora do Mistério Pascal, p. 129. Indicamos também as seguintes obras: PIXLEY, J.; BOFF, C. *Opção pelos pobres*, 1986; VIGIL, J. M. (Org.). *Opção pelos pobres hoje*, 1992. Praticamente toda a TdL tem o pobre como perspectiva.

[38] GUTIÉRREZ, G. *Onde dormirão os pobres?*, p. 28.

[39] Id. *Beber em seu próprio poço*, p. 20. Em outra situação ele diz: "A experiência latino-americana fez-nos compreender há algum tempo que, em última análise, pobreza significa morte. Morte precoce e injusta". Id. *Onde dormirão os pobres?*, p. 31.

[40] Id. *Beber em seu próprio poço*, p. 20.

[41] SOBRINO, J. *Jesus na América Latina:* seu significado para a fé e a cristologia, p. 218.

Teologia da Libertação. Durante os anos que se seguiram, novas perspectivas surgiram e ampliaram esse horizonte. Na atualidade, temos como ponto de partida histórico dessa reflexão teológica as novas condições de pobreza, a corrupção na política, o avanço do sistema político neoliberal, o tráfico e o uso de drogas, a exploração infantil e das mulheres, o trabalho escravo no campo e nos centros urbanos, a violência e a injustiça, a falta de sentido de vida e da vontade de viver, a crise ecológica e as catástrofes globais etc. Dentro dessas realidades, as demais Conferências Episcopais latino-americanas e caribenhas (Puebla, Santo Domingo e Aparecida) passaram a reler a realidade constatada e ampliaram também o conceito de pobre (ponto importante da TdL), nunca de forma abstrata ou genérica, mas sempre colocando nesse pobre um rosto e uma opção. É o que a Conferência de Aparecida chama de novos "rostos daqueles que sofrem" (DAp n. 65), "rostos sofredores que doem em nós" (cf. DAp n. 407-430).

Para ilustrar o teor dessa opção, fazemos nossas as palavras de D. Pedro Casaldáliga, bispo emérito do Araguaia no Mato Grosso, que agora se seguem:

Cantamos o sangue
Dos nossos melhores,
A prova maior!
Cobramos as flores,
De suas feridas
Vivemos a vida
Que a morte ceifou!
Fizeram da morte
Dos pobres da terra
A causa e o risco:
Estranho cantar!
Venceram a morte
Martírio em Rosário
Ganharam a guerra
Forjaram a paz!
O Deus companheiro
O índio primeiro,
O negro na raça,
E a forte mulher,
O firme operário,
O audaz lavrador,
Quem luta no amor
Não pode morrer!
No altar e nos braços

Erguemos, remidos,
Seus corpos caídos,
Seus sonhos, seus passos,
Serão caminhada!
Memória seremos!
Mais altas faremos
As vozes caladas!
Será uma torrente
De sangue assumido.
Será continente
Da América, unido
Na mesma Paixão
A terra do Novo
O dia do Povo
– A Libertação;
E, quanto souberam
Ser gente da gente
Ser vida-sementes
De um mundo melhor
No sonho de amor
De nossos caídos
Nos punhos erguidos
Matamos a dor.
No Reino do céu
Da morte vencida
A vida, a vida
Dos filhos de Deus![42]

De toda esta vida e de tudo o que acenamos neste contexto de continente oprimido, marca importante, que clamou por justiça, vida e liberdade, é o que entendemos como berço da Teologia da Libertação. Fica para nós aqui a marca da esperança. Uma esperança que se desvela e que se concretiza na história do povo da América Latina, que se faz sentir nas vicissitudes da vida e que se alimenta do cotidiano de homens e mulheres que caminham na fé; uma fé que faz viver e que liberta, que traz esperança. Com razão, o poeta, bispo e teólogo diz: "No Reino do céu/ Da morte vencida/ A vida, a vida/ Dos filhos de Deus".

---

[42] CASALDÁLIGA, P. [Compositor]. Hino da caminhada dos mártires. In: *Caminhada dos mártires*. Brasil. 1 CD (ca 40 min). Faixa 1 (3:14). Remasterizado em digital.

3.1.1.2. O Concílio Vaticano II e a sua recepção pela Conferência de Medellín

Dentro do contexto histórico e teológico que surge a Teologia Latino-Americana da Libertação, temos uma contribuição causada pela compreensão e receptividade do Concílio Vaticano II no seio da Igreja Católica e do povo latino-americano. "Abria-se o espaço para novas experiências, para os compromissos sociais, para a luta por um mundo mais justo".[43] É o que torna claro para nós que a TdL nasceu de uma renovada visão de Igreja, que se configurou de modo mais positivo e com maior diálogo ante a modernidade com os avanços e propostas conciliares. A Teologia Latino-Americana da Libertação, portanto, tem o seu despertar também em um contexto eclesial (não só sociológico como vimos antes), pois surge no seu interior um jeito novo, participativo e de comunhão, no qual, dentro da nova perspectiva conciliar, *todos* são chamados a colaborar e frutificar os dons recebidos para a edificação do Reino de Deus (cf. 1Cor 12,4-13). Um Reino que vem ao mundo por Cristo e que na visibilidade histórica da Igreja torna-se sacramento de salvação para todo o mundo (cf. LG n. 1).

Nessa renovada visão eclesial, o Concílio provocou em toda a Igreja um novo clima de esperança e ofereceu a esta um novo impulso evangelizador. Com uma proposta que se concebe encarnada ao mundo, apresenta-se em uma perspectiva de promessa do Reino (reinocentrica);[44] é alegria e esperança (*Gaudium et spes*) e sinal da salvação, luz dos povos (*Lumen gentium*). Luz que na verdade é Cristo e não a Igreja; Cristo é a *luz dos povos*, "que brilha na Igreja, para que o evangelho seja anunciado a todas as criaturas" (LG n. 1a). Uma Igreja que para o Papa Paulo VI "visa a ser inteiramente de Cristo, em Cristo e para Cristo, dos seres humanos, entre os seres humanos e para os humanos".[45] Seguramente, esse "em" e "para" Cristo, e esse "entre" e "para" humanos, fez com que se modificasse o paradigma eclesiológico, pois a Igreja não é mais o centro para o qual tudo converge; nesse centro, agora, fortalece-se a dimensão de Cristo (perspectiva cristológica) e a Igreja passa a exercer com mais propriedade a dimensão do serviço.[46] Nas palavras dos Padres Conciliares, a Igreja sente-se chamada, convocada (*ekklesía*), "com urgência, a salvar e a renovar toda a criação, para que tudo seja instaurado em Cristo e, por seu intermédio, todos os seres humanos venham a constituir uma única família e um único povo de Deus" (AG n. 1b).

Para a nossa reflexão e para o enfoque que pretendemos trazer nesta contextualização histórica e teológica da Teologia Latino-Americana da Libertação,

---

[43] LIBÂNIO, J. B. *Teologia da Libertação*: roteiro didático para um estudo, p. 67.
[44] Cf. ALMEIDA, A. J. *Lumen gentium:* a transição necessária, p. 67-72.
[45] PAULO VI. Discurso de abertura do terceiro período do Concílio, p. 72.
[46] Cf. ALMEIDA, A. J. Op. cit., p. 57-60. Também na mesma obra: p. 105-114.

destacamos alguns documentos conciliares que, segundo o nosso olhar, trazem uma rica e frutuosa contribuição ao tema de nosso estudo.

De maneira específica falamos da Constituição Dogmática *Dei Verbum* (DV), que trata sobre a revelação cristã e dá um âmbito novo à compreensão da mensagem divina, revelada em magnitude em Cristo (cf. Hb 1,1-2). O documento apresenta a revelação com um teor trinitário e com aspecto soteriológico. Destacamos a Constituição Dogmática *Lumen gentium* (LG), que apresenta de modo profundo a configuração da Igreja desse Concílio: primeiro como mistério de Deus, em que se desvela a revelação, o que torna a Igreja sinal e sacramento do Cristo ressuscitado e crucificado. Logo em seguida define a Igreja como Povo de Deus, numa definição em que todos estão incluídos e contribuem, a seu modo e particularmente (mas sempre em comunhão), para a edificação e concretização do plano salvífico de Deus. Essa Constituição Dogmática não permanece sozinha, mas se encaminha para outra Constituição, de modo mais pastoral, chamada *Gaudium et spes* (GS). Logo de início, a apresentação desse documento dá o tom que segue por seu conteúdo, ao dizer que todas "as alegrias e as esperanças, as tristezas e as angústias dos homens de hoje, sobretudo dos pobres e de todos aqueles que sofrem, são também as alegrias e as esperanças, as tristezas e as angústias dos discípulos de Cristo" (GS n. 1a). Aparece aqui a imagem de uma Igreja encarnada e focada no seguimento de Jesus Cristo que se dispõe a oferecer ao mundo (cada vez mais plural e complexo) uma resposta própria dela mesma; uma resposta ancorada na esperança que carrega, que a alimenta e a conduz. A consequência dessa compreensão só pode levar a uma definição de toda a Igreja como missionária, algo próprio e específico do Decreto *Ad gentes* (AG).

Essa novidade apresentada pelo Vaticano II encontra aqui no continente latino-americano uma receptividade única, de modo mais específico e concreto, na Conferência Episcopal de Medellín, na Colômbia (1968).[47] Essa recepção não se dá apenas naquilo que tangencia as declarações do Concílio, como se Medellín fosse, simplesmente, um "aplicar" do Vaticano II à realidade latino-americana. Na verdade, teve-se uma recepção por parte do Episcopado latino-americano da temática "dependência-libertação", passando a uma rejeição sucessiva das perspectivas desenvolvimentistas,[48] que já esboçamos antes. "É na verdade uma antecipação e um

---

[47] A Conferência de Medellín não foi a primeira reunião episcopal depois do Concílio em solo latino-americano. Uma primeira reunião aconteceu em Mar del Plata (Argentina) em 1966, por ocasião da X Assembleia Ordinária do CELAM. O tema desse encontro foi a "Presença ativa da Igreja no desenvolvimento e integração da América Latina", tendo como conceitos-chave as palavras "desenvolvimento" e "integração". De acordo com Paulo F. C. de Andrade, os bispos ali presentes ignoraram uma análise da realidade social. Os temas decorrentes da "Teoria da Dependência" ficaram, nesse caso, ausentes. Cf. ANDRADE, P. F. C. Op. cit., p. 51. Ainda estamos diante da visão otimista e desenvolvimentista assumida naquele momento por grande parte da Igreja deste continente. Uma nova postura só virá a aparecer em Medellín, mesmo assim, sem anular a totalidade da visão anterior.

[48] Cf. ANDRADE, P. F. C. Op. cit., p. 54.

salto profético feito pelos representantes do episcopado latino-americano e seus assessores em direção a um compromisso social transformador".[49] Basicamente, vai de encontro com o tema da Conferência: "A Igreja na atual transformação da América Latina, à luz do Concílio".[50]

É uma recepção que se torna possível, uma vez que com o Vaticano II a Igreja se entende não apenas como "presente" no mundo, mas define-se como "parte" do mundo,[51] sendo, portanto, sacramento e sinal. Essa noção de sacramento evidencia na Igreja a sua dimensão escatológica,[52] de caráter performativo, transformador, pois "a Igreja só chegará à perfeição na glória celeste, *juntamente* com o gênero humano, com o qual está intimamente unida e *através do qual* alcança o seu fim" (LG n. 48).[53] Nesse mesmo raciocínio, a Constituição *Gaudium et spes* diz: "Ajudando o mundo e sendo por ele ajudada, a Igreja caminha para um único fim: a vinda do Reino de Deus e a salvação de todo o gênero humano" (GS n. 45a). Seguramente, esse espírito de abertura e de comunhão com a humanidade condiciona toda a Igreja para um *aggiornamento*, o mundo agora não é mais um obstáculo a ser conquistado, o mundo agora é um contexto que deve ser ouvido e interpretado, caso se queira ter para ele uma resposta evangélica e eficaz. De maneira concreta, diz Lina Boff, "este Concílio deve ser entendido no transfundo católico e cristão daqueles anos para a Europa; e deve ser pensado e interpretado de maneira profética na sua aplicação para a América Latina, que começou com Medellín".[54]

Assim, o caráter do Concílio é para o Universal; de forma indutiva e aberta, sua repercussão dependerá do local e da forma como suas considerações forem acolhidas. A riqueza produzida em Medellín com a receptividade do Vaticano II, e que encontra impacto no incipiente momento de libertação surgido naquele contexto social específico, está na maneira como se traduz e se aplicam a essa realidade as pretensões conciliares. Especificamente, "a base do Vaticano II é o mundo moderno, a base de Medellín é o caos e a paixão do povo".[55] Acrescenta-se a essa receptividade e aplicação a utilização do método "ver, julgar e agir" que já se vinha amadurecendo na Igreja latino-americana, destacando a novidade na questão do "ver", ao utilizar categorias sociológicas para a sua fundamentação.[56]

---

[49] Ibid., p. 55.

[50] Cf. CELAM. *Conclusões da Conferência de Medellín – 1968*. Trinta anos depois, Medellín é ainda atual?, 2004.

[51] Cf. GUTIÉRREZ, G. *Teologia da Libertação*, p. 311.

[52] Cf. BOFF, Lina. *Da esperança à vida plena*: vivendo as realidades que entrevemos, 2010.

[53] Grifos nossos.

[54] BOFF, Lina. A esperança como Teologia da História. Relendo as nossas Conferências Episcopais, p. 135.

[55] Ibid.

[56] Cf. ANDRADE, P. F. C. Op. cit., p. 56.

Sobre o Vaticano II e a sua receptividade na Conferência de Medellín, principalmente com os avanços que Medellín suscitou, Gustavo Gutiérrez tem uma boa explanação:

> O Vaticano II fala do subdesenvolvimento dos povos a partir dos países desenvolvidos e em função do que estes podem e devem fazer por aqueles; Medellín procura ver o problema partindo dos países pobres; por isso os define como povos submetidos a um novo tipo de colonialismo. O Vaticano II fala de uma Igreja no mundo e descreve-a tendendo a suavizar os conflitos; Medellín comprova que o mundo em que a Igreja latino-americana deve estar presente encontra-se em pleno processo revolucionário. O Vaticano II dá as grandes linhas de uma renovação da Igreja; Medellín dá a pauta para uma transformação da Igreja em função de sua presença em um continente de miséria e de injustiça.[57]

Diante deta explanação de Gutiérrez, evidencia-se para nós que o Vaticano II tem explicitamente a sua importância e contribuição para a Igreja, mas, sobretudo, é com a Conferência de Medellín que essa renovada visão eclesial torna-se presente e concreta na vida da Igreja e do continente latino-americanos. Aliam-se a esse fato a coragem e audácia dos nossos bispos presentes, por fazerem valer e aplicar esse "novo caráter de evangelização e missão" às situações preponderantes da realidade do povo, especificamente, em sua miséria, pobreza e opressão.

Gutiérrez vê nesse processo uma *opção* pela qual deve seguir a Igreja da América Latina, já que tem a seus olhos as marcas do novo colonialismo e do subdesenvolvimento, somando-se as situações de pobreza e os diversos conflitos e opressões que sofrem os seus povos. Identificar essas questões com a Conferência de Medellín foi uma virtude, mas, para Gutiérrez, assim como houve um pós-Vaticano II, que ainda hoje tenta fazer esquecer ou diminuir os efeitos de suas conclusões, houve também um pós-Medellín, que se empenhou em "desvalorizar, além da autoridade de Medellín, o espírito que deu lugar a ela".[58]

Em sua reflexão, ele elenca alguns pontos básicos que evidenciam a opção da Igreja latino-americana, que, por sua vez, iluminam a opção da Teologia Latino-Americana da Libertação: 1) Qual é o significado da fé numa vida comprometida contra a injustiça e a alienação? Para se ter essa compreensão é importante saber articular a construção de uma sociedade justa com os valores absolutos do Reino.[59] 2) A importância da vida de oração pessoal, mas também comunitária. Procura-se, então, uma espiritualidade da libertação.[60] 3) Deve-se entender que o momento histórico pelo qual atravessa a América Latina é profundamente conflitual. É um

---

[57] GUTIÉRREZ, G. Op. cit., p. 187.
[58] Ibid., p. 188.
[59] Cf. ibid.
[60] Cf. ibid., p. 189.

momento que "supõe um modo diferente e bem concreto de ver o devir histórico, mais exatamente: de perceber nele a presença do Senhor, estimulando-nos a ser artífices dessa caminhada".[61] 4) Nesse processo de libertação, a Igreja também se encontra dividida, enquanto uma parte toma a opção pelo caminho libertador, outra parte dela continua ainda ligada, de formas diversas, à ordem estabelecida.[62] 5) Num continente marcado pelo processo revolucionário, onde a violência está presente, a concepção de *missão* deve ser definida prática e teoricamente, ao mesmo tempo que pastoral e teologicamente. O estar no mundo sem ser do mundo traduz-se aqui por estar no sistema sem ser do sistema. É uma exigência que provoca uma revisão no modo de pregar a palavra, de viver e celebrar a fé.[63] 6) Ser uma Igreja que coloca a sua influência social em favor dos oprimidos. Para Gutiérrez, não tomar essa opção em favor deles é fazê-lo contra eles. "Não falar é constituir-se em outro tipo de Igreja de silêncio; silêncio diante da espoliação e da exploração dos fracos pelos poderosos".[64] 7) "A comunidade cristã latino-americana acha-se num continente pobre. Porém, a imagem por ela apresentada, tomada em conjunto, não é a de uma Igreja pobre".[65]

Para Gutiérrez, alguns pontos devem ser destacados e valorizados para se compreender a opção que se devia fazer na época, caminhando para uma efetiva transformação da sociedade; para isso, faz-se necessária também uma transformação eclesial que decide ir em direção a essa causa. Daí a importância de uma teologia própria, ancorada nas vicissitudes deste continente, pois "ao descobrirem sua dependência econômico-social e político-cultural, elites cristãs latino-americanas tomam também consciência de sua dependência teológica".[66]

Assim, o nascimento da TdL na América Latina confunde-se muito com a Conferência de Medellín. Tal afirmação se faz verdadeira quando se destaca o "espírito" que envolveu essa Conferência e a vitalidade eclesial com que ela acolheu o Vaticano II, ao colocar numa condição teórico-prática muitas das suas deduções e perspectivas; e em outras instâncias, caminhou para além do próprio Concílio.[67] É um feito que tem obviamente as suas causas, dentre elas a reestruturação da CELAM, que

---

[61] Ibid.

[62] Cf. ibid., p. 190.

[63] Cf. ibid., p. 191.

[64] Ibid., p. 192. Gutiérrez aponta que esse foi e continua sendo um obstáculo difícil. A própria Conferência de Medellín aponta para o conflito entre as autoridades eclesiásticas. A divisão nestas opções é o que formaliza em período posterior às inúmeras críticas que sofre a TdL.

[65] Ibid., p. 193. Este é um ponto que transparece no documento de Medellín e recorda também o Vaticano II. Num contexto atual, essa interpretação continua ainda sendo verdadeira, haja vista as intervenções e acusações proferidas pelo Papa Francisco, exigindo de seus pastores "cheiro de ovelhas". Retoma-se o sonho de uma Igreja pobre para os pobres, que tem base no período Vaticano II/Medellín.

[66] RUBIO, A. G. Op. cit., p. 55. Na mesma obra, ver também: p. 56-63.

[67] Cf. BOFF, Lina. Op. cit., p. 135.

buscava se consolidar num aspecto prático e pastoral, inserido e sensibilizado com a realidade deste continente.

Destacamos também a Encíclica *Populorum Progressio* de Paulo VI, apresentada à Igreja em 1967, pouco tempo antes da Conferência de Medellín. Esta Encíclica apresenta em alguns de seus artigos elementos fortes que dão razão e até acentuam o tema "libertação".[68] Aliás, essa Encíclica e as demais Encíclicas sociais que se seguiram traduzem bem, num viés determinado, o que se pede e espera de seus pastores: uma postura ativa diante das causas urgentes e que clamam à Igreja uma resposta autêntica e coerente.

No entanto, a nossa intenção neste momento do trabalho é enaltecer a importância do Vaticano II para a Igreja e para a teologia, bem como a receptividade que esse Concílio encontrou na América Latina, principalmente na Conferência de Medellín. Para acentuar que esse contexto se identifica com o nascimento da TdL, trazemos aqui uma contribuição de García Rubio:

> O que se deve destacar aqui é o fato de que, nas Conclusões de Medellín, a relação entre a promoção humana e a salvação de Cristo é (sic) considerada preferentemente à luz da libertação. Na América Latina, vive-se um momento de intensa aspiração e busca de libertação. A Igreja anuncia a salvação-libertação de Deus em Cristo e é portadora de uma libertação anunciada e dirigida ao homem concreto latino-americano que tenta superar toda dependência desumanizante. O termo e a realidade da libertação convertem-se, assim, no contexto latino-americano, em profundo vínculo capaz de unir a libertação política, socioeconômica e cultural, de um lado, e a libertação do pecado que possibilita a comunhão de amizade com Deus e com os irmãos, de outro. União que elimina as separações dualistas, evitando igualmente as identificações e confusões simplificadoras. Pode-se, pois, afirmar que nos documentos de Medellín encontramos uma incipiente teologia da Libertação.[69]

Assim sendo, o nascimento da Teologia Latino-Americana da Libertação, além de caracterizar-se por um quadro específico do contexto histórico de sua origem, tem também como critério fundante o importante contexto eclesial de Medellín, à luz do Vaticano II. Como a intenção da Conferência foi fazer um ressoar, de forma sólida e eficaz, dos apontamentos conciliares dentro do contexto latino-americano, propondo outro caminho de desenvolvimento, ancorado, naquele instante, na justiça, na promoção humana e na paz, percebeu-se, entretanto, que tal empreendimento teria de ser feito dentro de uma prática eclesial determinada e específica. Surge, dessa forma, a necessidade de uma teologia própria, que pudesse tecer um tom crítico sobre sua atuação a partir de dentro, em uma práxis correspondente. Entender o contexto para poder se inserir e, com essa percepção, iluminar a realidade com

---

[68] Cf. RUBIO, A. G. Op. cit., p. 45-46. Ver também: PAULO VI. *Populorum Progressio*, n. 21.
[69] RUBIO, A. G. Op. cit., p. 52-53.

os olhos da fé, sendo, nessa prática, um instrumento de mudança, foi, com certeza, uma situação essencial e autêntica que aqui se fez. É evidente que a influência desse contexto eclesial não se encerra em Medellín, pois a esperança que se desenvolveu transcorre pelo modo de ser Igreja neste continente;[70] reafirma-se essa condição em Puebla e lançam-se as consequências dessa prática latino-americana para toda a Igreja e para toda a teologia.

3.1.1.3. Reflexões teológicas atuais desse contexto histórico e eclesial

A questão eclesial e histórica que vem como pano de fundo da Teologia Latino-Americana da Libertação não se encerra nos episódios apresentados. O contexto de seu nascimento corresponde a um período específico do continente latino-americano, marcado na década de 1960 e 1970 por ditaduras militares, subdesenvolvimento social e humano, pobreza latente, exclusões, falta de liberdade, neocolonialismo, violência, dependência estrangeira etc. Havia também as questões eclesiais de um continente que à luz do Concílio Vaticano II não quis mais ser uma Igreja-reflexo nem ter também uma teologia desse âmbito; buscou-se, decididamente, algo novo, uma nova imagem de Igreja que tivesse impacto concreto na vida das pessoas, que partilhasse de suas histórias e de suas vidas, que vivesse as suas tristezas, angústias e esperanças.

Entretanto, o momento histórico e eclesial que vivemos hoje apresenta-nos mudanças significativas e as situações ampliaram-se e tornaram-se novas. Assim como apresentamos no capítulo 1, quando refletimos sobre o lócus da esperança no contexto atual, ressaltamos novamente existir na atualidade inúmeras mudanças nas esferas e composições sociais e eclesiais, tanto no relacionamento com as pessoas, no mundo do trabalho e familiar, na busca do sentido do ser etc., quanto em âmbito mais espiritual e religioso. Nessas novas condições, a TdL não abandona aquilo que foi, nem mesmo a sua origem, mas procura, a seu modo e criticamente, atualizar-se no contexto presente para entrever o momento *kairós* que se aproxima.

Atualmente, existem outras implicações eclesiais que suscitam na teologia uma nova postura e um novo discurso, mas, mesmo em torno a esses fatos, uma teologia contemporânea que queira oferecer uma resposta, que queira ter um diálogo convincente para o mundo que a rodeia, deve, antes de tudo, ancorar-se nas verdades de fé e na tradição teológica e eclesial que traz; e, além disso, estar disposta a um diálogo aberto e profícuo com a sociedade; próprio da TdL. Baseando-se no Concílio Vaticano II: ouvir os sinais dos tempos.

---

[70] Cf. BOFF, Lina. Op. cit., p. 140-153.

No seu aspecto histórico e eclesial percebemos que houve momentos em que a TdL encontrou uma posição favorável e houve outros em que ela foi percebida como uma teologia "intransigente" e "marginal".[71] Diz Leonardo Boff que "a Teologia da Libertação é uma teologia incompreendida, difamada, perseguida e condenada pelos poderes deste mundo".[72] Tal fenômeno acontece ainda hoje e, às vezes, deriva de uma má interpretação e falta de conhecimento, pois a TdL nunca pretendeu ser uma teologia de oposição à teologia tradicional e oficial da Igreja, ao contrário, trata-se de uma teologia que absorve elementos já consolidados e os *relê* num contexto distinto.[73] Não se trata, portanto, de uma nova teologia, mas sim de *um novo jeito* ou de *um novo modo* de se fazer teologia. Para isso, faz-se uma leitura da realidade, contextualizando a reflexão a partir de uma práxis correspondente, vivida em uma experiência de fé. Pode ser também colocada como uma Teologia do Político, no sentido de que aquele que a faz, o teólogo, está inserido nesta "*Polis*" e responde a uma situação contextual.[74] Essa é uma linha de pensamento muito bem elaborada por Clodovis Boff em sua obra, fruto de sua tese doutoral: *Teologia e Prática: a teologia do político e suas mediações*.[75] Atualmente, no debate recente da TdL,[76]

---

[71] Diz Libânio sobre este assunto: "Se a TdL é um fato sociopolítico, é muito mais ainda um fato eclesial. Por sua própria natureza, ela quer ser uma reflexão da fé em vista da comunidade, da pastoral. Entretanto, se por definição é eclesial, torna-se, porém, um fato eclesial somente quando seu impacto e relevância adquirem dimensão suficiente, a ponto de despertar a consciência da Igreja. A TdL afetou a consciência da Igreja universal, latino-americana e do Brasil". LIBÂNIO, J. B. Op. cit., p. 25.

[72] BOFF, L. Op. cit., p. 129.

[73] Cf. ibid., p. 30-36. Libânio faz uma boa leitura dessa realidade eclesial e aponta os diversos documentos eclesiais que interagem com a TdL. Aponta para isso as intervenções oficiais do Magistério eclesiástico e como essa perspectiva teológica foi se moldando no decorrer dos tempos. Há a menção dos documentos pontifícios e da carta de João Paulo II aos bispos do Brasil (ambos já mencionados em nota). Comenta-se dos processos de Leonardo Boff e Gustavo Gutiérrez. Há a menção da CNBB, da CRB, da CLAR e outros institutos e pastorais.

[74] Cf. RUBIO, A. G., p. 79-84.

[75] Ver: BOFF, C. *Teologia e prática*: teologia do político e suas mediações, 1978.

[76] Em 2007, iniciou-se um debate sobre a TdL envolvendo alguns dos seus principais nomes. Apresentamos aqui na sequência de suas publicações na *REB*: BOFF, C. Teologia da Libertação e volta ao fundamento, p. 1001-1022; SUSIN, L. C.; HAMMES, E. J. A Teologia da Libertação e a questão dos seus fundamentos: em debate com Clodovis Boff, p. 277-299; AQUINO JUNIOR, F. Clodovis Boff e o método da Teologia da Libertação: uma aproximação crítica, p. 597-613; BOFF, L. Pelos pobres contra a estreiteza do método, p. 701-710; BOFF, C. Volta ao fundamento: réplica, p. 892-927; COMBLIN, J. As estranhas acusações de Clodovis Boff, p. 196-202; AQUINO JUNIOR, F. A teologia como *intellectus amoris*: a propósito de crítica de Clodovis Boff a Jon Sobrino, p. 388-415; LIBÂNIO, J. B. Excesso de zelo metodológico, p. 472-474. Em âmbito europeu surgiu uma obra que versa a sua reflexão a partir do debate recente entre Leonardo e Clodovis Boff: WESS, P. *Deus, Cristo e os pobres*, 2011. Não faremos uma reflexão sobre esse debate, pois não é o objetivo do nosso trabalho, apenas mencionamos os artigos, pois se trata de uma discussão recente sobre a TdL. Em 2013, também com a eleição do Papa Francisco, um Papa latino-americano que acentua a opção pelos pobres e o profetismo, marcas e características importantes dessa teologia e da Igreja da América Latina, e que agora ressoam com mais força nos arredores de Roma, surge na Europa mais um livro, com uma composição instigante. O livro é de autoria de Gustavo Gutiérrez e Gerhard Müller, na ocasião, Prefeito da Congregação para a Doutrina da Fé. O livro é de 2004, na versão alemã. Também tem uma versão em espanhol, de 2005. Em italiano foi lançado em 2013, ano que a Igreja vive uma nova primavera eclesial com Francisco, que engrandece a opção pelos pobres.

Clodovis Boff tem defendido que se desenvolva uma teologia "em dimensão" ou "em perspectiva" libertadora, entendendo que essa é uma mediação importante para o "todo" teológico.[77]

Podemos dizer também que o *novo ar* que se respira com o Papa Francisco deixou essa teologia em uma posição mais favorável, pois agora o bispo de Roma, de raiz latino-americana, jesuíta e ex-aluno de um dos grandes nomes da TdL Argentina (J. C. Scannone), conclama toda a Igreja a uma reforma estrutural, defende a causa dos pobres e por eles abre um discurso profético. Torna a Igreja mais simples e mais próxima, despoja-se do que é supérfluo e salvaguarda o essencial, que é a mensagem do Evangelho e a alegria do seu anúncio, em que os pobres têm preferência e são apoiados na esperança, uma esperança que toca e que liberta. Por certo, é um novo tempo, uma "primavera eclesial". Que floresça e que dê frutos!

Mas o que queremos destacar aqui é que o principal dessa teologia como de qualquer outra é que a sua reflexão deve estar precedida por uma questão de fé. É a fé que ilumina a realidade e faz com que o teólogo, visto aqui como sujeito político e eclesial, possa entender à verdade de fé que se revela no transcorrer da história. Essa fé e a dinâmica que a envolve farão a teologia se perguntar sobre a esperança e onde ela se encontra no contexto atual. Em todo esse percurso, o teor da TdL permanece o mesmo, mas amplia-se o seu horizonte para as novas perspectivas da atualidade.

3.1.2. Fundamentos e reflexões dessa teologia

Tendo já definido o contexto histórico e teológico em que surge essa teologia, é importante apresentar os fundamentos e reflexões que se desdobram em sua prática. Por se tratar de uma teologia contextual e ter como ponto de partida a práxis de fé vivida dentro do continente latino-americano, marcado por miséria, pobreza, violência e opressão, a TdL vê no conceito de pobre, um aspecto importante, de onde deve constituir-se o seu discurso. Para que esse discurso tenha eficácia e coerência e torne-se relevante teologicamente, percebe-se a necessidade de se elaborar um jeito próprio de se fazer essa teologia; busca-se um método capaz de levar em conta todas essas particularidades com uma leitura crítica da realidade e iluminando-a à luz da fé cristã e de sua tradição. Todas as temáticas desenvolvidas por essa teologia devem ter tal perspectiva metodológica, e uma vez que são alimentadas e desenvolvidas a

---

Eis o título: *Dalla parte dei poveri: Teologia della Liberazione, Teologia della Chiesa*. A tradução brasileira é da Paulinas, de 2014, e traz como título: *Ao lado dos pobres: Teologia da Libertação*. Com certeza, é um novo momento.

[77] Cf. BOFF, C. Volta ao fundamento: réplica, p. 925-927. Contudo, essa postura não em é si totalmente nova. Quando se comemorou trinta anos de TdL, Clodovis Boff já tinha apontado para essa posição: Cf. BOFF, C. Como vejo a teologia latino-americana trinta anos depois, p. 89-92. Mais ou menos dois anos antes, ele já fizera essa abordagem em sua obra – também de referência –*Teoria do Método Teológico*, colocando a teologia "em perspectiva libertadora". Cf. BOFF, C. *Teoria do método teológico*, 1999.

partir de uma experiência de fé junto ao povo latino-americano, diretamente na prática, pode-se perceber a esperança que se desvela nessa teologia.

3.1.2.1. Uma teologia a partir do contexto do pobre

Fazer uma teologia a partir do ponto de vista do pobre constitui uma opção essencial para a TdL, que não enxerga o pobre como pobre, mas dá a esse pobre um rosto e uma identidade próprios. A TdL lê a sua história e condição, coloca-se a seu lado e o ajuda a ser sujeito de sua liberdade, pois alimenta a sua fé num Deus que se faz presente, num Deus que é capaz de descer, que se despoja de si mesmo, que se rebaixa (cf. Fl 2,6-9) e que nos encontra; ao nos encontrar participa da nossa vida e da nossa história, sente as nossas dores, tristezas, fraquezas e alegrias, vive intensamente a humanidade por amor, e é só por essa razão que ele nos conhece plenamente e nos chama a uma nova vida. Essa opção pelos pobres, segundo Leonardo Boff, "encontra seu fundamento na própria natureza de Deus-Vida".[78] É o encontro fecundo com o Reino de Deus de Jesus, que nas palavras de Medellín se traduz em um Reino de "Justiça, amor e paz" (DM 1, n. 3).

Nesse mesmo raciocínio teológico, que provoca a teologia a um despojamento para junto do pobre, o mesmo documento de Medellín que acabamos de citar diz que é o mesmo Deus que na plenitude dos tempos (cf. Gl 4,4) "envia seu Filho para que feito carne, venha libertar todos os homens, de todas as escravidões a que o pecado os sujeita: a fome, a miséria, a opressão e a ignorância, numa palavra, a injustiça e o ódio que têm a sua origem no egoísmo humano" (DM 1, n. 3). Assim, a função da TdL que reflete a partir do pobre, tem a intenção de, à luz de Cristo, libertar a tudo e a todos. Só quando a pessoa se sente sujeito de sua própria história é capaz de agir em nome de uma esperança que tenha por meta amor, justiça e paz, que possa vencer a morte e desvencilhar-se da situação de opressão.

Em situações assim, ao lado dos pobres, há sempre dois grupos de pessoas: aqueles que conseguem resistir e lutar com mãos próprias pela justiça (deles e dos demais) ao lado daqueles que não conseguem ou não tem a mesma sorte. Dentre estes aparecem os mais fracos e vulneráveis, e dentre estes os menores entre os menores, os pobres, as mulheres, os doentes e as crianças. Algo próximo aos "pequeninos" do Evangelho de Mateus (cf. Mt 25,31-46), que já citamos anteriormente. Clodovis Boff diz: "*os pobres e os que lutam pela justiça*. Ou seja: os que têm fome de pão e os que têm fome de justiça".[79] Algo próximo da história do Antigo Israel, que pela Lei de Deus descrita no Deuteronômio deveria proteger aqueles mais fracos e vulneráveis no seu convívio: o estrangeiro, o órfão e a viúva.[80]

---

[78] BOFF, L. Quarenta anos de Teologia da Libertação: uma metáfora do Mistério Pascal, p. 135.

[79] BOFF, L.; BOFF, C. *Teologia da Libertação no debate atual*, p. 17. Grifos do autor.

[80] Essas referências ao estrangeiro, ao órfão e à viúva aparecem de maneira explícita por seis vezes no Deuteronômio: Dt 10,12-22; Dt 16,9-12; Dt 24,17-21; Dt 26,12-15; Dt 27,11-26. Um estudo aprofundado dessa trilogia encontra-se na tese doutoral da PUC-Rio de 2009: Cf. FRIZZO, A. C. *A trilogia social*: estrangeiro, órfão e viúva no Deuteronômio e sua recepção na *Mishná*, 2009.

É nesse sentido que o grito por libertação se faz ressoar também na Igreja deste continente, que encontrou verdadeiros discípulos de Cristo, os quais decidem ir contra tudo e todos para estar ao lado daqueles que mais sofrem e precisam de seu amor e auxílio, até mesmo quando esse tudo e todos são também partes integrantes da estrutura eclesial, haja vista os inúmeros conflitos que essa teologia encontrou no seio da Igreja Católica.[81] No entanto, essa atitude de defesa dos mais fracos e vulneráveis já se encontrava no período da colonização, envolvendo a defesa de índios e negros que já mencionamos, como também nas inúmeras migrações para a América Latina, e acontecem ainda hoje diante do povo explorado e fatigado dos nossos centros urbanos e zonas rurais, vítimas de um sistema que explora e obriga o ser humano a condições de *inumanidade*, carente de direitos e cheios de deveres para com um sistema que o destrói.

Essa opção pelos pobres é uma atitude profética com forte viés evangélico que em Lucas vê o olhar de um Deus que se volta para a humilhação de sua serva, e, a partir do acolhimento dessa pela graça e do Fruto que dela provém (cf. Lc 1,28-38), temos um Deus que eleva os humildes, derruba os poderosos de seus tronos e despede os ricos de mãos vazias... (cf. Lc 1,46-55). Há também a concordância com a missão e ministério de Jesus que na sua pregação sobre o Reino coloca esses pobres (pobres, pequenos, excluídos e marginalizados de seu tempo) como os prediletos de Deus, chamando-os de "Bem-Aventurados" (cf. Lc 6,20).

Hoje, nesta sociedade moderna e pós-moderna o novo rosto do *conquistador* tem muitas faces, às vezes nem é humana, mas representa uma *estrutura de pecado* alimentada pela ânsia de conquista e de poder, causadora de miséria e de alienação.[82] Com certeza, há o fenômeno da mundialização e da globalização econômica que cria laços de miséria e pobreza, mortes e exclusões; todavia, não podemos ignorar que na atual sociedade existem outros fatores, também psíquicos e culturais, que também favorecem esse desnível social e humano. Nessa perspectiva, segundo Gutiérrez, as opções que os cristãos assumem na sociedade devem levar a algumas indagações: "qual é o *significado da fé* numa vida comprometida na luta contra a

---

[81] Diz Gutiérrez: "A Igreja da América Latina viveu e continua a viver, em grande parte, em estado de gueto. Surgida na época da Contrarreforma, a comunidade cristã latino-americana foi marcada por uma atitude de defesa da fé. Essa postura foi reforçada, em alguns casos, pela hostilidade das correntes liberais e anticlericais do século passado e, mais recentemente, pelas duras críticas recebidas dos que lutam por transformar a sociedade atual, à qual a Igreja está estreitamente ligada. Isso a levou a buscar o apoio ante seus eventuais adversários e assegurar o que acreditava ser uma tranquila pregação do Evangelho". GUTIÉRREZ, G. *Teologia da Libertação*, p. 153. Podemos mencionar também aqui os dois documentos pontifícios, já citados anteriormente: CONGREGAÇÃO PARA A DOUTRINA DA FÉ. *Liberatis nuntius*: instrução sobre alguns aspectos da Teologia da Libertação, 1984; CONGREGAÇÃO PARA A DOUTRINA DA FÉ. *Liberatis conscientia*: instrução sobre a liberdade cristã e a libertação, 1986. Como dado histórico, mesmo sabendo que não se trata do único episódio a esse respeito, apontamos aqui o processo de Leonardo Boff junto à Cúria Romana, em 1984. O conteúdo desse processo se encontra como apêndice na obra que originou a questão: BOFF, L. *Igreja*: carisma e poder, p. 335-367.

[82] Cf. JOÃO PAULO II. *Laborem exercens*, n. 8.

injustiça e a alienação? Como se articula a obra de construção de uma sociedade justa com o valor absoluto do Reino?".[83] Em outra passagem ele diz: "como dizer ao pobre, a quem são impostas condições de vida que expressam uma negação de amor, que Deus o ama?".[84] Do mesmo modo perguntam Leonardo e Clodovis Boff: como ser cristão num mundo de miseráveis?[85]

Estas são importantes perguntas da TdL e que ainda hoje merecem e devem ser respondidas. São importantes também em vista da aproximação que faremos com a Teologia da Esperança de Moltmann. Tais indagações articulam a construção de uma sociedade justa, ao mesmo tempo em que falam de um Deus-amor diante de um mundo onde o amor está se tornando consumo e a justiça um elemento – em muitos casos – nulo. Respondê-las, torna-se, seguramente, um desafio teológico. Se a Teologia Latino-Americana da Libertação alimenta o seu grito e anseio dentro de uma esperança de Reino, viver essa esperança é seguramente esperar contra toda esperança (cf. Rm 4,18). Tem a ver também com a novidade que sentimos com essa experiência transformadora, motivada pela graça de Deus em nós, e que é capaz de nos fazer vivenciar a fé e ter a audácia de proclamar a esperança cristã.

Muito embora todos os avanços que tivemos na América Latina nos últimos anos, os referidos questionamentos ainda permanecem atuais. É desse confronto que surge historicamente a TdL, "entre a urgência de anunciar a vida do Ressuscitado e a situação de morte em que se encontram os pobres da América Latina".[86] Também, em outras palavras, é uma teologia que surge a partir do contexto do pobre, que o faz sujeito de sua própria história de fé e de liberdade; antecipa a esse a esperança do Reino, vivenciada essencialmente em amor, justiça e paz.

> Uma leitura de fé nos faz assim compreender que a irrupção do pobre na sociedade e na Igreja latino-americanas é, em última instância, uma irrupção de Deus em nossas vidas. Essa irrupção é o ponto de partida e o eixo de uma nova espiritualidade. Por isso, indica o caminho que nos conduz ao Deus de Jesus Cristo.[87]

Diante disso, a Igreja e a teologia que surgem dessa reflexão seguem o exemplo de Jesus e do seu ministério e passam a se colocar ao lado desses "pequenos", sendo como ele (Jesus) o próximo, aquele que está perto, que se comove e tem compaixão, que é capaz de enxugar as lágrimas e curar as feridas daqueles que sofrem. É uma Igreja e uma teologia que agem como o "Bom Samaritano" (cf. Lc 10 29,37) e como o "Bom Pastor" (Cf. Jo 10,11); ao mesmo tempo em que a Igreja e a teologia

---

83   GUTIÉRREZ, G. Op. cit., p. 188. Grifos do autor.
84   Ibid., p. 35.
85   Cf. BOFF, L.; BOFF, C. *Como fazer Teologia da Libertação*, p. 20.
86   GUTIÉRREZ, G. Op. cit., p. 35.
87   Id. *Beber em seu próprio poço*, p. 42.

resgatam do sofrimento, elas têm a intenção e a vontade de transformar a realidade. No entanto, só é possível optar pelos pobres e fazer uma teologia a partir de seu contexto, se antes a opção for por Cristo e pelo seu Reino (cf. Mt 6,33). Um Cristo que parte do Pai ao encontro da humanidade e de toda a criação, assume-a em seu ser, compartilha as suas dores, alegrias e esperanças; vive plenamente a proposta do Reino, torna-se caminho, verdade e vida (cf. Jo 14,6). Diante desse princípio epistemológico, a teologia que daí se desdobra tende a ser relevante e eficaz. É por essa razão que há a identificação do Cristo no pobre, e a Igreja e a teologia passam a ver no pobre o próprio Cristo, pois houve *antes* um movimento do próprio Deus, em Cristo, em favor deles e para eles, vivendo e estando com eles e, a partir deles, atingindo toda a humanidade e toda a criação.

3.1.2.2. Um novo jeito de se fazer teologia

Se entendermos que, para a teologia, a fé é indispensável e essa fé é vivida contextualmente, evidente que a teologia vai se expressar de maneira a se identificar com o ambiente em que é produzida; caso contrário, ela será contraditória e alienante. Pois, de acordo com João Batista Libânio, "não há fé fora do contexto cultural em que vivemos. O universo cultural marca-nos a fé".[88] Entendendo que a fé é a resposta a um chamado pessoal de Deus, essa resposta só pode ser dada por um ser humano real, concreto e histórico e que está intimamente ligado a um contexto particular determinado, com suas implicações históricas, sociais, culturais, políticas e religiosas. Portanto, "o ser humano, que responde ao chamado de Deus, é um ser inteligente, histórico, que vive dentro de determinado contexto social. Por isso a fé só pode ser entendida e vivida por ele nessa situação histórica".[89]

Se então, no Cristianismo, temos uma fé de advento, a espera de um Deus que vem e que nos apresenta o seu Reino, antecipando-nos o seu futuro aos olhos da fé e, convidando-nos a fazer parte dessa comunhão através de um movimento de amor criativo e construtivo em perspectiva ao Reino vindouro (como apontamos no primeiro capítulo), é certo que, na medida em que o conteúdo desse Reino futuro contradiz o presente em que estamos (especificamente, a pobreza, miséria, opressão e violência dos nossos povos), abre-se espaço para a inquietude, algo próprio da nossa condição humana.[90] Essa inquietude, por sua vez, transforma-se na força transformadora que alimenta aquele que crê e que vê no Cristo ressuscitado e crucificado o seu futuro, mas também o seu presente. É aí que se encontra a missão da esperança cristã que nos desvela o futuro de Deus. Por isso que, também para a TdL,

---

[88] LIBÂNIO, J. B. *Eu creio, nós cremos*: tratado da fé, p. 41.
[89] Ibid.
[90] Eis um ponto em que percebemos sintonia com a Teologia da Esperança de Moltmann, que queremos aproximar.

a esperança é a alma que impulsiona o seu pensar e agir teológico; ela é o coração pulsante, é o sangue que circula em seu corpo e que mantém viva a chama da sua fé.

Nas palavras de Gutiérrez:

> Por tudo isso a teologia da libertação nos propõe, talvez, não tanto um novo tema para reflexão quanto uma *nova maneira* de fazer teologia. A teologia como reflexão crítica da práxis histórica é assim uma teologia libertadora, uma teologia da transformação libertadora da história da humanidade, portanto, também da porção dela – reunida em *ecclesia* – que confessa abertamente Cristo. Uma teologia que não se limita a pensar o mundo, mas procura situar-se como um momento do processo por meio do qual o mundo é transformado: abrindo-se – no protesto diante da dignidade humana pisoteada, na luta contra a espoliação da imensa maioria da humanidade, no amor que liberta, na construção de uma nova sociedade, justa e fraterna – ao dom do Reino de Deus.[91]

Compreendemos então que o contexto histórico e teológico dessa teologia corresponde a uma teologia que, inspirada no Deus de Israel, ouve o clamor desse povo e decide ser instrumento de libertação. Uma teologia que a partir do exemplo, vida, obra e mensagem de Jesus sente-se solidária e compartilha com os mais pobres e excluídos a esperança por liberdade e por um mundo melhor, mais digno, mais justo, mais fraterno e mais humano. É uma teologia em que *se aspira* o Reino futuro e *respira-se* uma sensação de inquietude, capaz de gerar forças, trazer esperança e fazer viver. Apenas quando se entende esse contexto e essa história, inserindo-se neles de forma concreta, tomando partido a partir de uma práxis comum e eficaz, é que se consegue compreender a Teologia Latino-Americana da Libertação. Dessa forma, faz-se eco à frase do Papa João Paulo II, que diz que essa teologia, diante da situação de pobreza e opressão que se encontra o continente latino-americano, "é não só oportuna, mas útil e necessária".[92] Certamente que o contexto de hoje não é o mesmo, mas essas características apresentadas pelo Papa João Paulo II podem muito bem encontrar consonância com novas realidades. Faz parte da metodologia teológica a sua contextualização.

Esse jeito novo de fazer teologia na América Latina, apontado no texto acima por Gutiérrez, encontra força na própria tradição eclesial que desde a Patrística, passando pela Escolástica, até os dias de hoje sempre se serviu de "bases" epistemológicas para mediar a sua reflexão teológica. Na verdade, a teologia sempre encontrou na filosofia a sua parceria clássica,[93] ou a sua mediação,[94] apresentando a mesma como *ancilla theologiae* (serva da teologia). Todavia, a novidade que se

---

[91] GUTIÉRREZ, G. *Teologia da Libertação*, p. 73-74. Grifos do autor.
[92] JOÃO PAULO II. *Carta aos Bispos da Conferência Episcopal dos Bispos do Brasil*, n. 5.
[93] Cf. RAHNER, K. *Curso fundamental da fé*, p. 37-39. Ver também: ANDRADE, P. F. C. Op. cit., p. 162-169.
[94] Cf. BOFF, C. *Teologia e prática*, p. 46.

busca na TdL é um encontrar-se com novas bases epistêmicas que tendem a oferecer um objeto material mais definido e concreto para o labor teológico que se pretende fazer. O que se busca não é um abandonar das antigas e clássicas posições, mas um ampliar, tendo em vista uma nova contextualização teológica a partir de uma práxis correspondente.[95] Conforme o texto de Gutiérrez acima, a TdL é uma teologia que aparece como *reflexão crítica da práxis histórica* e, quando vista à luz da Palavra, ela "não só não substitui as demais funções da teologia, como sabedoria e como saber racional, mas as supõe e delas necessita".[96] A TdL, portanto, "quer ser uma 'nova maneira' de fazer teologia. Ela propõe uma atitude de espírito ou um estilo particular de pensar a fé".[97]

Mas, sobre isso, Leonardo e Clodovis Boff advertem que, "na raiz do método da Teologia da Libertação se encontra o laço com a prática concreta. É dentro dessa dialética maior de Teoria (da fé) e Práxis (da caridade) que atua a Teologia da Libertação".[98]

Segundo eles,

> é somente nesse nexo efetivo com a prática libertadora que pode conferir ao teólogo um "novo espírito", um novo estilo ou um novo modo de fazer teologia. Ser teólogo não é manipular métodos, mas estar imbuído do espírito teológico. Ora, antes de construir um novo método teológico, a Teologia da Libertação é um novo modo de ser teólogo. A Teologia é sempre um ato segundo, sendo o primeiro a "fé que opera pela caridade" (Gl 5,6). A teologia vem depois (não o teólogo), primeiro vem a prática libertadora.[99]

A teologia, na sua essência, é um discurso sobre Deus, mas um discurso em linguagem humana, portanto, contextualizado em um período próprio e determinado; entretanto, é um discurso que se deve deixar envolver pelo mistério que se desvela. Assim, a TdL, com seu *novo jeito* ou *nova maneira* de atuar, procurou trazer as

---

[95] Clodovis Boff definiu inicialmente essa diferença entre a teologia clássica e a TdL e outras teologias da práxis como T1 e T2, dizendo que à teologia clássica corresponderiam os grandes tratados: Deus, Criação, Graça, Pecado, Escatologia etc., sendo, portanto, a T1. A TdL, por sua vez, corresponderia à T2, estando as voltas com as realidades subjacentes, como a cultura, a história, a situação sociopolítica etc. Cf. ibid., p. 32. No entanto, a TdL, desde o seu início, também passou a visitar as temáticas clássicas da teologia e apresentá-las com o seu olhar específico, diante da sua realidade. Evidentemente, sem anular o todo que foi produzido e arquitetado pela tradição teológica, mas ampliando o seu horizonte e colocando a problemática diante de uma nova postura e perspectiva. Já por aí, Clodovis Boff, em prefácio crítico de sua obra em 1993, muda a intenção de T1 e T2 para Momento 1 e Momento 2 (M1 e M2, respectivamente). A intenção que se coloca é que *a perspectiva* libertadora faz parte do todo da teologia, conforme aparece depois na *Teoria do Método Teológico*, conforme já relatamos.
[96] GUTIÉRREZ, G. Op. cit., p. 71.
[97] BOFF, C. Op. cit., p. 21.
[98] BOFF, L; BOFF, C. Op. cit., p. 42.
[99] Ibid.

verdades da fé ao seu contexto; melhor, perguntou: como passar a verdade e a riqueza da fé cristã para o real e concreto deste continente? Como fazer com que o homem e a mulher latino-americanos encontrem na Palavra de Deus um alimento para a sua vida e descubram nela uma fonte de esperança? Logo de início, percebe-se que se teria de, obrigatoriamente, entender essa realidade. Havia a necessidade de uma *kénosis*, de um despojar-se na realidade latino-americana para compreendê-la em todo o seu parâmetro e amplitude, vendo ali, de modo específico, o olhar benevolente de Deus aos olhos do povo latino-americano.

Para entender essa realidade e não cair no risco de ser superficial e, como consequência, pender para um discurso imposto à América Latina e de assistencialismo em relação aos pobres, buscou-se, para tanto, a metodologia dialética de Marx.[100] O que não significa tratar-se de uma teologia com viés marxista, maneira como foi acusada erroneamente por alguns de seus críticos; ponto que Clodovis Boff e outros teólogos da libertação já esclareceram bem.[101] Trata-se, então, de utilizar a ferramenta dialética como instrumento para *ler* e *compreender* a realidade a partir de dentro, através do seu contexto e história determinados, ouvir o que essa realidade nos diz, como diz e por que diz. O que terá valor maior (teológico) é o que vem depois, na luz da fé, na prática cristã.

Desde o seu início a TdL entendeu que o pobre está presente em seu discurso e é ele que deve ser libertado, pois se vê no pobre o rosto do Cristo que sofre (cf. LG n. 8g). Mas entende-se também que uma coisa é fazer "para" os pobres e outra,

---

[100] Cf. ibid., p. 48-49.

[101] Diz Clodovis Boff: "O marxismo é uma questão segunda e periférica. Quando assumido, o é apenas *parcialmente* e *instrumentalmente*, como, aliás, o fazem os papas, os bispos e muitos cientistas sociais hoje. Assim, é a fé que assimila ou subsume elementos do marxismo e não o contrário. E assimila-os a partir da realidade dos pobres, portanto, transformando-os profundamente, de tal sorte que não se trata mais de marxismo, mas simplesmente de entendimento crítico da realidade". BOFF, L.; BOFF, C. *Teologia da Libertação no debate atual*, p. 29. Grifos do autor. Na mesma obra ver também: p. 68-77. Em outra obra, Leonardo e Clodovis Boff esclarecem: "No que toca à relação com a teoria marxista, limitemo-nos aqui a algumas indicações essenciais: 1º) Na Teologia da Libertação o marxismo nunca é tratado por si mesmo, mas sempre *a partir e em função dos pobres*. Situado firmemente ao lado dos pequenos, o teólogo interroga Marx: 'Que podes tu nos dizer da situação de miséria e dos caminhos de sua superação?' Aqui se submete o marxista ao juízo do pobre e de sua causa e não o contrário. 2º) Por isso, a Teologia da Libertação usa o marxismo de modo puramente *instrumental*. Não o venera como venera os Santos Evangelhos. E nem sente a obrigação de dar conta aos cientistas sociais do uso que faz das palavras e ideias marxistas (se as usa corretamente ou não), a não ser aos pobres, à sua fé e esperança e à comunidade eclesial. Para sermos mais concretos, digamos aqui que a Teologia da Libertação utiliza livremente do marxismo algumas 'indicações metodológicas' que se revelam fecundas para a compreensão do universo dos oprimidos, entre as quais: – a importância dos fatores econômicos, – a atenção à luta de classes, – o poder mistificador das ideologias inclusive religiosas, etc. [...]. 3º) Por isso também o teólogo da libertação mantém uma relação decididamente crítica frente ao marxismo. Marx (como qualquer outro marxista) pode, sim, ser companheiro de caminhada (cf. Puebla, n. 554), mas jamais pode ser 'o' guia. 'Porque um só é o vosso guia, o Cristo' (Mt 23,10). Se assim é, para um teólogo da libertação o materialismo e ateísmo marxista não chegam a ser sequer uma tentação". BOFF, L.; BOFF, C. *Como fazer Teologia da Libertação*, p. 50-51. Ver também: BOFF, C. *Teologia e Prática*, p. 54-57. Id. *Cartas teológicas sobre o socialismo*, 1989. Outros autores: LIBÂNIO, J. B. *Teologia da Libertação*: roteiro didático para um estudo, p. 173-207. ANDRADE, P. F. C. Op. cit., p. 169-200. RUBIO, A. G. Op. cit., p. 236-245.

muito diferente, é fazer "com" os pobres. Essa foi uma característica importante e muito bem assumida pela Teologia Latino-Americana da Libertação. Estar junto dos pobres faz com que o teólogo – compreendido aqui como aquele que interpela a fé e a revelação de Deus ao lado do povo sofrido e empobrecido – participe de suas lutas, sonhos, angústias, dores, esperanças e conquistas, e procure responder a essas interpelações estando ancorado pela fé no Deus da vida. Ao participar dessa história, junta-se a eles na experiência de libertação e começa a viver e "descobrir, ou redescobrir, algo que trazia muito profundamente em si mesmo: Deus quer a vida daqueles que ama".[102] Por isso que se entende a TdL como uma ação segunda, precedida da opção do amor por aqueles que sofrem.

Assim sendo, percebemos que o "ver" a realidade tornou-se uma tarefa fundamental. Dentro do despertar da TdL, cada teólogo viveu e o fez a sua maneira, partindo sempre da práxis eclesial junto ao povo, uma práxis junto àquele e àquela que sofrem. A partir daí, cada teólogo da libertação desenvolveu a sua metodologia,[103] inicialmente com forte viés europeu, pois ali se encontrava a "grande escola" e os "grandes interlocutores", e depois, com novidade, no modo de fazer, procurando uma linha própria e uma sistematização condizente.[104]

Nesta parte que segue do nosso trabalho, para dar um enfoque mais sistemático sobre o novo jeito de se fazer teologia, destacamos aqui o método desenvolvido por Clodovis Boff, que define o método da TdL em três mediações: a *mediação socioanalítica*, a *mediação hermenêutica* e a *mediação teórico-prática*.[105] De maneira simples mas detalhada, passamos agora para cada uma dessas mediações que constituem a metodologia-padrão da TdL.[106]

---

[102] GUTIÉRREZ, G. *Beber em seu próprio poço*, p. 42.

[103] Nas palavras de Clodovis Boff: "quando os 'teólogos da libertação' são intimados a expor o seu 'método', eles nada mais fazem senão retomar as 'posições' mencionadas tecendo ao seu redor comentários diversificados. Seu 'método' é *a voz de sua própria prática teológica*. Assim, eles não fazem a diferença entre 'teologia' e 'modo de teologizar', entre saber e método". BOFF, C. *Teologia e Prática*, p. 22. Grifos nossos.

[104] Cf. ibid., p. 21-34.

[105] Cf. ibid. A referida obra de Clodovis Boff desenvolveu de maneira sistemática cada uma dessas mediações, dividindo a obra em três seções, correspondentes a cada mediação.

[106] O que não significa que esse seja o único método, uma vez que a TdL procura se valer da relação entre teoria e prática, tendo como ponto de partida o contexto do pobre, visto num sentido coletivo, junto a uma estrutura de opressão e de exclusão que envolve a sociedade. O modo como essa ação é concebida pode ter variações metodológicas, no entanto, sempre há uma referência com a práxis. Lembrando também que muitos teólogos descortinaram o seu método a partir de suas próprias experiências eclesiais e sociais. Paralelo ao modelo das três mediações apresentado por Clodovis Boff, destaca-se também uma reflexão de João Batista Libânio e de Juan Carlos Scannone, da Argentina. Cf. ANDRADE, P. F. Op. cit., p. 77-81. Indicamos também uma reflexão feita por Enrique Dussel sobre o método da teologia latino-americana: DUSSEL, E. D. *Liberación y cautiverio: debates en torno al método de la teología en la América Latina*, 1975. E ainda, o livro de Francisco de Aquino Junior, que trata sobre o método da TdL segundo Ignacio Ellacuría. O livro é resultado de sua tese doutoral: AQUINO JUNIOR, F. *A teologia como intelecção do reinado de Deus*, 2010.

1. A *mediação socioanalítica* é a que responde por apresentar à teologia o seu objeto de estudo. É, praticamente, o *ver*, com o qual nos defrontamos com a realidade contextual e passamos a entender e a conceber a sua estrutura sociopolítica, sua problemática, situações de conflitos, enfim, tudo o que circunda a realidade que será objeto material de estudo, uma vez que "tudo é teologizável".[107] É quando o teólogo passa a ver o mundo com os olhos do mundo, vê e sente de perto a situação de pobreza e de miséria que perpassa por essa situação preponderante. Dentro dessa situação, o teólogo passa a buscar as causas da pobreza e da opressão, visualiza a realidade e dialoga com ela. Compreende que o pobre tem um rosto e uma história; não se trata, contudo, de um rosto individual, mas de um rosto *coletivo*, que tem suas características e peculiaridades.[108] Dentro de um contexto determinado, condicionam-se outros inúmeros contextos, com histórias distintas que se somam no tocante de uma única história de opressão.[109] Trata-se de uma abordagem que se percebe através da práxis, pois o teólogo está inserido nesse contexto, que, ao mesmo tempo, servirá de referência para a própria práxis,[110] iluminada precisamente por um conteúdo hermenêutico, aplicado formalmente à luz da fé.

2. A *mediação hermenêutica* se constitui no próximo passo dessa teologia, que tem a tarefa de iluminar essa realidade à luz da fé e da Palavra de Deus. É quando o teólogo condiciona o *ver* da mediação anterior aos olhos da fé e interpela "a relevância histórica ou pastoral de se desenvolver este ou aquele tema".[111] Nesse momento, o teólogo conduz essa realidade interpelada diante das verdades da fé cristã e deixa que esta a ilumine e aponte o caminho que deve ser percorrido pela teologia. É o momento em que o discurso torna-se, *formalmente*, um discurso teológico.[112] Todavia, uma vez que a opção foi de descer até a realidade e de caminhar junto com os empobrecidos do mundo, o teólogo passa a participar com eles dessa caminhada e movimenta-se dentro de uma esperança comum. Por certo, a concepção de Deus que daí parte será de um Deus que liberta e que se faz presente, que ouve o chamado e se torna atuante em perspectiva de amor solidário. O teólogo passará agora a interpretar o mundo e o sofrimento à luz da revelação de Deus e aí condicionará o seu discurso. Expressões como salvação, graça e ressurreição ganham um tom mais profético e escatológico,[113] na medida em que a esperança cristã se torna presente em

---

[107] BOFF, C. *Teoria do método teológico*, p. 46.
[108] Aspecto já comentado por nós e que é um ponto muito bem enfatizado por Leonardo e Clodovis Boff, bem como por demais teólogos da libertação que tratam dessa realidade. Para eles, a opção dialética é a que favorece ter essa visão do coletivo: Cf. BOFF, L.; BOFF, C. *Como fazer Teologia da Libertação*, p. 48.
[109] Cf. ibid., p. 51-56.
[110] Cf. BOFF, C. Op. cit., p. 42.
[111] Id. *Teoria do método teológico*, p. 46.
[112] Cf. BOFF, L. BOFF, C. *Como fazer Teologia da Libertação*, p. 57.
[113] Cf. ibid., p. 58.

meio a um mundo sem vida que se vê agora diante do Deus da vida. Faz-se, então, uma leitura crítico-libertadora da própria tradição da fé e se pergunta como que ela responde à situação apresentada.[114] Procurar-se-á uma coerência entre a prática cristã e a prática salvífica de Deus apresentada na Sagrada Escritura e descrita na vida e atuação de Jesus de Nazaré.

3. Por fim, a *mediação teórico-prática*, ou também chamada de mediação prática ou prático-pastoral, caracteriza-se por um movimento que "sai da ação e leva à ação",[115] sai da práxis e leva à práxis. Tendo já a visão da realidade e relido esta à luz da fé e da tradição teológica, o teólogo parte agora a uma ação concreta diante do contexto em que está inserido, orientado e com uma ação pastoral determinada. Tem-se aí a ação política, pastoral e comunitária, a inserção social nos processos de libertação, o discurso coerente e aliado a uma prática etc. Essa mediação torna-se assim responsável por proporcionar à TdL um caráter público, pois esta não se restringe apenas aos grandes discursos e documentos eclesiásticos, mas os recolhe, os absorve e os aplica diante da realidade em que se vive e experimenta a sua fé. Essa mediação prática encontra a sua eficácia diante do que foi iluminado pelas mediações anteriores e busca, num sentido teológico, a concretização do Reino de Deus, experimentado já neste mundo, mas com total abertura ao transcendente, portanto, também escatológico. Se partirmos do ponto de que somos alimentados pela esperança, essa mediação traduz-se formalmente na missão dessa esperança; na consciência que caminhamos em direção a um futuro prometido e que somos convidados por Deus a fazer parte desse novo horizonte, que ainda é para nós objeto de espera, haja vista que a última palavra só será dada por Deus e por seu futuro.[116] É dessa forma que Clodovis Boff termina a sua obra *Teologia e prática*.

Compreende-se assim um novo jeito de se fazer teologia, através do qual o discurso exige a práxis, fortalece-se pela fé e se destina a ela novamente.

3.1.2.3. Reflexões atuais de uma teologia da práxis

Ao caracterizarmos a TdL como uma teologia da práxis, estamos afirmando que ela é uma teologia que parte, antes de tudo, de uma experiência de fé concreta, cujo conteúdo que dela provém exige uma práxis correspondente. Ela sai da práxis e retorna à práxis. Conforme já falamos antes, "ela sai da ação e leva à ação".[117] Trata-se de uma experiência de fé que é vivida e contemplada por um ser humano concreto e real, que está inserido em um contexto determinado (histórico, político, social, cultural e religioso), e é nesse contexto e com as pessoas que ali se encon-

---

[114] Cf. id. *Da Libertação*, p. 18.
[115] Id. *Como fazer Teologia da Libertação*, 67.
[116] Cf. BOFF, C. *Teologia e prática*, p. 375.
[117] BOFF, L.; BOFF, C. *Como fazer Teologia da Libertação*, p. 67.

tram e com as situações que ali existem que ele faz a experiência comunitária (de *koynonia*) e vive a sua práxis. Nessa condição, a teologia que daí aparece vem como situação segunda, pois resulta de uma experiência de fé anterior; uma experiência que se desenvolveu no transcorrer da história, no ouvir das palavras e no caminhar das pessoas; uma fé que se compreende encarnada na dinâmica da história humana.

No caso específico da TdL, essa experiência é vivida junto ao povo sofrido, excluído e pobre, por quem se faz uma opção fundamental e se decide por caminhar ao lado, solidarizando-se à sua história, vivendo as suas dores e conquistas, tristezas e alegrias, partilhando e *com*-partilhando o *todo* que perpassa a sua existência. Ao inserir-se nessa práxis correspondente, e a partir do seu contexto, desenvolve-se um discurso, em que o teólogo, como sujeito político e eclesial, analisa criticamente todas as dimensões de exclusão, pobreza e opressão, interage com elas e, em meio a elas, procura na teologia uma ação libertadora, de caráter evangélico, que tenha tendência a ser eficaz. Dentro dessa prática libertadora vive-se uma autêntica experiência de fé, encontrando-se com o Deus que liberta e cria diante de nós coisas novas; vivencia-se o Deus de Israel que ouve e sente o clamor do povo e decide libertar; experimenta-se o clamor dos profetas que pedem justiça; iguala-se a Jesus em sua causa que chama para si os pecados do mundo e faz opção pelos pobres, mulheres, enfermos e crianças; ao mesmo tempo, antecipa-se a experiência do Reino, pois *já* se vive *em esperança* o seu futuro.

Por essa razão que a TdL é considerada como uma teologia da práxis, pois é feita junto à comunidade e à sociedade em que se encontra e de onde parte o seu discurso. Entram aqui a importância do engajamento pastoral, da vida em comunidade e eclesial, da partilha comum e da fé contemplada no cotidiano da história. Nessa concepção de teologia, o teólogo, aquele que reflete a fé a partir da práxis, tem claro o seu horizonte de atuação e sabe a quem se destina a sua teologia. Ele compreende o valor da libertação e torna-se, portanto, um agente dessa proposta. Por estar inserido, ele sabe das vicissitudes cotidianas, sabe das lutas e das experiências, vive uma espiritualidade da libertação encarnada e contempla o mistério divino no cotidiano da história e da vida social. Entende-se aqui que a história humana não é outra história perante Deus, mas uma única história,[118] na qual Deus é o seu agente primeiro; é dele que tudo parte e é para ele que tudo se destina (cf. 1Cor 8,6; Rm 11,36).

Portanto, ao afirmar que a TdL é uma teologia de práxis, coloca-se na discussão que antes de tudo há uma práxis de Deus em nosso favor; pois toda a teologia tem na sua relação com Deus a sua fonte primeira. É Deus que parte em direção ao ser humano, e a maneira como respondemos a esse movimento de Deus em nosso favor é o que caracteriza o nosso contato e encontro com este Deus na história. Deus sai em direção à humanidade, assume a criação em Cristo e sai em busca da ovelha que

---

[118] Cf. GUTIÉRREZ, G. *Teologia da Libertação*, p. 204-205.

estava perdida (cf. Lc 15,4-7); sai em busca da humanidade para conduzi-la no transcorrer da história, levando a cabo a sua obra salvífico-criadora. Em Cristo, Deus é o "Bom Pastor" (cf. Jo 10,11), é aquele que é capaz de dar a vida por suas ovelhas (cf. Jo 10,11.15). As ovelhas o conhecem porque ele está junto a elas, participa de sua história, vive o seu cotidiano, ele as conhece e elas o seguem, ouvem a sua voz (cf. Jo 10,27). Essa é a atitude que se espera na práxis cristã da qual sairá uma teologia como reflexão crítica,[119] uma práxis vivida a partir do seguimento de Jesus, um seguimento que é capaz de trazer para a vida cristã as opções concretas que Jesus fez em sua vida; é sair em busca e ir ao encontro do outro, colocando-se como próximo num mundo de estranhos,[120] colocando-se a ouvir num mundo de individualismos e exclusões.

Resumindo: é estar a serviço do Reino e na vivência do Reino refletir criticamente a própria fé. Com o olhar no futuro de Deus, caminhar na missão da esperança.

3.1.3. Temáticas teológicas correspondentes à Teologia Latino-Americana da Libertação

A TdL trabalha com as mesmas temáticas que tangenciam a teologia tradicional e demais correntes e expressões teológicas que se construíram ao longo da história e que ainda se formulam na atualidade. Dessa forma, ela se alimenta da mesma fonte bíblica e da rica Tradição que se desenvolveu pela teologia dogmática em suas formulações. No entanto, a novidade trazida pela TdL, que se caracteriza como uma teologia da práxis e que tem um aspecto contextual, é a forma de abordagem das diferentes temáticas, aproximando-as, em reflexão, da realidade latino-americana em que está inserida.

Em seu discurso epistemológico-prático há sempre a intenção de se ter como ponto de partida o contexto do pobre, na intenção de construir o seu discurso, assim, em uma *perspectiva* concreta e histórica. Nessa linha de raciocínio, a TdL entende que a história divina e a história humana se concretizam numa mesma história salvífica,[121] pois o Deus criador, o Deus da vida e Libertador, se encontra nessa história, ele a assume e a conduz rumo à consumação final.

Dito isso, sem ter a intenção de fechar o discurso em torno dessa teologia, mas sim levantar aspectos pertinentes de uma *esperança libertadora* para uma aproximação com a Teologia da Esperança de Jürgen Moltmann, elencamos a seguir algumas temáticas que têm a intenção de favorecer um pouco mais, e de modo específico, sobre o teor que se desenvolveu neste labor teológico, próprio da Teologia

---

[119] Cf. ibid., p. 73-74.
[120] Cf. ibid., p. 252-253.
[121] Cf. GUTIÉRREZ, G. Op. cit., p. 204-205.

Latino-Americana da Libertação. São temáticas próprias da teologia que ganham aqui um teor específico.

1. *Deus*. Proporcionar em sua reflexão teológica um discurso sobre Deus é a tarefa primeira e fundamental de qualquer teologia, seja ela clássica, seja contemporânea. Seguramente, essa prioridade e essa ordem primeira (de intenção, importância e relevância) não seriam diferentes com a TdL. A TdL em si não cria ou apresenta um novo conceito de Deus, ou descortina em sua prática uma nova fórmula através da qual justifica a sua ação política em favor dos pobres e desfavorecidos. A TdL, em seu formular, absorve tudo aquilo que se construiu a respeito de Deus no decorrer da história, desde a sua concepção bíblico-salvífica do AT, perpassando pelo NT no encontro com o Deus de Jesus (e em Jesus e Deus Jesus – o Cristo), até se encontrar nas grandes formulações dogmáticas do cristianismo que servem como base das verdades de fé. Compreende-se a apresentação de Deus em aspecto trinitário que se aproxima em forma de comunhão e de amor.

A grande novidade da reflexão teológica apresentada pela Td, no que compreende a temática de Deus, está em explorar o tema naquilo que já é adquirido, assimilado e formulado pela tradição teológica cristã, mas agora em vista dessa nova realidade. Amplia-se a concepção que se tem de um Deus que é amor e que tem a justiça como elemento de seu ser, aspecto muito desenvolvido nos textos sagrados e que encontra nos livros Proféticos uma base de fundamentação. Quem ama a Deus e o conhece, pratica a justiça.[122] Busca-se compreender as características que se confere a um Deus compassivo, que se relaciona e que se destina a nossa história;[123] um Deus que é "pessoa" e que mantém relações com a sua criação; um Deus que faz Aliança com seu povo e as cumpre, que se mantém fiel mesmo na infidelidade humana; um Deus que é capaz de amar e de se doar totalmente, entregando a si mesmo como prova de seu amor; por isso mesmo, também é capaz de sofrer e de sentir a falta de amor e a violência que assola a sua criação; um Deus que sofre com aqueles que sofrem; um Deus que ouve o lamento do seu povo e decide libertá-los. Portanto, um Deus libertador.

Nessa perspectiva de sofrimento e de amor, a TdL identifica o rosto de Deus com o rosto dos pobres e de todos aqueles que sofrem e que são perseguidos por causa da justiça. Identifica-se com uma imagem de Deus que é pai e também fonte de esperança, num mundo, às vezes, carente de sentido e carente de esperança. Essa imagem de Deus é apresentada a nós pelo próprio Jesus, que nos traz um rosto amoroso de Deus para o mundo e que se torna parcial com os pequenos, em virtude de sua condição e como prova do seu amor. É o caminhar de uma vivência que perpassa de Jesus a seus discípulos, a ponto de aparecer mais tarde a definição de que Deus é

---

[122] Cf. ibid., p. 247-250.
[123] Cf. ibid., p. 242-247.

amor (cf. 1Jo 4,8.16). Diz Jon Sobrino: "Deus é amor para Jesus porque ama aqueles que ninguém ama, porque se preocupa com aqueles que ninguém se preocupa".[124]

Dentro dessa concepção de Deus aparece a imagem de um Deus que liberta e, se o faz, é porque ama a sua criação e é capaz de tudo para estar junto a ela e trazê-la para junto de si (cf. Mt 18,12-14; Lc 15,4-7). Não se concebe então uma história de Deus separada da história humana, mas sim uma única história na qual Deus se faz presente e participa do seu contexto.[125] Diz Jon Sobrino que "Deus nunca aparece como um Deus-em-si, mas como um Deus para a história e, por isso, como o Deus-de-um-povo".[126] Não se tem a imagem de um Deus que age de fora, que se impõe ao mundo criado, mas a imagem de um Deus que irrompe na esperança do povo, que conhece as suas labutas e aflições, que se torna companheiro de jornada e antecipa a estes a alegria do encontro escatológico. Compreende-se que o primeiro ato amoroso de Deus se deu na própria criação,[127] onde ele cria salvando e conduz desde então a sua criação a um fim-bom, ao *Éschaton*, à plenitude.

2. *Jesus Cristo*.[128] Cristo é a última palavra do Pai, nele a revelação encontrou a sua plenitude e o que era promessa tornou-se cumprimento em sua pessoa (cf. Hb 1,1-2), em sua prática, em suas palavras e ações. É o que torna concreto e presente a ação de Deus no mundo.[129] Jesus Cristo traz a nós um rosto amoroso de Deus, a quem chamava *pai* (*Abba*), liberta-nos da escravidão do pecado e nos conduz à comunhão fraterna no Reino de Deus. Despoja-se da sua divindade (cf. Fl 2,6-9) e se torna pobre entre os pobres, participa da nossa história e de nossas lutas, faz da nossa esperança a sua esperança, mas abre a esta uma nova perspectiva ao demonstrar de forma concreta a realidade do Reino de Deus, que continua ainda como promessa futura, mas que já pode ser experimentado e vivenciado no transcorrer da história. Assim ele respondeu a João Batista sobre si mesmo: "os cegos recuperam a vista, os coxos andam, os leprosos são purificados, os surdos ouvem, os mortos ressuscitam e aos pobres é anunciado o Evangelho" (Lc 7,22).[130] Gutiérrez diz que "Cristo não

---

[124] SOBRINO, J. *Jesus na América Latina*, p. 182.
[125] Cf. GUTIÉRREZ, G. Op. cit., p. 204-205. Conforme já citamos antes.
[126] Cf. SOBRINO, J. *Jesus, o libertador*, p. 107.
[127] Cf. GUTIÉRREZ, G. Op. cit., p. 206-207.
[128] Todas as reflexões que se seguem nesta parte e que tratam da temática de Cristo na TdL têm como base as seguintes obras: BOFF, L. *Jesus Cristo libertador*, 2003; id. *Paixão de Cristo, paixão do mundo*, 2007; id. *A ressurreição de Cristo*: a nossa ressurreição na morte, 1986; SOBRINO, J. *Jesus, o libertador*, 1994; id. *A fé em Jesus Cristo*, 2000; id. *Jesus na América Latina*: seu significado para a fé e a cristologia, p. 1985; id. *Cristologia a partir da América Latina*, 1983; id. *O princípio misericórdia*: descer da cruz os povos crucificados, 1994; RUBIO, A. G. *O encontro com Jesus Cristo vivo*, 1999.
[129] Cf. GUTIÉRREZ, G. Op. cit., p. 224-226.
[130] E. Schillebeeckx vê nessa passagem a constituição do *profeta escatológico*, com forte embasamento em Isaías: "Todavia, as 'obras' mencionadas são características não do Messias da dinastia davídica, mas do messiânico 'profeta escatológico' como o judaísmo o entendia, no complexo de tradições de Is 26,19 (mortos ressuscitam), 29,9-10.18-19 (cegos veem), 35,5-6.8 (igualmente, cegos veem), 42,18 (surdos ouvem), 43,8 (cegos

'espiritualiza' as promessas escatológicas, dá-lhes sentido e cumprimento histórico hoje (cf. Lc 4,21), porém abre, igualmente, novas perspectivas, impulsionando a história para a frente, para a reconciliação total".[131]

Este breve resumo que foi exposto acima é o que se concebe tradicionalmente na cristologia, e a TdL, por sua vez, absorve e compreende também essas questões; todavia, a questão que toca à TdL é na identificação de Jesus Cristo com o povo pobre e explorado do continente (e também do mundo). Surge uma profunda identificação entre *aquele que crê* e *aquele em quem se crê* (Jesus Cristo). A cristologia que se faz compreende-se a partir da história de Jesus que vem do Pai e dele nos traz a promessa do seu Reino; um Reino que pode ser compreendido de maneira simples por amor, justiça e paz. Nesse Cristo que vem, contempla-se a imagem do Deus libertador e compassivo e que em Cristo torna a sua ação eficaz, pois, agora, em Cristo, temos um Deus que sente aquilo que sentimos, que vive aquilo que vivemos, que experimenta as nossas dores e emoções e que oferece a nós uma proposta de mudança, vivida em esperança e experimentada pela fé.

Há em Jesus um rosto de um Deus companheiro, com o qual aprendemos a repartir o pão e a sentar juntos ao redor de uma mesa, na qual somos todos iguais. Há em Jesus, no nazareno da Galileia, um rosto pobre, um rosto marginalizado, fatigado e explorado; por essa razão tem-se uma identificação com aqueles que sofrem e que se sentem explorados e marginalizados.

Na sua práxis de vida, Jesus torna presente e visível o Reino de Deus, um Reino que continua ainda como promessa escatológica, mas que já pode ser vivido e sentido pelo povo. Por causa desse Reino, Jesus toma partido dos pobres, excluídos e perseguidos. Ele acolhe em sua presença as mulheres, os enfermos e as crianças. Encontra junto com eles o rosto do explorador e ataca, firmemente, as estruturas de poder que destruíam esperanças e eram causadoras de violência, morte e opressão. Mostra-se firme e forte. Chama os pobres e os que choram de Bem-Aventurados (cf. Lc 6,20-23; Mt 5,3.5), mas adverte aqueles que os exploram e os fazem chorar (cf. Lc 6,24-26). Temos um Jesus que decide subir até Jerusalém (cf. Lc 9,51) e enfrenta o poder político e religioso (cf. Lc 13,31-33). É preso, torturado, crucificado e morto (cf. Mt 26;27; Mc 14;15; Lc 22;23; Jo 18;19). Por se identificar com os *pequenos* e *baixos* da sociedade, assumiu um discurso profético e pagou o preço de sua audácia com a própria vida. Tamanho acontecimento fez com que todos aqueles que sofriam e eram perseguidos encontrassem nele uma fonte de identificação e de esperança, pois ele caminhou conosco até a morte, passou por todas as nossas angústias, viveu

---

veem, surdos ouvem), 61,1-3 (enlutados são ajudados, aos pobres anuncia-se uma notícia alegre; ver também 52,7). O *lógion Q* é uma fusão de diversos textos de Isaías: é o catálogo de milagres da tradição cristológica a respeito do profeta do fim dos tempos". SCHILLEBEECKX, E. *Jesus*: a história de um vivente, p. 180.

[131] Cf. GUTIÉRREZ, G. Op. cit., p. 224.

e sentiu o que sentimos, participou de nosso sofrimento, mas, com Deus e em Deus, venceu a morte e apresentou-nos uma nova vida: ele ressuscitou.

Este texto de Leonardo Boff sintetiza bem o que acabamos de apresentar:

> Cristo morreu em consequência da atmosfera e situação de má vontade, ódio e fechamento sobre si mesmo em que os judeus e toda a humanidade viveram e ainda vivem. Jesus não se deixou determinar por esta situação, mas amou-nos até o fim. Assumiu sobre si tal condição pervertida; foi solidário conosco: morreu solidário para que ninguém mais no mundo devesse morrer solitário; ele está com cada um para fazê-lo participar daquela vida que se manifestou na ressurreição: vida eterna em comunhão com Deus, com os outros e com o cosmos.[132]

A esperança de um Cristo que vence a morte e oferece-nos a sua vida é o que caracteriza o Cristo dessa teologia. Um Jesus que decide por nós e em nosso favor levantou a sua voz contra os poderes do mundo. Foi *solidário* conosco e morreu *solitário* na cruz, mas tal atitude serve-nos de exemplo e testemunho para um agir solidário com um mundo que por Cristo não está mais solitário, mas em comunhão com Deus. Para aqueles que decidem pelo caminho de Jesus, propõe-se uma vida de seguimento, na qual devem, primeiramente, optar por Cristo; depois, optar pelas opções de Cristo e, por fim, assumir as consequências dessa opção. Quem quiser segui-lo, deve pegar a sua cruz e segui-lo na proposta do Reino (cf. Lc 9,23); se quiser ganhar a sua vida, vai perdê-la (cf. Lc 9,24). Há no seguimento de Jesus e em Jesus uma opção radical pelo Reino, por Deus e pela vida; quem o segue deve ter isso claro.

Nas palavras de Leonardo Boff: "Seguir Jesus é *pro-seguir* sua obra, *per-seguir* sua causa e *con-seguir* sua plenitude".[133] Aí sim ele dirá: "Vinde, benditos de meu Pai [...]. Pois tive fome e me deste de comer. Tive sede e me destes de beber. Era forasteiro e me acolhestes. Estive nu e me vestistes, preso e viestes ver-me" (Mt 25,34-36). Ao mesmo tempo ele dirá: "Vinde a mim todos os que estais cansados sob o peso do vosso fardo e vos darei descanso. [...], pois meu jugo é suave e meu fardo é leve" (Mt 11,28-29).

3. *Reino de Deus*.[134] Quando a TdL reflete sobre o Reino de Deus, tem presente as atitudes e ações concretas realizadas por Jesus em sua vida terrena. Ela concebe um conteúdo de Reino aliado às promessas do AT, que Jesus assume em sua prática de vida e amplia o seu horizonte, tendo em vista a Boa-Nova por ele anunciada. Para Jesus, o Reino é a realidade última para a qual caminha toda a história e na qual o

---

[132] BOFF, L. *Jesus Cristo libertador*, p. 98.
[133] Ibid., p. 35. Grifos nossos.
[134] Todas as reflexões que se seguem nesta parte e que tratam da temática do Reino de Deus na TdL têm como base as seguintes obras: BOFF, L. *Jesus Cristo libertador*, 38-59; SOBRINO, J. *Jesus, o libertador*, p. 105-201; Id. *Jesus na América Latina*: seu significado para a fé e a cristologia, p. 121-189.

Pai tem a última resposta e é para o Pai que tudo se destina.¹³⁵ Esta afirmação é o que dá sentido à vida e atividade de Jesus;¹³⁶ é onde ele encontra força e motivação para o que deve fazer. É a concepção de um Reino prometido que atua, diretamente, nas causas do povo. Jesus traz uma concepção de Reino que não se sujeita às estruturas, mas as transforma e edifica diante delas um mundo novo. Na vida de Jesus encontramos um Reino que se vê e se sente; que se pode contemplar e tocar, que se pode vivenciar e questionar-se. Ao mesmo tempo em que irrompe na história humana, estse Reino transcende na própria pessoa histórica de Jesus. Baseando-se nesse posicionamento de Jesus perante o Reino é que a TdL vai desenvolver o seu entendimento sobre o tema, pois vê nas opções de Jesus e na sua proposta de Reino algo que lhe é peculiar e que corresponde às suas expectativas.

Uma vez que a TdL faz a sua reflexão a partir da realidade pobre e oprimida de seu povo, ela vai encontrar nessas circunstâncias aspectos que justificam as opções de Jesus na atualidade e vai trazer a essa realidade a proposta de Reino vivida e anunciada por ele. Quando Jesus anuncia o Reino, ele "não só promete essa nova realidade, mas já começa a realizá-la e mostrá-la como possível neste mundo".¹³⁷ Quando a TdL tenta resgatar para a vivência cristã e para a sua reflexão teológica atual os conteúdos do Reino de Deus, ela também não quer só anunciar ou prometer uma nova realidade, mas inserir-se já e eficazmente na prática desse Reino. Mesmo sabendo que o Reino tem caráter de advento, de proximidade,¹³⁸ sua espera já faz mudar os rumos de nossa história. Esse é um ponto bem claro para a TdL ao discorrer sobre essa temática. "Reino de Deus significa uma revolução total, global e estrutural da velha ordem, levada a efeito por Deus e somente por Deus."¹³⁹ Agora, no momento em que a teologia acolhe a proposta de Reino e se deixa guiar por tal perspectiva, sua atitude de espera e de advento transforma-se também em atos concretos em vista de uma transformação total, global e estrutural de toda a sociedade, movimentada pelo espírito de Deus que age em nós e que toma o Reino e sua promessa como meta definitiva e já atuante na história.

Se, nas palavras de Medellín, o Reino pode ser traduzido em amor, justiça e paz, a proposta de Reino que surge nessa teologia, evidentemente, será uma proposta que versará o seu discurso e ação na promoção e na implantação de uma sociedade em que se possa contemplar o amor, a justiça e a paz. Apoiando-se na prática e vida de Jesus e na sua inquietude em favor do Reino, o teólogo que reflete, criticamente, essa realidade vai se sentir confrontado com o mundo que habita, onde amor, justiça

---

[135] Cf. SOBRINO, J. *Jesus na América Latina*, p. 122-125.
[136] Cf. ibid., p. 125.
[137] BOFF, L. Op. cit., p. 38.
[138] Cf. SOBRINO, J. Op. cit., p. 135.
[139] BOFF, L. Op. cit., p. 48.

e paz não estão presentes. Essa situação incômoda trará, para aquele que crê e reflete de forma crítica o que crê, uma inquietude, e é nessa inquietude que surgirá o discernimento em favor da proposta do Reino. É o que a TdL tenta provocar em seu discurso e práxis.

A TdL não apenas fará um discurso sobre o Reino de Deus, mas vai tentar atuar, de maneira prática e objetiva, na construção desse Reino. Por essa razão, o discurso teológico deve estar sempre ancorado e em sintonia com a Igreja e com a sociedade. Em toda a proposta de Jesus há um caráter comunitário e é sobre esse aspecto que deve se esperar e atuar na perspectiva do Reino de Deus.

4. *Igreja e comunidades de fé*. A maneira como a TdL vai fazer a sua reflexão sobre a Igreja decorre da proposta do Vaticano II, que caracteriza a Igreja, em primeiro lugar, como Mistério de Deus (cf. LG 1-8), portanto, acentua-se o seu aspecto divino; mas, sobremaneira, fará o seu discurso teológico a partir do conceito de Igreja *Povo de Deus* (cf. LG 9-17). Dentro desse conceito, todos os fiéis batizados e, em virtude dessa condição, incorporados a Cristo e a seu mistério, são participantes ativos dessa comunidade de fé, sendo, como consequência, responsáveis pela sua edificação. O caráter de sinal e sacramento torna-se marca importante e que caracteriza essa noção de Igreja.

Valorizam-se, a partir dessa concepção, os pequenos grupos e comunidades, onde os fiéis se reúnem para alimentar-se da Palavra de Deus e da Eucaristia, confrontam o evangelho com a luta da vida diária e buscam comunitariamente encontrar uma resposta coerente e autêntica sobre o ser cristão na sociedade. Destaca-se aí a importância que se projetou com as Comunidades Eclesiais de Base (CEBs), que deram à Igreja um novo âmago de esperança, numa eclesiogênese que parte da experiência de fé de um povo e que se torna sinal de esperança e de transformação.[140]

Ao contrário do que se pensou às vezes, as CEBs, característica forte desse modelo de Igreja, não quiseram ser um novo conjunto eclesial ante a Igreja institucional, mas sim ser uma alternativa de Igreja viva ante o povo sofrido. Vivem em comunhão, apoiadas na proposta de Reino e na proposta de sacramento e sinal de salvação. Foi uma maneira de fazer com que esse povo tivesse na Igreja o seu refúgio e pudesse, a partir dela, organizar a sua vida e a sociedade. Destaca-se aqui a importância dos diversos ministérios, sobretudo, os leigos, que passam a ser autênticos promotores de vida e de evangelização.[141]

---

[140] Destacamos aqui as seguintes obras de referência: BOFF, L. *Eclesiogênese*: a reinvenção da Igreja, 2008; id. *O caminhar da Igreja com os oprimidos*: do vale de lágrimas à terra prometida, 1998; id. *Igreja*: carisma e poder, 1994; BOFF, C. *Comunidade eclesial, comunidade política*: ensaios de eclesiologia política, 1978; TEIXEIRA, F. *Gênese das CEB's no Brasil*: elementos explicativos, 1988.

[141] Destacamos o importante documento da CNBB a esse respeito: CNBB. *Missão e ministérios dos cristãos leigos e leigas*, n. 62, 1999. Ver também: PARRA, A. *Os ministérios na Igreja dos pobres*, 1991.

5. *O cristão e a sociedade.* Como ponto de chegada das temáticas que escolhemos para tratar sobre a TdL, partindo de Deus até o convívio do cristão na sociedade, fortalecido pela proposta de Cristo e do seu Reino, e alimentado pela vivência comunitária, perguntamos: qual é o papel do cristão na sociedade atual e de que forma ele pode atuar como instrumento de mudança e de transformação, imbuído pelo Espírito de Cristo, sendo sinal e presença do Reino de Deus neste mundo? Se a TdL é uma teologia que reflete a partir de uma práxis correspondente e ilumina essa realidade à luz da fé, esta deve ser uma pergunta constante dentro do agir e do ser cristão atuais. É o que vai caracterizar a sua inquietude e confrontá-lo com sua esperança. Esse futuro de Deus prometido e esperado na fé pode se tornar verdadeiro na prática concreta do dia a dia, na missão da esperança cristã?

Para responder a estas duas perguntas acima devemos levar em conta, em primeiro lugar, que o cristão não age no mundo sozinho. Ele atua de maneira conjunta com a comunidade em que está inserido. Na comunidade o cristão faz a experiência do Reino, ouve a Palavra, alimenta-se da mesa do Senhor (Eucaristia), sente a presença de Deus e decide compartilhar com o mundo exterior (sociedade) aquilo que sentiu e que fez experiência; não por obrigação, mas por doação, por amor, por obra da graça. Tendo isso claro, percebemos que a ação do cristão no mundo atual vem como um desdobramento da ação divina, uma ação segunda, obra da graça, respondida a Deus pela fé.

Falar assim é dizer que o cristão (nós – Igreja) age no mundo porque é chamado por Deus, convocado (*ekklesía*) a uma missão; uma missão que busca o Reino de Deus e que pretende apresentar a sua presença de forma livre e gratuita, mostrando-se como caminho rumo a Deus, rumo à vida, rumo à plenitude. A partir daquilo que podemos aprender dos evangelhos sobre o caminho "inquieto" e "incômodo" de Jesus, visualizamos que esse caminho rumo ao Deus que vem (Advento) já proporciona aos que vivem na fé e na esperança um momento de encontro e de harmonia com Deus que se apresenta como amor. O Deus que vem com seu amor e nos convida a caminhar em sua direção já nos inspira de forma concreta. O simples fato de aceitar a sua vontade já transforma o nosso presente e aquilo que se encontra ao nosso redor. Essa experiência libertadora é o que o Papa Bento XVI chama em sua Encíclica *Spe salvi* de "esperança em ato", pois não se comporta de modo passivo, ante ao Deus que vem com o seu Reino, mas já faz acontecer nesta terra e neste mundo a sua presença amorosa. É o que se afirma na oração do Pai-Nosso e que o nosso autor (Moltmann) também faz: "assim na terra como no céu".[142]

É por essa razão que a TdL, alimentada por essa perspectiva, vai dirigir-se à práxis e colaborar para a construção de um mundo novo, onde reinen a paz, a justiça e a solidariedade; um mundo onde não haja mais divisões e exclusões; um mundo

---

[142] Cf. MOLTMANN, J. *Vida, esperança e justiça*, p. 36.

onde as oportunidades sejam frequentes a todos e a responsabilidade transpareça em cada agir. Imbuído desse espírito criativo o cristão parte em busca da realização da proposta de Deus, pois acolheu o seu pedido e pela fé decide fazer a sua parte.

Entretanto, a responsabilidade do cristão em meio a essas realidades vem do fato de que ele não terá uma ação a partir das suas vontades e ambições, mas a partir daquilo que recebeu de sua comunidade de fé e de sua experiência com Deus vivida junto à comunidade, que deve ser em todos os âmbitos libertadora, amorosa e gratuita. Ter responsabilidade cristã na atual sociedade é se deixar guiar pelo Espírito de Cristo e agir no cotidiano da vida iluminado por ele, com discernimento e coerência, aliando fé e vida, compromisso e responsabilidade, ao modo de Jesus terreno em seu caminho e práxis de vida. É o que propõe a TdL ao enfatizar a pessoa como sujeito de sua própria história.

Isso vai nos proporcionar fazer uma leitura correspondente do mundo em que estamos, com todas as suas variantes e vicissitudes, respeitando aquilo que ele é e propondo algo novo (Reino de Deus), naquilo que ele pode vir a ser, dentro do plano de Deus. Agir com responsabilidade cristã é ser maduro na fé, autêntico e coerente com a proposta do evangelho, sabendo inculturá-la no momento presente, ressaltando aquilo que é o seu conteúdo principal: Jesus Cristo e o seu Reino.

3.1.4. O anúncio da esperança dessa teologia

Em toda esta nossa apresentação sobre a Teologia Latino-Americana da Libertação – que não esgotou a totalidade de seu conteúdo, apenas cumpriu o papel de trazer pistas de aproximação – ficou evidente, para nós, que a esperança que apareceu e motiva até hoje essa teologia é uma esperança que sai do próprio contexto histórico e experiência de fé em que ela se desenvolve. De início, na década de 1960 e 1970, tratava-se do contexto do povo pobre e oprimido do continente latino-americano, vítimas de um sistema político e econômico que carece de respeito pela vida e pela dignidade de todos. Nesse contexto que demonstramos, o papel da Igreja e da teologia tornaram-se peças fundamentais, pois propiciaram uma autêntica revolução no modo de agir e de pensar. A consciência de "dependência" fez ecoar um grito de "independência"; a falta de liberdade fez despertar a consciência para a libertação, e assim sucessivamente. O sentimento de impotência e de abandono fez surgir com toda a força um sentimento de esperança contra toda a esperança, que se fortalece na fé pessoal e comunitária e que se concretiza, completamente, no amor. O contexto de hoje é outro, tem novas variações, novos desafios e novas perspectivas, mas o conteúdo da esperança continua sendo o mesmo.

O anúncio dessa esperança só se torna possível a partir da experiência de fé do próprio povo que aqui se encontra e que se torna para essa teologia sujeito de sua própria história e de sua própria fé. Uma fé que se alimenta pelo contato vivo e próximo com o Cristo pobre e sofredor. A experiência do Cristo pobre, abandonado e crucificado, aproxima-se aos inúmeros pobres, abandonados e "crucificados" da história. Há uma autêntica identificação para essa questão que parte, primeiramente, de Cristo, que como rico se fez pobre (cf. 2Cor 8,9), que se despoja de seu poder e divindade e se torna semelhante aos pequenos da história. Nesse movimento de Deus em nosso favor, Jesus, o Cristo, vive com eles, ceia com eles, chora com suas histórias e celebra as suas alegrias. Essa experiência profunda de Deus em Cristo é o que faz ressurgir a esperança, alma dessa teologia, importante virtude teologal cristã (cf. 1Cor 13,13). A nossa fé é esperança que se realiza, plenamente, no amor. Fé, esperança e amor. Verifica-se aqui o olhar solidário e amoroso de Deus com o seu povo. Um Deus que é capaz de sair da sua eternidade e adentrar na temporalidade da história, junto a um tempo limitado da criação; limita a totalidade do seu ser, mas atinge com isso o mais íntimo do ser humano; conhece-o por dentro, sabe de suas fraquezas e esperanças e, por amor, o conduz à vida em plenitude.

Diante dessa profundidade, a esperança que se descobre transforma-se em força ativa e criadora, uma ação capaz de gerar mudanças e inquietudes, antecipa-se, contudo, à experiência do Reino. Não se trata de uma esperança passiva, mas de uma esperança ativa, numa profunda e autêntica ação, em consonância com o evangelho. Afirmamos que essa esperança anunciada pela TdL alimenta-se das promessas escatológicas do Reino de Deus, mas ela se descobre e se desvela na prática concreta e na missão do próprio povo, ou seja, na missão da esperança.

3.2. A Teologia da Esperança de Jürgen Moltmann e a Teologia Latino-Americana da Libertação

Com base nos estudos apresentados no transcorrer deste trabalho, constatamos que a Teologia da Esperança (TdE) de Jürgen Moltmann nasceu em uma situação distinta da Teologia Latino-Americana da Libertação (TdL),[143] o que faz com que ela seja marcada por outro contexto histórico e teológico, no qual se desvenda a sua escatologia. Entretanto, dentro da proposta cristã e da teologia que se concebe no percurso de sua obra, ela comunga e anseia por um mesmo projeto de esperança, que é entendido na linha de pensamento do Deus que vem com o seu futuro e que por suas promessas suscita esperança e que sua ação neste mundo se realiza diante da missão da esperança, que é o tema de nossa tese. A esperança de que fala o autor é suscitada por um movimento de Deus em favor de sua criação; um Deus que se doa e se entrega totalmente em Cristo; um Deus que abre para a humanidade o seu futuro

---

[143] A partir deste momento, para tornar mais objetivo o nosso trabalho, utilizaremos, em alguns momentos a sigla TdE para caracterizar a Teologia da Esperança de Moltmann e a sigla TdL para caracterizar a Teologia Latino-Americana da Libertação. Esta última já estava sendo utilizada no decorrer deste trabalho.

e a convida para a comunhão eterna. Trata-se, em outras palavras, naturalmente, da proposta do *Reino de Deus*. Um Reino prometido já no AT e que é revelado em magnitude pelo evento de Cristo, traduzido, historicamente, por ações concretas iluminadas por esse fim escatológico, ao qual tudo se destina (cf. 1Cor 15,28). É uma proposta de Reino que irrompe na história, que permeia os seus momentos e a transforma diante daquilo que é prometido.

Identificamos, também, no percorrer deste trabalho até aqui, que os desafios enfrentados por Moltmann em sua vida pessoal, comunitária e teológica aproximam-se muito de algumas realidades latino-americanas que são refletidas pela TdL. Citamos, por exemplo, a experiência de abandono e de solidão, o sentimento de exclusão, do compromisso social e político, da luta por justiça e direitos humanos, pela valorização das vítimas da sociedade e a inclusão daqueles que foram rechaçados em sua humanidade para serem sujeitos da teologia e da Igreja, a práxis da fé, entre outros. A diferença entre as duas teologias e o modo como concebem a esperança decorrem de que para a TdE de Moltmann a esperança surge das promessas de Deus na história;[144] já para a TdL, a esperança aparece em meio à prática do povo, numa experiência comunitária concreta e de vivência da fé, na práxis. Eis um ponto característico de cada teologia.

A TdL procura, a seu ver, colocar pessoas que se encontram nessas condições de pobreza e exclusão para serem sujeitos de sua própria história, libertando-as para uma vida nova com Deus e com os irmãos. Se retornarmos o olhar para Moltmann, teremos em mente que ele, a partir de sua condição pessoal e experiência vivida, sentida e refletida no campo de concentração, decidiu por se tornar sujeito de sua própria história, encontrou em Deus um consolador e o seu refúgio, conseguindo nele forças para trilhar o seu caminho, constituído com fé e esperança. Com certeza, há aqui uma aproximação possível.

Na perspectiva dessa aproximação notamos que sua teologia influenciou alguns pensadores da TdL e foi, ao mesmo tempo, influenciada por eles. Há uma mútua interpelação, que gerou e ainda é capaz de gerar novos discursos e posturas teológicas.[145] Por essa razão, nesta parte do trabalho tomamos a iniciativa de provocar uma aproximação dessas duas teologias, a partir do contexto próprio de cada uma, baseando-se nos seus fundamentos e reflexões, sabendo das diferenças, mas trazendo a esperança que delas provém para o contexto atual. Perguntamos: de que forma, de que maneira, as esperanças despertadas pela TdE e pela TdL podem oferecer um discurso escatológico para a atualidade? Até que ponto as condições hodiernas interpelam o seu pensar e o seu agir?

---

[144] Diz Moltmann: "Nas promessas está anunciado o futuro oculto, o qual, por meio da esperança *que desperta*, age no presente". MOLTMANN, J. *Teologia da Esperança*, p. 32. Grifos nossos.

[145] Id. *Experiências de reflexão teológica*, p. 184-211.

Se, em nosso entendimento, constatamos que elas são duas manifestações teológicas contextuais e que o cotidiano de sua história diz muito a seu respeito, acreditamos que uma aproximação em vista dessa nova perspectiva será de grande relevância para a teologia atual. Se a esperança é um elemento presente nas duas teologias, elas tendem a demonstrar ao mundo contemporâneo a sua resposta, pois a esperança não se encerra na história, mas abre os horizontes da história.[146] O fim escatológico só se encontra em Deus e na sua plenitude; nós, por hora, vivemos alimentados por sua promessa e por aquilo que nos entrevê a fé; nós nos fortalecemos em esperança, que para Moltmann é fruto da promessa e que para a TdL é uma força que se desperta no meio do povo. Mas para ambas, Deus é o seu ponto de início e o seu fim. Aproximar essa intenção e compreendê-las em vista das novas realidades é o nosso desafio a partir de agora. A fé nos diz o que vem de Deus e a esperança nos faz caminhar na sua direção, sempre movimentados pelo amor que tudo transforma. "Porque tudo é dele, por ele e para ele" (Rm 11,36).

3.2.1. A recepção da Teologia da Esperança de Moltmann pela Teologia Latino-Americana da Libertação

No capítulo 2 do nosso trabalho apresentamos o contexto da década de 1960 como ponto marcante do nascimento da TdE. O próprio Moltmann nos diz que era um tempo em que a "esperança estava no ar".[147] Para tanto, o autor apresenta inúmeras situações político-sociais e eclesiais que acentuam para essa perspectiva.[148] No mesmo momento, a América Latina vivia uma situação de crise. Ela estava estacionada economicamente, totalmente dependente e isolada dos grandes avanços do mundo moderno.[149] Ao mesmo tempo, a América Latina começou a tomar consciência da importância do desenvolvimento. De início, pensou-se em aderir ao modelo desenvolvimentista, mas aos poucos tal pretensão mostrou-se insuficiente para resolver as grandes causas deste continente. Eis um ponto favorável que aconteceu em Medellín, quando a Conferência Episcopal decide acolher as propostas do Vaticano II, carregadas de esperança para favorecer um amplo diálogo com o mundo moderno; mas a novidade, como já acentuamos aqui, está em reler as propostas conciliares dentro do contexto latino-americano e aplicando-as na realidade do pobre e dos explorados deste continente.[150]

---

[146] Cf. id. *Teologia da Esperança*, p. 48-49.
[147] Cf. ibid., p. 21.
[148] Cf. ibid., p. 21-22.
[149] POZO, J. Op. cit., p. 229-297.
[150] Cf. BOFF, Lina. Op. cit., p. 137-140; GUTIÉRREZ, G. Op. cit., p. 187-194; RUBIO, A. G. Op. cit., p. 49-54; ANDRADE, P. F. C. Op. cit., p. 54-56.

Essa pretensão da Igreja Latino-Americana fez com que se tivesse a necessidade de uma teologia própria, uma teologia capaz de refletir a partir dessa realidade, e, com uma proposta evangelizadora, poder-se-ia pensar em transformar este continente. Aspectos que já abordamos neste capítulo.

Dentro dessa configuração, buscava-se uma reflexão teológica que tivesse capacidade crítica da realidade e que pudesse, ao mesmo tempo, suscitar uma ação transformadora. Foi um ponto em que a TdE de Moltmann, que surgiu no continente europeu e que também tinha abertura para uma perspectiva política e social, tornou-se relevante e interessante. A novidade que se destaca com a TdE de Moltmann é que a partir do conceito de esperança têm-se referência a uma nova escatologia e a uma nova concepção de Reino de Deus como uma força já atuante na história. Aventura-se uma esperança que tem a intenção de transfigurar o presente, mobilizando a vida cristã para uma prática coerente e eficaz na sociedade. O texto a seguir, extraído da obra *Teologia da Esperança*, retrata bem essa intenção:

> Se o cristianismo quer e deve ser outra coisa, segundo a vontade de Cristo, em quem crê e a quem espera, deve tentar nada menos do que irromper para fora desses papéis sociais assim fixados. Deverá mostrar um comportamento não conforme os papéis que lhe são designados. Eis o conflito que é imposto a cada cristão e a cada pastor. Se o Deus, que os chamou à vida, espera deles outra coisa do que a sociedade industrial espera e exige, então o cristianismo deve ousar enfrentar o êxodo e ver os seus papéis sociais como um novo cativeiro babilônico. Somente quando ele aparecer como grupo que, do ponto de vista social, não se adapta perfeitamente e é incapaz de se adaptar; somente quando a integração moderna de todos em todos fracassar perante ele, só assim se defrontará com esta sociedade, em uma rivalidade carregada de conflito, mas frutuosa. Somente quando sua resistência o mostrar como grupo não assimilável, e não oportunista, pode ele transmitir a esta sociedade sua própria esperança. Torna-se assim uma inquietude permanente em meio a essa sociedade, inquietude que por nada pode ser acalmada e aquietada ou adaptada.[151]

Evidencia-se no texto acima uma vontade de agir em meio à sociedade e de responder pela fé e pela esperança aos anseios dela. Essa inquietude de que fala o autor revigora os sentimentos humanos de querer ver, já aqui neste mundo, as propostas do Reino. Moltmann diz também que o cristianismo "tem sua essência e seu fim não em si mesmo e na própria existência, mas vive de alguma coisa, e existe para alguma coisa, que alcança muito além dele".[152] Essa *alguma coisa* para ele vem das promessas de Deus, que devem objetivar uma missão correspondente ao futuro que é prometido. Tendo isso claro, sabe-se para onde se caminha. É certo que essa esperança transformadora encontrou impacto na teologia que se começava

---

[151] MOLTMANN, J. Op. cit, p. 403-404.
[152] Ibid., p. 404.

na América Latina, que não estava de acordo com a realidade do continente e via nas verdades da fé um aspecto de contradição. Nesse momento de contradição, a fé é chamada a dar a sua resposta e mostrar a sua eficácia no mundo. Tem-se então um ponto de apoio dessa esperança. Diz Gutiérrez: "O compromisso com a criação de uma sociedade justa e em última instância de um homem novo supõe confiança no futuro. É uma ação aberta ao que virá".[153] A realidade contextual nos questiona e a fé deve oferecer a sua resposta apoiada na esperança,[154] deve dar razão da sua esperança.[155]

Diz Gutiérrez:

> Esperar não é conhecer o futuro, mas estar disposto, em atitude de infância espiritual, a acolhê-la como um dom. Dom que se acolhe na negação da injustiça, no protesto contra o menosprezo pelos direitos humanos e a luta pela paz e pela fraternidade. É por isso que a esperança cumpre uma função mobilizadora e libertadora da história.[156]

Mas para Gutiérrez e para a TdL que se iniciava estava bem claro que esse futuro não poderia ser nem tão encarnado, que não abrisse espaço para a transcendência, nem tão espiritualizado, que não tivesse qualquer compromisso com a práxis libertadora. Deveria ser um futuro que iluminasse a realidade, sem conferir a mesma como algo pronto ou acabado, mas em vista de transformação. "Esperar em Cristo é, ao mesmo tempo, crer na aventura histórica, o que abre um campo infinito de possibilidades ao amor e à ação do cristão".[157] Podemos dizer que também para a América Latina a "esperança estava no ar", o que fazia surgir uma ação e um comprometimento com as causas emergentes.

Outro fator que contribuiu para essa recepção da teologia de Moltmann no seio da incipiente teologia latino-americana vem do fato de que os teólogos latino-americanos daquele momento tinham uma formação com forte influência europeia, tanto pelos estudos como também pela questão eclesial em si; consequentemente, absorve-se com facilidade essa perspectiva. Se olharmos as primeiras publicações da TdL, elas trazem, praticamente, citações e referências de autores europeus.[158] A

---

[153] GUTIÉRREZ, G. Op. cit., p. 267.
[154] Cf. ibid., p. 269.
[155] Cf. ibid., p. 270-278.
[156] Ibid., p. 275.
[157] Ibid., p. 306.
[158] Esta é uma crítica feita por Moltmann à TdL, logo no seu início. Ele chegou a escrever a Miguez Bonino em uma carta aberta, perguntando: o que de latino-americano existe na Teologia da Libertação? Mais detalhes sobre esse comentário de Moltmann encontram-se nas seguintes obras: MOLTMANN, J. *Experiências de reflexão teológica*, p. 185; id. Teologia latino-americana, p. 225-227.

esperança de Moltmann que aqui aparece, por sua vez, traduz-se em ação,[159] uma ação que se caracteriza como força propulsora de uma nova sociedade.

No entanto, o contexto particular de cada teologia acaba tendo um peso bastante forte em suas relações. Por mais que se busque na teologia de Moltmann uma inspiração, percebe-se ali uma esperança um pouco utópica e não encarnada na realidade. O futuro que ele propõe acaba não sendo localizado no percurso da história, já que vem das promessas e chama a humanidade a sua realização, ao contrário da TdL que parte da práxis. Para os teólogos da libertação, sobretudo para Hugo Assmann, é onde reside o grande perigo, pois a maneira como se concebe essa esperança não encontra ressonância na problemática do Terceiro Mundo.[160] De imediato, surgem críticas dos teólogos latino-americanos da maneira como Moltmann aborda e concebe a sua esperança. Entre os expoentes dessas críticas destacam-se Gustavo Gutiérrez, Rubem Alves, Hugo Assmann, José Miguez Bonino, a quem Moltmann responde com uma carta aberta, entre outros.[161] Essas críticas fizeram eco no lado de Moltmann que as responde e, ao mesmo tempo, acolhe esses pressupostos em alguns casos. Os mesmos críticos citados acima já apontam em suas obras que a partir da década de 1970 é possível perceber na teologia moltmaniana uma abertura a essas perspectivas, embora não totalmente.[162]

---

[159] Cf. MOLTMANN, J. *Teologia da Esperança*, p. 23.

[160] Cf. RUBIO, A. B. Op. cit., p. 93-94.

[161] Sobre as críticas da Teologia da Esperança de Moltmann apresentamos algumas referências: MOLTMANN, J. *Experiências de reflexão teológica*, p. 184-187; GUTIÉRREZ, G. Op. cit., p. 273-274; RUBIO, A. G. Op. cit., p. 92-94; A obra seguinte apresenta algumas críticas do ponto de vista metodológico e do conteúdo da esperança, mas parte, exclusivamente, do continente europeu: MARSCH, W.-D.; MOLTMANN, J. *Discusión sobre teología de la esperanza*, 1972.

[162] No encontro com Moltmann na PUC-Rio, em 2011, tivemos a oportunidade de perguntar a ele sobre a esperança no contexto atual. No primeiro dia, perguntamos onde, no seu olhar, se encontra a esperança no mundo de hoje. Ele respondeu que vê a esperança diante das grandes catástrofes, nas tragédias climáticas que assolam todo o mundo e que atingem, com mais força, os pobres. A esperança da Terra, portanto, deve ser a esperança dos pobres. Foi o que respondeu. Há aqui, seguramente, uma aproximação de sua teologia com a teologia de Leonardo Boff, que explora a sua TdL, atualmente, no viés ecológico. É algo bastante aberto e atual. Contudo, entendemos que há uma distância entre a esperança da Terra e a esperança dos pobres, mesmo concordando que uma tem incidência na outra e sabendo que os pobres têm um sofrimento maior com a questão ecológica, pois estão mais vulneráveis às suas tragédias, causadas, muitas vezes, pela própria humanidade. Envolver toda a questão dos pobres dentro da esperança da Terra pode fazer, sem a intenção, que sua esperança desapareça diante das grandes questões, que são importantes, mas não respondem diretamente as suas perguntas e inquietações. No último dia do encontro, perguntamos a Moltmann como envolver a esperança individual com a esperança global (coletiva). Moltmann respondeu que não separa em sua teologia a esperança individual da esperança global e que uma tem reflexo na outra. A esperança individual está inserida na esperança global. Entendemos o ponto de vista do autor, mas achamos que ele parte do global para atingir o individual, já a TdL parte da esperança individual para atingir o global. É possível dizer que, por mais que o autor caminhou ao lado e aproximou-se muito das teologias da libertação e de outras correntes, sua reflexão ainda está ancorada dentro do seu próprio contexto, basicamente, europeu. O que é normal e natural. O teólogo crê e reflete o que crê dentro de seu contexto, de sua realidade. Tal crítica, que em hipótese alguma quer ser negativa, apenas aponta a importância do nosso trabalho em aproximar essas duas realidades para favorecer o despertar da esperança em ambos os contextos de maneira plena. É o que sempre buscaram essas duas teologias. Isso não anula o fato de que a escatologia que surge na TdE, mesmo não saindo da prática,

Em contato com os teólogos latino-americanos, Moltmann amplia o seu horizonte epistemológico, mostra-se receptivo e acolhedor e demonstra ter a capacidade de dialogar e de caminhar em conjunto, em prol de uma grande causa, de uma esperança.

3.2.2. A recepção da Teologia Latino-Americana da Libertação pela Teologia da Esperança de Moltmann

A grande crítica que Moltmann sofreu foi a de fazer uma teologia a partir do Primeiro Mundo e de estar, com isso, distante das realidades de sofrimento e de conflitos que existem nos países pobres, neste caso específico, na América Latina. Uma coisa era olhar a realidade de cima, outra era viver essa realidade e ter que, a partir da fé, dar uma resposta de esperança a tais condições; uma resposta coerente com o evangelho, mas, também, condizente com a realidade sofrida.

Moltmann conta a sua aproximação com essa teologia de maneira bastante respeitosa. A maneira como ele vê e entende o espírito cristão latino-americano vem da forma como a TdL expressou essa realidade através dos seus escritos, que rapidamente se espalharam pelo mundo.[163] Tal projeção é bastante segura para o autor. Num primeiro momento não havia a aproximação, pois os teólogos latino-americanos procuravam uma identidade própria, cujo lócus de sua teologia era a exploração das pessoas, os problemas políticos, a questão dos pobres, a desigualdade social e o confronto disso com o plano de Deus etc. Já a TdE e a Teologia Política de J. B. Metz (também contemporânea naquele momento) preocupavam-se mais de assuntos mundiais, como os grandes conflitos econômicos, a paz mundial, o impacto das grandes potências diante das pessoas, o ateísmo europeu etc.[164]

Com o passar dos anos e com o advento da globalização e de um maior contato entre os povos e as nações, ambas as partes perceberam que esses problemas se multiplicavam tanto em um lugar como em outro. Portanto, era importante um diálogo e uma aproximação, mesmo que para isso fosse necessário manter a origem teológica de cada um, do ponto que partem o seu raciocínio, para uma melhor contextualização da teologia e para uma acentuação prática correspondente.[165] Por essa razão, não podemos compreender o pensamento teológico de Moltmann apenas com

---

pode, pela esperança do ressuscitado e crucificado que ela aponta, despertar para a ação. É o que aconteceu no início e é o que acontece hoje.

[163] Mesmo assim o autor comenta que as primeiras obras da Teologia da Libertação, tanto com Gustavo Gutiérrez, Hugo Assmann, Juan Luis Segundo e José Miguez Bonino, vinham apresentadas num molde totalmente europeu, sem muito destaque a autores latino-americanos. Cf. MOLTMANN, J. *Experiências de reflexão teológica*, p. 185. Fato que já mencionamos acima. Interessante esse apontamento de Moltmann. García Rubio, na sua tese doutoral (obra já citada) tenta enaltecer e dar referências a autores latino-americanos.

[164] Cf. ibid., p. 186-187.

[165] Cf. ibid.

a obra *Teologia da Esperança*. Esta obra, mesmo contendo os grandes fundamentos teologais do autor, não se mantém sozinha, mas é completada pelo caminhar do autor e de sua teologia, contextualizando a sua vida de fé, pessoal e acadêmica; porém, sempre *com* e *na* esperança.

Todo esse movimento que surgiu com a Teologia da Esperança ao redor do mundo retornou ao autor e o fez ressurgir na esperança, de acordo com suas palavras, "em formas novas e fascinantes".[166] A Teologia da Esperança não se completa em si, mas caminha para outras obras e escritos, motivados pelo retorno que recebeu de sua esperança, conforme já relatamos no capítulo 2. De fato, para Moltmann, a esperança abriu realmente os horizontes da história e a TdL contribuiu demasiadamente para esse processo.

Além disso, há um evento que marca a aproximação de Moltmann com essa teologia e com a realidade latino-americana. Isso se torna um marco para o autor e um símbolo de martírio da Igreja deste continente: No dia 16 de novembro de 1989, na Universidade Católica de El Salvador (San Salvador), foram assassinados de modo brutal seis jesuítas e duas mulheres (mãe e filha). Os assassinos queriam silenciar a voz crítica de Ignácio Ellacuría (então reitor da Universidade). O corpo do jesuíta Ramon Moreno foi levado pelos soldados até o quarto de Jon Sobrino, também apontado como suposto alvo dos militares e que estava ausente naquele momento. Ao jogarem o corpo no chão do quarto, um livro caiu da prateleira e se banhou no sangue do mártir, o livro era *El Dios crucificado*. Para Moltmann, esse livro banhando em sangue se torna um símbolo que une a sua pessoa à Igreja latino-americana, bem como a sua causa.[167] Em 1992, ele e sua esposa peregrinaram a esse lugar, onde se encontra esse livro como marca do martírio daquele grupo de religiosos e das duas mulheres.[168]

Há razões para justificar que uma atualização da mensagem escatológica que aparece na Teologia da Esperança de Moltmann em aproximação com a Teologia Latino-Americana da Libertação constitui um fator relevante para a atualidade. Um estudo da escatologia hoje e as suas consequências teológicas, com uma tentativa aproximativa entre essas duas realidades teológicas, motivada pelo tema em questão (O futuro de Deus na missão da esperança cristã), proporciona uma atualização da teologia de Moltmann diante da realidade apresentada. O mesmo vai ocorrer com a

---

[166] Id. *Teologia da Esperança*, p. 23.

[167] Este é um assunto que Moltmann sempre retoma quando fala da América Latina e da TdL. Na sua visita ao Brasil em 2008, durante as suas conferências no Instituto Bennett (Rio) e na Umesp (São Paulo), ele teceu comentários a este respeito. Na visita que fez ao Rio de Janeiro agora em 2011, por convite do Departamento de Teologia da PUC-Rio, ele mencionou novamente esse episódio no encontro que teve no dia 30 de setembro com professores e doutorandos da PUC-Rio no Centro Loyola, Rio de Janeiro. Esse testemunho pode ser encontrado também nas seguintes obras do autor: MOLTMANN, J. (ed.). *Biografia e teologia*, p. 26-27. Também: id. *Vida, esperança e justiça*, p. 18; id. *Experiências de reflexão teológica*, p. 187.

[168] Cf. id. *Vida, esperança e justiça*, p. 18.

Teologia Latino-Americana da Libertação. Isso é ser eficaz e coerente com a nossa proposta de trabalho.

3.3. Reflexões conclusivas

Neste capítulo, foi a nossa intenção apresentar, de modo sistemático, a Teologia Latino-Americana da Libertação, desde a sua origem, passando por seus fundamentos e reflexões, para, na sequência, aproximar-se da Teologia da Esperança e, assim, descortinar consequências escatológicas relevantes para o nosso contexto.

A seguir, apresentamos algumas reflexões conclusivas daquilo que tratamos neste capítulo:

1. Logo de início, neste capítulo, fizemos uma breve reflexão sobre a TdL, na qual destacamos o contexto histórico e teológico de seu nascimento. Apontamos para a história do continente latino-americano, marcado desde o tempo da colonização por violência, morte, escravidão e opressão. Nesse contexto, surgem gritos de esperança e clamor por libertação. Aqueles que sofreram e foram explorados encontraram em alguns religiosos um rosto amigo, um rosto de alguém que os entendia e que passou a lutar por eles, passou a defendê-los. Por essa razão, a TdL procurou ser em todo o seu desenvolvimento histórico e teológico a expressão forte e inquieta do continente latino-americano, identifica-se com ele. Somente quando se entende a sua história é que se torna possível conhecer a fundo a teologia que aí se desenvolveu. Há que se resgatar a história dos índios, dos negros, dos migrantes, das mulheres e de todos aqueles que aqui foram explorados e mutilados. Há que se compreender a proliferação de sua pobreza, a má distribuição de renda, a recusa dos valores humanos e da dignidade, a falta de respeito e a falta de amor à vida. A TdL quis e quer ser uma voz profética daqueles que não têm voz, quer dar esperança àqueles que já não a tem mais; quer colocar-se ao lado. Assim como Cristo, torna-se solidária, pois vê nessas pessoas que sofrem o rosto do Cristo pobre e sofredor.

2. O ponto teológico que marca a origem da TdL no continente latino-americano vem com a Conferência Episcopal de Medellín, na qual se aplica o conteúdo do Concílio Vaticano II às realidades deste continente. Começa-se a usar o termo libertação, fundamenta-o teologicamente e alimenta-o diante do povo que sofre. Procura-se uma nova resposta ante o modelo desenvolvimentista e decide por fazer uma análise da realidade em que se encontram, para então, consequentemente, atuar sobre ela. A Igreja da América Latina faz uma opção concreta e decide caminhar por ela, libertando aqueles que sofrem e libertando a própria Igreja, presa, muitas vezes, em estruturas que impediam a sua atuação e missão. Fortalece-se um compromisso com o Reino de Deus. Dá-se um rosto ao pobre, a quem se faz uma opção fundamental, e busca libertá-lo e incluí-lo no seu processo libertador, como sujeito de sua própria história. Busca-se uma nova forma de se fazer teologia, uma forma

que seja autêntica deste continente e capaz de responder às inquietações existentes. O destaque nessa teologia é que toda reflexão que parte de suas intenções deve estar precedida por uma questão de fé. É a fé que ilumina a realidade e faz com que o teólogo, visto aqui como sujeito político e eclesial, possa entender a verdade de fé que se revela no transcorrer da história. Essa fé e a dinâmica que a envolve farão a teologia se perguntar sobre a esperança e onde ela se encontra no contexto atual. A TdL não ignora as reflexões teológicas que a precederam; ela as assume e as interpreta diante desse novo contexto.

3. A TdL é uma teologia que se desenvolve a partir do contexto do pobre. Essa é uma opção fundamental para a TdL que não enxerga o pobre como pobre, mas dá a esse pobre um rosto e uma identidade próprios. Ela procura ler a sua história e condição, busca entender o processo histórico e analisa o processo desse pobre coletivamente. Por trás de um pobre ou de uma situação de pobreza, há um sistema que exclui e que é responsável. Há que se entender a causa para encontrar, à luz da fé, uma solução e ação. A função da TdL que se reflete a partir do pobre tem a intenção de, à luz de Cristo, libertar tudo e a todos. Somente quando a pessoa se sente sujeito de sua própria história é capaz de agir em nome de uma esperança que tenha por meta amor, justiça e paz, que possa vencer a morte e desvencilhar-se da situação de opressão. Tem-se uma opção pelos pobres baseando-se e fundamentando-se na opção por Cristo e pelo seu Reino. Um Cristo que se despoja de si mesmo para ir ao encontro do outro, que assume as dores do seu povo e busca com toda força libertá-los. Um Cristo que se identifica com os pobres, porque também era pobre e sentia as condições de violência e opressão. Acredita-se num Reino em que possa reinar a justiça, o amor e a paz. Diante desse princípio epistemológico, a teologia que daí se desdobra tende a ser relevante e eficaz.

4. Apresenta-se um novo jeito de se fazer teologia. Uma teologia que possa ser crítica da realidade e à luz da fé oferecer uma resposta autêntica e coerente com a proposta do Evangelho. Assim, a TdL, com seu novo jeito ou nova forma de atuar, procurou trazer as verdades da fé ao seu contexto, questionando-se sobre a práxis e partindo com a reflexão a partir da práxis. Desenvolve-se em três mediações fundamentais: a mediação socioanalítica, que é quando o teólogo se vê confrontado com a realidade atual. Ele a vê e entende a sua problemática e sua condição. Tendo feito isso, passa-se à mediação hermenêutica, que é a que responde à luz da fé a situação visualizada. Ilumina-se o contexto e tenta-se respondê-lo teologicamente. Por fim, caminha-se para a mediação teórico-prática, que é a consequência dessa ação, a qual deve dirigir-se ao trabalho pastoral e contribuir para a transformação da sociedade. Compreende-se assim um novo jeito de se fazer teologia, através do qual o discurso exige a práxis, fortalece-se pela fé e se destina a ela novamente.

5. A TdL trabalha com as mesmas temáticas que tangenciam a teologia tradicional e demais manifestações teológicas que se construíram ao longo da história e

que ainda hoje se formulam na atualidade. Dessa forma, ela se alimenta da mesma fonte bíblica e da rica tradição desenvolvida pela teologia dogmática em suas formulações. A novidade que vem no seu discurso está na abordagem com que atua nas diferentes temáticas, aproximando-as, em reflexão, da realidade latino-americana na qual está inserida. Neste trabalho, fizemos questão de apresentar as seguintes temáticas: Deus, Jesus Cristo, Reino de Deus, Igreja e comunidades de fé e a ação do cristão na sociedade. Temos consciência de que essas abordagens não constituem o todo da TdL, mas apontam a forma como são tratados os temas e caracterizam, assim, elementos importantes para uma aproximação com a TdE de Moltmann. Ressaltamos também que, por ser uma teologia contextual, deve apoiar-se no contexto em que se encontra para que possa ser eficaz; e, como sabemos, o contexto atual é um tanto distinto do início da TdE, o que a obriga a atualizar-se diante de sua proposta, o que não significa anular-se ao que foi, mas abrir-se diante das novas situações que se apresentam.

6. O anúncio da esperança que se desenvolve na TdL só se torna possível a partir da experiência de fé do próprio povo que aqui se encontra e que se torna, para essa teologia, sujeito de sua própria história e de sua própria fé. Uma fé que se alimenta pelo contato vivo e próximo com o Cristo pobre e sofredor. A experiência do Cristo pobre, abandonado e crucificado aproxima-se dos inúmeros pobres, abandonados e "crucificados" da história. Há uma autêntica identificação para essa questão que parte, primeiramente, de Cristo, que como rico se fez pobre, que se despoja de seu poder e divindade e se torna semelhante aos pequenos da história. Nesse movimento de Deus em nosso favor, Jesus, o Cristo, vive com eles, ceia com eles, chora com suas histórias e celebra as suas alegrias. Essa experiência profunda de Deus em Cristo é o que faz ressurgir a esperança, alma dessa teologia, importante virtude teologal cristã. A nossa fé é esperança que se realiza, plenamente, no amor. Fé, esperança e amor. Verifica-se aqui o olhar solidário e amoroso de Deus com o seu povo. Um Deus que é capaz de sair da sua eternidade e adentrar na temporalidade da história, junto a um tempo limitado da criação; limita-se a totalidade do seu ser, mas atinge com isso o mais íntimo do ser humano; conhece-o por dentro, sabe de suas fraquezas e esperanças e por amor o conduz à vida em plenitude. Abrimos, dessa forma, um caminho para a aproximação com a TdE de Moltmann.

7. A TdE de Moltmann nasceu em uma situação distinta da TdL, o que faz com que ela seja marcada por outro contexto histórico e teológico, no qual se desvenda a sua escatologia. Esse é um ponto que foi bem constatado no percurso do nosso trabalho. Entretanto, dentro da proposta cristã e da teologia que se concebe no percurso de sua obra, ela comunga e anseia por um mesmo projeto de esperança, entendido na linha de pensamento do Deus que vem com o seu futuro e que por suas promessas suscita esperança, e que sua ação neste mundo se realiza diante da missão da esperança, tema de nossa tese. A esperança de que fala o autor é suscitada por um

movimento de Deus em favor de sua criação; um Deus que se doa e se entrega totalmente em Cristo; um Deus que abre para a humanidade o seu futuro e a convida para a comunhão eterna. Trata-se da proposta do *Reino de Deus*. É uma proposta de Reino que irrompe na história, que permeia os seus momentos e a transforma diante daquilo que é prometido.

Concluindo esta parte do trabalho, caminhamos para a nossa reflexão final, que diz respeito ao futuro de Deus na missão da esperança e suas consequências teológicas, em vista do estudo que apresentamos e da aproximação entre as duas teologias.

4. O futuro de Deus na missão da esperança: consequências teológicas do estudo apresentado

Quando iniciamos o nosso trabalho, procuramos deixar claro o foco e o horizonte que estávamos decididos a percorrer com a nossa pesquisa. Dentro do viés escatológico, que nos propomos, o tema do futuro de Deus é algo sublime e encantador, ao mesmo tempo em que nos desafia a entendê-lo dentro do horizonte e contexto onde estamos. Vimos que não bastava falar apenas do futuro de Deus, havia, pois, a necessidade de detalhar esse futuro do Deus que vem e antecipa a nós a sua salvação, dentro do conteúdo da mensagem cristã, que se compreende em esperança. Essa esperança não se localiza isolada da história ou da vida das pessoas, mas, motivada pela revelação do Deus que vem com o seu futuro, transforma-se em força de ação, caminhando em missão já neste mundo, mas em vista do que é prometido pelo próprio Deus. Essa foi a nossa proposta ao trazer a temática do futuro de Deus na missão da esperança.

O que faremos agora, nesta parte final do nosso trabalho, é apresentar as consequências teológicas do nosso estudo, iniciando com a Teologia da Esperança de Jürgen Moltmann em aproximação com a Teologia Latino-Americana da Libertação, fazendo-a tendo em vista o contexto atual em que estamos inseridos. Logo em seguida, trataremos das consequências teológicas propriamente ditas, em perspectiva escatológica.[1]

---

[1] Durante todo o nosso percurso de estudo aqui apresentado procuramos destacar pontos presentes tanto em uma teologia quanto em outra. Também, nos capítulos anteriores, procuramos fazer uma atualização da mensagem e do anúncio da esperança cristã. O nosso objetivo, neste momento, é resgatar os pontos favoráveis e trazê-los como consequência teológica deste estudo. Por se tratar de um capítulo final, não apresentaremos nele as reflexões conclusivas, da forma como fizemos até agora, pois entendemos que tudo o que vem a seguir já se apresenta com essa finalidade.

4.1. A Teologia da Esperança de Jürgen Moltmann em aproximação com a Teologia Latino-Americana da Libertação no contexto atual

Antes de chegarmos às consequências teológicas deste estudo, faremos uma aproximação entre as duas teologias a partir de temáticas relevantes, as quais aparecerão direta ou indiretamente no processo apresentado. A intenção aqui é resgatá-las e confrontá-las em seus fundamentos e, na nossa reflexão, encontrar pistas possíveis de uma atualização da linguagem da esperança no contexto atual. Não faremos aqui citações e referências já feitas, mas sim traremos as ideias e, sob nosso olhar, apontaremos os elos possíveis dessa aproximação.

Primeira aproximação: na esperança. A partir daquilo que apresentamos das duas teologias neste trabalho, constatamos que a esperança é um elemento essencial para o desenvolvimento de ambas. Na TdE visualizamos que é a esperança a característica que marca o percurso teológico do autor e da obra. Sendo motivada pela promessa do futuro de Deus, que é antecipado pela ressurreição de Cristo, a esperança orienta e anima o tempo presente em direção àquilo que foi prometido. Na TdL, a esperança é a força que persiste na luta do povo, quando por suas experiências de vida e de comunidade de fé decidem transformar as estruturas, promovendo vida, justiça e paz. De início, como já apresentamos, denotam-se diferenças de posturas em relação à esperança: a TdE focava a esperança no horizonte das promessas, dirigindo-se ao futuro prometido, mas sem impacto no presente da história; a TdL alimentava a sua esperança no transcorrer da história, motivando-a e transformando-a a partir de uma experiência. Porém, nos dois casos, acentuamos no capítulo anterior que há uma recepção da TdE na TdL que traduz essa esperança por ação, e, também, há uma retorno da TdL na TdE que amplia o seu conceito de esperança e passa a compreender melhor as condições e particularidades da história concreta. No caso de Moltmann e da TdE, por mais que a esperança seja visualizada no horizonte das promessas, Moltmann não a vê apenas como uma virtude, mas como uma força, algo que também leva à ação. Com efeito, em vista de uma atualização da mensagem da esperança para o nosso contexto e, ao mesmo tempo, motivados pelo caminho que já se teve dos dois lados, constatamos que qualquer tentativa de reler a escatologia da TdE em aproximação com a TdL deve ser feita – obrigatoriamente – pelo viés da esperança. Esse é um ponto certo. A esperança, como virtude teologal, não começa no ser humano, mas irrompe nele a partir de uma experiência de fé, motivada por uma ação primária do próprio Deus. Esse Deus que vem com seu futuro e que nos convida a caminhar na sua direção coloca-nos em atitude de esperança. Trata-se de uma esperança ativa que decide caminhar na direção do horizonte prometido e sente esse chamado dentro de seu contexto, dentro de sua realidade histórica. Dessa forma, é possível aproximar as duas teologias na concepção de esperança, unindo a motivação do futuro prometido com o compromisso na realidade histórica. Assim, a esperança assimila e envolve o contexto atual com todas as suas variantes diante das promessas escatológicas. Ela passará a atuar nesse contexto transformando-o, enquanto caminha em direção ao futuro prometido e é iluminada por ele. Podemos perceber essa intencionalidade da esperança na TdL e na TdE com Moltmann, que depois do contato que sua teologia teve com outras manifestações teológicas abriu espaço para essa intenção e entende também a esperança no ponto de vista da ação, como uma força, sem anular o teor de promessa, próprio de sua teologia.

Segunda aproximação: da esperança ao Deus da esperança. A esperança que se desenvolve em Moltmann no percurso de sua vida e de sua teologia e, nas comunidades nas quais atua a TdL, desdobram-se num encontro autêntico e verdadeiro com o Deus da esperança. Um encontro com Deus que abre possibilidades na história, que apresenta a sua salvação e envolve a todos com sua graça, convidando-os a participar de suas promessas, rumo ao horizonte futuro. Por ser virtude teologal, essa esperança que se descortina nas duas teologias revela-nos o Deus de sua causa. O Deus que tem a promessa como algo elementar de seu ser. Um Deus que promete um futuro à sua criação e a motiva à sua espera. Esse Deus da esperança pode ser percebido tanto na TdE quanto na TdL. Se pegarmos, inicialmente, a TdE, veremos que Moltmann procura desvendar o rosto desse Deus promitente dentro das promessas do AT, que aos poucos e dentro de uma pedagogia divina revelam o rosto de Deus à sua criação e aproximam dela a salvação que dele provém. Na TdL busca-se compreender o mundo como única história, na qual Deus atua junto a seu povo e o liberta da escravidão e da opressão. Parte-se aqui da experiência do Êxodo, que nos mostra um Deus compassivo, um Deus que não fica isolado do mundo que criou, mas que participa dele e o transforma em terra de liberdade. Esse Deus da esperança, que aparece fortemente nas duas teologias, apresenta-nos o Cristo ressuscitado e seu futuro. Cristo assegura-nos a esperança e sua causa torna-se para nós objeto dessa esperança. O encontro com o Deus da esperança aparece também nas duas teologias em situações particulares: Moltmann, no seu caso, encontra-se com o Deus da esperança em um momento difícil e crucial de sua vida. Ali ele faz a experiência e essa o transforma e o conduz até os dias de hoje. Essa experiência é refletida na sua teologia, ponto que já abordamos. Os teólogos da libertação, por sua vez, fazem suas as experiências do povo que sofre. Oferecem a esses pequenos uma voz teológica, capaz de desvendar no mistério de Deus o horizonte da salvação; entende a realidade, contesta-a e a supera na presença do Deus da esperança. Na TdL vemos o Deus que se revelou em Cristo como aquele que promove a esperança e na vitória daquele que venceu a morte tem-se a promessa contra todo tipo de mal e de dominação. Tendo isso claro, entendemos que, para ambas as teologias, a esperança que se discorre vem e caminha para o Deus da esperança. Essa é uma aproximação certa, já perceptível dos dois lados.

Terceira aproximação: do Deus da esperança ao Deus libertador. Este é um ponto em que a TdL deu um passo a mais do que a TdE, e essa postura pode ser de suma importância para o diálogo com o mundo atual. Vejamos. A TdE se desenvolve biblicamente a partir das promessas de Deus na história. Temos um Deus que promete a sua presença junto a seu povo e a realização das mesmas caracterizam-se em esperança. Essa esperança se desdobra no AT e culmina no NT, onde o Cristo ressuscitado é a realização plena de tudo o que foi prometido, mas, em vista do futuro da criação, é também uma promessa para todos nós. Esse futuro que nos é antecipado em Cristo motiva-nos em esperança e nos convida ao banquete do Reino. A TdL, por ser uma teologia que se desenvolve junto à história do povo sofrido e pobre da América Latina e por ter no rosto do pobre um aspecto particular de seu raciocínio teológico, entende a esperança que se desenvolve na sua teologia como uma esperança de libertação. Para ela não basta apenas esperar o futuro prometido, há que libertar-se das amarras políticas, sociais, religiosas (e também teológicas) que impedem e que são obstáculos à realização plena da esperança. A TdL falará do ser humano concreto, daqueles e daquelas que são vítimas de um sistema estrutural e de uma história de colonização massacrante; falará ao ser humano individual, mas tentará compreendê-lo sempre no coletivo, pois em toda a situação de pobreza e de injustiça há uma causa maior que deve ser superada. Só assim pode-se falar em libertação. Esse é o ponto. A base epistemológica que a TdL vai buscar para entender Deus como o Libertador vem da experiência do Êxodo. Ali temos o Deus que liberta e caminha junto com seu povo; o Deus que ouve o clamor e decide por libertar; o Deus que vai à frente e conduz o seu povo no deserto, rumo à terra prometida. É o Deus que liberta o seu povo do jugo do Faraó. Temos então a imagem do Deus Libertador. A TdE pode caminhar nessa direção, pois, quando nos apresenta o ressuscitado, o faz sempre como aquele que foi crucificado, ainda mais porque Moltmann entende a sua cristologia a partir da história, como concretização das promessas do AT. Ora, se entendermos o caminho que Jesus percorre até a cruz e as causas do Reino, poderemos certamente entender que o Deus da esperança é também o Deus libertador, sem perder o foco, mas ampliando o horizonte de compreensão. Além disso, aproximando a intenção do caminho do crucificado, temos também a aproximação da TdE com a TdL, que tem no Cristo alguém que se torna próximo daqueles que sofrem e que, por amor, decide por libertá-los, torna-se solidário e na sua ação suscita esperança.

Quarta aproximação: no Cristo Ressuscitado e Crucificado – esperança e libertação. Continuamos o raciocínio acima. Tanto para a TdE quanto para a TdL o Cristo ressuscitado é o Cristo crucificado, e vice-versa. Esse é um ponto básico para a fé cristã. A ressurreição não anula a cruz, mas a enche de conteúdo escatológico, dá-lhe sentido e garantia. Ao olharmos a ressurreição estamos diante do futuro prometido, que por graça de Deus nos é antecipado escatologicamente. Firma-se a nós em promessa, orienta-nos para a vida e para a certeza da salvação. Ao contemplarmos a cruz – o Cristo crucificado – e iluminados sempre pela ressurreição, estamos diante da opção de Jesus e do seu caminhar pelo Reino de Deus, o qual somos chamados, convidados a participar. A cruz não tem a última palavra e não revela todo o mistério, mas transcende a si mesma e revela-nos o que está oculto (*absconditum*), o futuro do próprio Cristo que venceu a cruz e a transformou em um sinal salvífico. A cruz está fincada na terra e aponta para o céu. Estar fincada na terra significa ligar-se às coisas desta terra, as quais não se podem fugir, mas que se deve buscar e transformar. Apontar para o céu quer dizer a que se destina e de onde vem a sua força e a sua esperança. O Cristo ressuscitado e crucificado é, portanto, uma promessa autêntica. Não se chega ao ressuscitado sem a experiência da cruz, sem o encontro com o crucificado. E, no encontro com o crucificado, o encontro com os crucificados da história. É um encontro necessário diante do compromisso cristão, diante do seguimento do homem de Nazaré. É uma experiência de esperança e de libertação.

Quinta aproximação: em Cristo, o caminho do Reino de Deus. Quando falamos de Reino de Deus estamos falando de um projeto que perpassa pelas duas teologias. Reino de Deus é promessa de Deus, enquanto futuro; mas também é realidade de ação, enquanto missão. A proposta desse Reino futuro deve tornar-se realidade na missão da esperança, trazendo para o momento presente as mesmas opções de Jesus Cristo em sua vida terrena, atualizando-as na história e intensificando a sua mensagem. Vamos encontrar essa intenção na TdE e na TdL. É um elemento que aparece fortemente em Moltmann e nos diversos teólogos da libertação, sendo aqui, na TdL, algo visível e concreto, pois viabiliza a construção de uma nova sociedade, onde se possa reinar o amor, a justiça e a paz. Reino é promessa, mas não somente; também é realização. Para buscar compreender o horizonte desse Reino no contexto atual e na base escatológica da TdE em aproximação com a TdL, faz-se necessário percorrer o caminho do homem de Nazaré e acolher a sua proposta de Reino. Em Cristo – ressuscitado e crucificado – temos um Reino que já atua neste mundo, que intensifica a sua promessa e que nos traz vida, vida nova. Em Cristo temos um Reino que é capaz de fazer justiça, de promover a paz e de viver o amor. A opção de se colocar no caminho de Jesus Cristo e nesse caminho desvendar a concretização do Reino de Deus é algo que existe nas duas teologias, podendo, pois, aproximarem-se nessa intenção. O Reino é promessa (TdE), mas também é ação (TdL). A ação só existe em virtude da promessa que se realiza totalmente na ação do Reino, melhor dizendo, na missão da esperança.

Sexta aproximação: na missão da esperança. Todo esforço que estamos fazendo neste estudo da escatologia que se encontra na TdE em aproximação com a TdL no contexto atual, que na nossa intenção parte da noção de esperança, deve, obrigatoriamente, dirigir-se à missão, à missão da esperança. A TdE e a TdL são duas teologias contextuais, ou seja, procuram pela fé responder as questões do contexto em que estão inseridas e de onde surgem. Já assinalamos que o contexto de nascimento de cada uma dessas teologias é distinto, mas que elas comungam de um mesmo projeto no mundo, qual seja, a implantação do Reino de Deus. Um Reino que vem com Cristo, que nos antecipa em promessa o futuro de Deus, mas que nos coloca em missão e ação já neste mundo. Para nós, é na missão da esperança cristã e no contato com a sociedade atual que a esperança deve mostrar a sua força e dar a razão de sua existência. Uma aproximação entre as duas teologias no enfoque da missão torna-se favorável e, também, consequente, já que a esperança cristã não é uma esperança passiva, mas ativa; é uma esperança que atua na história, que mobiliza o contexto em que se encontra e procura fazer com que o Reino de Deus já aconteça em seu meio. Fortalece-se pela promessa, mas inquieta-se por uma realização. Aspira para o *ainda não* prometido, mas coloca-se em serviço, em missão, já neste mundo. Essa ação que vem de Deus em nosso favor, que por graça nos antecipa o seu futuro, o futuro de seu Reino, provoca em nós, enquanto comunidade de fé, um movimento na sua direção; provoca-nos a um impulso novo e transformador. Deus vem até nós com o seu futuro e nós caminhamos em sua direção como resposta de fé, vivendo em esperança e agindo no amor. Uma aproximação entre a TdE e a TdL pode ser contemplada na missão da esperança cristã, pois o acolhimento da promessa, impulsiona o agir cristão na sociedade, coloca-nos em missão.

Estas pistas aproximativas que apresentamos acima identificam aspectos que já debatemos na TdE e na TdL. Neste momento, apenas extraímos, sob nosso olhar, algumas ideias que são possíveis e que merecem atenção. Cabe-nos agora caminhar para as consequências teológicas desse evento, vistas no horizonte do futuro de Deus na missão da esperança. Nas palavras de Gutiérrez: "Esperar em Cristo é, ao mesmo tempo, crer na aventura histórica, o que abre um campo infinito de possibilidades ao amor e à ação do cristão".[2] Que essa espera do Cristo que vem possibilite a ação do Reino diante do nosso mundo e que o amor abra infinitas possibilidades para a ação do cristão. É o que cremos e é o que esperamos.

4.2. Consequências teológicas da aproximação entre a Teologia da Esperança de Jürgen Moltmann e a Teologia Latino-Americana da Libertação

Apresentaremos a seguir algumas consequências teológicas (CT). Na verdade, são projeções consequentes do trabalho de pesquisa que realizamos. Tais projeções não se traduzem em tom conclusivo, mas reflexivo; digamos até indutivo, pois realçam o caminho percorrido até aqui e apontam para novas perspectivas que se desdobram na escatologia. Do mesmo modo como fizemos no subcapítulo anterior, não repetiremos aqui citações e referências já feitas no transcorrer deste trabalho, a menos que se façam obrigatórias, mas extrairemos, sob nosso olhar e responsabilidade, aquilo que chamamos de *consequências teológicas da aproximação entre a TdE de Jürgen Moltmann e a TdL*. Essas consequências teológicas fazem-se necessárias para se concluir o raciocínio teológico que propomos no nosso trabalho: o futuro de Deus na missão da esperança.

---

[2] GUTIÉRREZ, G. *Teologia da Libertação*, p. 306.

1a CT: *Toda teologia que ser quer "da Esperança" é libertadora e toda a teologia que ser quer "da Libertação" é da esperança.* Essa consequência teológica que apontamos aqui perpassa pelo todo do nosso trabalho que quer – tanto no contexto atual como no contexto de origem dessas manifestações ou expressões teológicas – fazer uma aproximação entre elas para atender às necessidades e urgências da sociedade e da Igreja atuais sob a perspectiva da escatologia; não só no seu aspecto sociopolítico, cultural e estrutural, mas também (e principalmente) no seu aspecto teológico-religioso, que é o que posiciona toda a ação da teologia no contexto sociopolítico, cultural e estrutural. Entendemos também que essas manifestações ou expressões teológicas que aqui estudamos, por mais que se destaquem e chamem para elas mesmas um aspecto particular da teologia (aqui, especificamente, esperança ou libertação), constituem e fazem parte de um todo da teologia e sua intenção perpassa por essa condição. O que não impede que por um tempo elas sintam a necessidade de "separar-se" ou de "caminhar ao lado" (digamos assim) para afirmar aquilo que estão propondo e não serem anuladas por um todo maior. Pelo fato de ambas as teologias aqui mencionadas serem teologias cristãs, elas têm no Cristo – Ressuscitado e Crucificado – o seu fundamento. Tudo aquilo que decorre em seus discursos traz esse ponto como referência fundante. Agora, se quisermos destacar a importância e relevância dessas manifestações ou expressões teológicas para o tempo atual, faz-se necessário perguntar sobre as possíveis respostas que elas podem oferecer, bem como o conteúdo que trazem; de maneira mais específica, se o modo como abordam o conteúdo da fé cristã pode transmitir algo de real e concreto (com esperança e libertação) para as pessoas de hoje. Surgem algumas questões: o que é atual na TdE e na TdL? Como a sua mensagem pode trazer à nossa sociedade, que como vimos apresenta-se num mundo adulto, não mais totalmente cristão, pós-moderno e, por vezes, sem esperança? Como atualizar a mensagem colocada em suas teologias diante das misérias do mundo, da fome, dos pobres, dos novos problemas sociais, das questões ecológicas, políticas e religiosas? Com certeza, se fixarmos o nosso olhar apenas em seu passado e não descortinarmos uma atualização para o tempo presente, estaremos anulando o que lhes é próprio e específico, e não resgataremos a novidade que suscitaram no contexto teológico e eclesial. Estaremos, também, desconsiderando a grande riqueza que possuem, que é trazer para a fé cristã uma reflexão crítica da fé, de modo contextualizado. Em resposta a essas questões, afirmamos que, durante as apresentações que fizemos dessas teologias no percurso do nosso trabalho, procuramos sempre destacar essa atualização, o que nos faz confirmar, neste momento, tal abordagem. Como consequência do nosso estudo sobre a TdE de Moltmann em aproximação com a TdL, podemos afirmar que a perspectiva libertadora está presente na TdE, como, certamente, a esperança; do mesmo modo, na TdL está presente a esperança, como, seguramente, a libertação. Não são dois caminhos nem duas propostas, mas uma e a mesma esperança que se desperta através do futuro de Deus que nos é revelado e prometido por Cristo, e que, por decorrência da fé, convoca-nos a uma missão de esperança, que também é libertadora, portanto, da libertação. Acentuamos que é correto sustentar a ideia de que toda teologia que quer ser "da Esperança" é libertadora, e toda a teologia que ser quer "da Libertação" é da esperança. Essa percepção teológica nos conduz a uma concepção de "esperança libertadora". Tal intencionalidade que aqui se desdobra faz jus ao que afirmamos ao longo do nosso trabalho: a esperança cristã não é passiva, mas ativa; é, portanto, uma esperança em ato, que acolhe o futuro de Deus na fé e parte em missão. Uma esperança libertadora.

2a CT: *Uma esperança libertadora*. Logo no início do nosso trabalho apontamos que o cristão é chamado a anunciar a esperança no mundo em que vive. Deve dar razões da sua esperança, mesmo que o mundo e o contexto atual digam que ela é algo supérfluo ou desnecessário. Deixamos claro que o horizonte de nossa esperança está na luz do Cristo Ressuscitado e Crucificado, e é para o seu futuro que estamos destinados, em quem seremos novas criaturas (cf. 2Cor 5,17), mas que hoje, pela fé e sustentados no amor de Deus, caminhamos em esperança. Caminhamos no seguimento de Jesus na proposta de seu Reino, rumo ao futuro que nos foi prometido. Esse é o futuro que esperamos e que se torna real e verdadeiro em Cristo, e para nós, ainda, promessa de vida e plenitude. Desse modo, a espera para o cristão não é passiva, mas ativa; ela se faz em ato e projeta-se à transformação total, tanto interiormente, pelo contato e experiência de Deus, quanto exteriormente, pelo compromisso que assumimos na fé. Dissemos, então, que esperar esse futuro ainda ausente e se lançar no seguimento de Jesus, e, junto a isso, empenhar-se na proposta do Reino anunciado por ele é, com certeza, um sinal concreto da esperança que se realiza em missão. É algo que se torna possível pela ação do Espírito, derramado sobre nós pelo amor de Deus que nos chama e que nos atrai, fazendo-nos sentir já no momento presente esse *kairós* transformador e anunciador do futuro. Por certo que a afirmação de que a esperança cristã é libertadora faz-se, seguramente, verdadeira. Pois compreende-se essa esperança de modo ativo, em ato; portanto, é transformadora e vivificadora do futuro que se espera. Compreender a esperança em perspectiva libertadora vai ao encontro com a definição de escatologia que Moltmann propõe na sua Teologia da Esperança, que é tanto aquilo que se espera como o ato de esperar.[3] O que se espera, entendemos aqui como o futuro de Deus, e tudo que dele provém; o ato de esperar, basicamente, é a esperança, que, vista no horizonte da ação, passa também ao caráter libertador. Uma esperança libertadora. Dentro desse viés é possível atualizar a mensagem dessas duas teologias que se aproximam e provocar a partir delas uma resposta coerente e autêntica às situações atuais, vividas na América Latina como em todo o mundo. Uma esperança libertadora tende a interagir no meio em que vive, torna-se sensível à realidade; portanto, acolhe a mesma em seu agir, mas, ante

---

[3] Cf. MOLTMANN, J. *Teologia da Esperança*, p. 30.

isso, lança a essa realidade um sentido novo, último, verdadeiro, autêntico, pois se alimenta no futuro que espera. Uma esperança libertadora não ficará alheia ao que acontece a sua volta, mas tenderá a ser eficaz e a agir com exatidão na proposta do Reino de Deus. A base da esperança cristã é a ressurreição de Cristo. A esperança que surge desse evento único e irrepetível nos liberta para uma nova vida em Cristo, torna-nos novas criaturas diante dele no amor. Ser, em Cristo, nova criatura, é viver na esperança e acolher a liberdade que dela provém. É comprometer-se com a causa do Reino que ainda se espera, mas que já se vive. Provocando ainda uma discussão, poderíamos perguntar: o que o evento da ressurreição de Cristo diz ao ser humano de hoje? O que esse evento, carregado de esperança escatológica, anuncia aos pobres e a todos aqueles que sofrem e que são perseguidos e abandonados, que caíram numa vida sem sentido? Como e com que força anunciamos ao mundo essa que é a razão da nossa esperança? Pelo caminhar que fizemos até aqui acreditamos que esse anúncio da esperança para o mundo atual, com todas as suas variações e vicissitudes, deve ser libertador, portanto, uma esperança libertadora. Uma força que já acontece na história, mas que aponta e espera para além da história; uma força que acolhe o futuro de Deus que vem como dom e graça, e que, por essa razão, se compromete e projeta-se a esse futuro em missão. Sobre isso, diz Moltmann: "A esperança cristã, pela resistência prática e pela transformação criadora, questiona o que é existente e assim está a serviço do que há de vir".[4] Mais: "Todo aquele que crê e tem esperança é *vocatus* e deve colocar a sua vida a serviço de Deus, na cooperação do Reino de Deus e na liberdade da fé".[5] A esperança escatológica já age na história, e nela somos chamados a frutificar os dons que recebemos, multiplicando-os, em comunhão, para o benefício de todos.

3a CT: *O futuro de Deus acolhido na fé nos compromete na missão da esperança*. Esta é outra afirmação que se tornou bastante clara no nosso trabalho. O futuro de Deus, que nos é antecipado pelo evento do Cristo Ressuscitado e Crucificado, não nos torna passivos, mas ativos; se aceito na fé, movimenta-nos em esperança e nos lança à ação neste mundo, coloca-nos em missão, em missão da esperança cristã. Portanto, aquilo que esperamos se integra numa fé que nos compromete à missão neste mundo. Logo na primeira parte do nosso trabalho, quando procuramos caracterizar teologicamente do que se trata esse futuro de Deus que falamos e o que dele se espera, procuramos sempre enaltecer a atitude primeira de Deus em nosso favor – um ato pleno de amor – e a nossa resposta, como atitude segunda, que responde com fé e caminha na esperança. Contudo, deveríamos aqui, nestas consequências teológicas, chamar a atenção para o comprometimento que envolve todo o processo. Há um comprometimento de Deus, que faz a sua promessa e busca

---

[4] Ibid., p. 411.
[5] Ibid. Grifos do autor.

cumprir aquilo que foi prometido; há, também, um comprometimento humano, que responde ao chamado de Deus pela fé e empenha-se na prática do Reino e do seguimento de Jesus.[6] Comprometer-se é inserir-se no âmbito da promessa e deixar-se guiar pelo Espírito Santo de Deus. É permitir que Deus tome parte de nossas vidas e que possamos, então, tomar parte em Deus. É abrir-se à graça e deixar-se envolver no mistério que traz esperança e que liberta. Encontramos essas condições nas duas teologias que estudamos, sendo assim podemos afirmar que elas atendem ao objetivo proposto de que o futuro de Deus se torna perceptível na missão da esperança, na qual somos chamados, convocados, enquanto *ekklesía*, comunidade do Espírito, a fazer parte e a tomar parte nessa missão. Uma vez que vemos Deus comprometido conosco, um Deus que por amor se despoja e assume a nossa humanidade, vive as nossas fraquezas e caminha até o fim, até a morte de cruz, tal compromisso de Deus para conosco nos faz também nos comprometer com ele. Se olharmos na ótica das duas teologias e a forma como interagem na sociedade, isto fica mais evidente. Vejamos. Falamos de esperança porque cremos num Deus que nos dá esperança; falamos de libertação porque temos um Deus que liberta; falamos da vida e a defendemos porque acreditamos num Deus que é o autor da vida e o garantidor da mesma. Se a TdE focou numa ação concreta na sociedade, até politicamente, buscando a justiça e o bem comum, é porque na prática e vida de Jesus e no Deus que se revela nele, isso é verdadeiro. Se a TdL faz a opção pelos pobres e excluídos da América Latina, é porque antes há uma opção por Deus que por esses pequenos fez uma opção de amor e justiça, o que faz do pobre um lugar privilegiado do encontro com Deus. Se hoje as duas teologias preocupam-se com as questões globais e emergências ecológicas, é porque se têm antes a fé no Deus criador e que no ato de sua criação nos torna responsáveis e zeladores de tudo aquilo que foi criado. A grande questão que toca essas duas teologias é que elas procuram ver Deus não só na transcendência, mas também na imanência, ou, como fala Moltmann, numa "transcendência imanente".[7] Mesmo sendo uma afirmação de Moltmann, quando ele apresenta a sua teologia do Espírito, tal projeção também se faz verdadeira na TdL. Em suma, quem nos coloca em missão e nos faz caminhar, e caminhando já nos faz desfrutar das virtudes do Reino, é o Espírito Santo de Deus. É dele que provém a garantia escatológica que nos assegura a fé, que nos movimenta em esperança e que nos sustenta no amor.

4a CT: *A garantia escatológica do Espírito*. Jürgen Moltmann por várias vezes apresenta na sua Teologia da Esperança a expressão "garantia do Espírito". Na tradução brasileira aparece a palavra "arras", no original alemão, a palavra "Angeld",

---

[6] Lembramos aqui que, quando falamos da TdL como teologia da práxis, ressaltamos que há antes uma práxis em Deus em favor do ser humano. A práxis que se desenvolve como acolhimento da fé vem como ação segunda. Cf. Subcapítulo: 3.1.2.3.

[7] MOLTMANN, J. *O Espírito da vida*, p. 44. Diz também: "*Experimentar Deus em todas as coisas* pressupõe uma transcendência imanente às coisas, que pode ser descoberta indutivamente. É o infinito no finito, o eterno no temporal e o imperecível no perecível" (ibid., p. 45. Grifos do autor).

que se traduz por garantia. A função que o autor confere a essa expressão é justamente afirmar o que a própria palavra já diz por si mesma e que na verdade é uma função do Espírito Santo. Ele é o garantidor, é quem sela com seu Espírito aquilo que foi prometido, conforme vemos em Efésios: "Selados pelo Espírito da promessa, o Espírito Santo" (Ef 1,13). É ele também que nos incita à missão e garante a nossa permanência na mesma. O Reino de Deus continua atuando na história, dando continuidade à ação do próprio Cristo. A comunidade de fé, a Igreja, que se coloca nessa condição, age e se deixa conduzir pela força desse Espírito. No seu trato com a esperança, Moltmann absorveu bem a questão pneumatológica e fez um rico e frutuoso trabalho por esse caminho, que em vistas de uma atualização de sua mensagem, pode oferecer boas chaves de leitura e pistas de ação para a missão da esperança.[8] Já que falamos em missão da esperança cristã e trazemos aqui os aspectos da TdL, utilizamo-nos daquilo que há algum tempo foi projetado por José Comblin[9] sobre a TdL e a ação do Espírito. Diz Comblin: "Devemos partir da missão do Espírito, de onde deriva a missão da Igreja e toda a ação cristã, o Espírito que é o único e verdadeiro caminho".[10] Justificando a sua afirmação, Comblin continua: "A missão do Espírito Santo não suprime a do Cristo. Não a reduz em nada. Pelo contrário, exalta-a, visto que faz surgir seu verdadeiro sentido".[11] Essa é a garantia. O que solidifica a nossa certeza, que nos impulsiona a fé, é a marca que trazemos do Espírito Santo. É impossível haver esperança sem que haja a ação do Espírito. Foi ele quem falou outrora pelos profetas, que guiou a Cristo e que hoje conduz a Igreja. Ele é quem nos conduz pelo caminho verdadeiro e nos direciona à plenitude do Reino. É a marca do cristão que, pela *promessa* do futuro de Deus que vem, assegura-nos na sua esperança, que no Espírito sempre se renova. Frisamos aqui a palavra promessa porque ela só pode ser compreendida como evento de revelação de Deus à luz do Espírito Santo. A missão que daí decorre é consequência da ação do Espírito. É o que entendemos por "garantia escatológica do Espírito". Se a TdE e a TdL projetam-se a partir da esperança e em esperança, o desfecho e o caminho da missão em que partem só pode ser compreendido mediante essa "garantia", pois como bem diz o hino de Efésios, ele "é o penhor da nossa herança, para a redenção do povo que ele adquiriu para o seu louvor e glória" (Ef 1,14). Com Deus e o futuro

---

[8] Sobre essa questão pneumatológica em Moltmann, que já apontamos antes, reforçamos novamente nas seguintes obras, todas já citadas no capítulo 3: MOLTMANN, J. *La Iglesia fuerza del Espíritu*, 1978; id. *O Espírito da vida*, 1999; id. *A fonte da vida*, 2002.

[9] José Comblin (Joseph Comblin) não era brasileiro de nascimento, mas de coração. Ele era europeu, nasceu em Bruxelas, na Bélgica, em 1923. No entanto, aceitou o desafio de vir ao Brasil como missionário e aqui permaneceu, chegou a ser expulso do Brasil pelos militares em 1972, indo ao Chile e retornando anos mais tarde. Fez desta terra a sua terra, assumiu as suas dores e labutas e, por essa razão, assumiu também a teologia que aqui se fez. José Comblin morreu no dia 27 de março de 2011, no interior da Bahia, aos 88 anos de idade. Fazemos aqui uma breve referência e uma sincera homenagem.

[10] COMBLIN, J. *O tempo da ação*, p. 28.

[11] Ibid.

que vem, esperamos o Espírito que vem e renova a face da terra (cf. Sl 104,30), e que faz "novas todas as coisas" (Ap 21,5).

5a CT: *Eis que eu faço novas todas as coisas*. "Eis que eu faço novas todas as coisas" (Ap 21,5). Esta frase do livro do Apocalipse constitui-se uma grande promessa, que em nível de consequência teológica e em fechamento do nosso trabalho alimenta aquilo que esperamos e que se projeta na nossa missão de esperança, em vista do futuro de Deus. Tornar as coisas novas e dar ao mundo e à sociedade um novo rosto, com nova vitalidade, onde reinem amor, justiça e paz, faz parte da promessa da criação, perpassa pela história salvífica, culmina nas ações de Jesus Cristo e no seu Reino e dirige-se para o final da história. Neste final, da forma como chegamos, olhamos para o ressuscitado que diz: "Eis que faço novas todas as coisas". Neste final da história teremos um final que se traduz em início de um novo momento, de um novo estado com Deus, em comunhão de amor, em plenitude. No fim – o início![12] Uma frase pertinente de Moltmann que circulou por nosso trabalho. Somente aquele que deu a primeira palavra pode também oferecer a última e, portanto, tornar novo e pleno tudo aquilo que foi criado: a realização e a plenitude de toda a criação (cf. 1Cor 15,28; Ef 1,10). No entanto, na proposta de Reino apresentada por Jesus e na pedagogia de um Deus que se revela e participa da nossa história, convidando-nos a entrar em comunhão com ele, somos motivados e fortalecidos pelo Espírito a tornar sempre novo aquilo que está a nossa volta. A promessa de um mundo novo, onde possam reinar o amor, a justiça e a paz, não se destina apenas para além deste tempo e história, mas devem acontecer também e já neste tempo e história: "na terra, como no céu" (Mt 6,10). A cruz de Cristo que nos revela a ressurreição encontra-se presa à terra e deixa-se iluminar pela luz do Ressuscitado. Assim, também nós, iluminados por essa mesma luz que nos antecipa o futuro de Deus, sentimos já nesta terra, neste tempo e nesta história aquilo que se realizará em nós junto a Deus. Em vistas dessa esperança é que a TdE (alimentada pelas promessas) e a TdL (fortalecida pela esperança do povo) resolveram transformar as estruturas a sua volta, despertando na Igreja e na sociedade a inquietude para esse acontecer no amor, na justiça e na paz. Procuraram tornar novo o que não era mais novo; tentaram dar esperança onde esta já não existia; levaram luz onde só havia trevas e onde não se tinha mais sentido; falaram de esperança, em meio à morte, violência, pobreza e destruição. A urgência dessa intenção no mundo de hoje, com todas as projeções que são feitas, social e religiosamente, torna-se latente. Faz-se necessária uma ação da esperança no horizonte daquilo que foi prometido. Contudo, a grande riqueza que se constrói nessas teologias e que aqui trazemos como consequência teológica é que somos chamados a participar com Deus e não sem ele; que o futuro que nos é revelado é de Deus e com Deus e é para ele que estamos destinados; que tudo vem dele, por ele e

---

[12] Conforme já abordamos neste trabalho, a expressão "no fim – início" faz parte do vocabulário teológico de Moltmann.

retorna para ele (cf. Rm 11,36); que a esperança que nos faz agir percebe-se importante porque se ancora na realidade, assume-a e a transforma; ela a conduz ao ponto alto e definitivo, onde só Deus pode dar a última palavra, uma palavra de salvação: "vinde benditos de meu Pai..." (Mt 25,34s). Olhar para esse Deus que transparece em Jesus Cristo é se sentir tocado por um gesto de amor solidário. É ter força, quando só vemos fraqueza; é levantar, quando por vezes caímos; é lutar, mesmo quando perdemos. Enfim, é ter esperança. Ao fazer isso, tomamos essa atitude de ação e essa atitude de missão porque olhamos para aquele que venceu a morte e nos abriu o caminho da vida, da Verdadeira Vida. "A missão está a serviço do despertar de uma esperança viva, ativa e apaixonada pelo Reino de Deus, o qual vem ao mundo para transformá-lo".[13] Esse é o futuro que esperamos. Hoje, caminhamos em esperança, na missão da esperança, porque ouvimos aquele que diz: "Segue-me!" (Mt 9,9). "Eis que faço novas todas as coisas" (Ap 21,5).

Essas consequências teológicas que apresentamos não encerram o discurso sobre o tema em questão. Por se tratar de um tema de escatologia e que versa sobre esperança, seu desfecho nos apresenta coisas novas e novos horizontes. Destacamos aqui a importância do estudo que fizemos da escatologia da Teologia da Esperança de Jürgen Moltmann em aproximação com a Teologia Latino-Americana da Libertação. Tal estudo mostrou-se relevante para o nosso contexto e ofereceu boas pistas de atuação, tanto teológicas quanto pastorais.

Falar de Deus e de seu futuro é falar daquilo que podemos experimentar pela fé no Cristo Ressuscitado e Crucificado, que a nós se revela, que conosco caminha e para Deus nos conduz. Isso foi o que entendemos com o tema do nosso trabalho: *o futuro de Deus na missão da esperança*.

---

[13] MOLTMANN, J. *Teologia da Esperança*, p. 408.

5. Conclusão

Este é o fim do nosso trabalho. Todavia, trazendo aqui um linguajar escatológico, dizemos que é um fim-não-fim, mas um fim-para; um fim para tudo aquilo que se projeta para além dele, no intuito de contribuir, mesmo que humildemente, para o caminhar da teologia atual, que se faz urgente e necessária diante das vicissitudes do nosso tempo e da história. Temos aqui o resultado de uma pesquisa que se fecha, mas que, em virtude dela mesma e do que apontou em suas linhas (e além delas), se abre para novas perspectivas. Perspectivas tão novas como o futuro esperado, do qual falamos; e, tão importantes, como a missão da esperança, que apresentamos. Se for certo que toda obra tem o seu destino, cabe-nos agora esperar o futuro daquilo que propusemos. Desejamos, a partir de agora, que a nossa proposta possa ser autêntica e coerente, relevante e eficaz. A intenção é servir teologicamente, oferecendo uma resposta acessível, sem ter nenhuma pretensão de que seja a única.

A conclusão deste trabalho de pesquisa nos apresenta algumas lições, que, perpassadas pelo percurso teológico que percorremos, nos apresentam algumas reflexões. Não faremos aqui um resumo de cada capítulo, pois apresentamos tais considerações no final dos mesmos, como reflexões conclusivas. O que pretendemos apresentar neste momento são reflexos daquilo que foi assimilado e apreendido, e que caracteriza o teor nosso trabalho.

Seguimos.

A escolha em refletir sobre o tema do futuro de Deus na missão da esperança veio daquilo que favorece o tema em si, que por ele mesmo já é cheio de conteúdo escatológico. Falar de Deus e de seu futuro é lançar-se na fé diante do Deus revelado que em Cristo nos apresentou um futuro; um futuro cheio de vida e plenitude. Falar desse futuro de Deus na missão da esperança propiciou entender o teor dessa revelação e a maneira como Deus age no mundo através de nós mesmos. A ação de Deus em nós, mais precisamente, a ação do Espírito de Deus em nós não nos torna passivos à espera desse futuro que vem e que em Cristo – Ressuscitado e Crucificado – foi-nos apresentado e antecipado; ao contrário, torna-nos ativos e atuantes diante do mistério que contemplamos e que decidimos perseguir. É Deus que vem com o seu futuro e nós que decidimos caminhar em sua direção como resposta de fé e esperança. Essa foi uma percepção que procuramos enaltecer desde o início do trabalho, tanto que o primeiro capítulo do nosso desenvolvimento teológico tratou de aprofundar esse tema. Seguramente, a ação de Deus em nosso favor e em favor de toda a criação nos coloca em ação, uma ação que é também transformadora, que mobiliza a história a enveredar-se na proposta do Reino de Deus.

Para que conseguíssemos caracterizar essa missão, fez-se necessário aprofundar a noção de esperança e o seu contexto atual. Fizemos isso procurando compreendê-la, primeiramente, como esperança em si (virtude e força), e depois diante da comunidade de fé, diante de um mundo não cristão e da atual realidade da América Latina. Favoreceu-nos descortinar o anúncio dessa esperança no contexto atual, saber qual é o seu foco, de onde parte e para que se destina.

Para responder a essas interpelações, optamos por caminhar com Jürgen Moltmann e a sua Teologia da Esperança, desvelando a mensagem escatológica que sai de sua teologia, resumidamente, esperança; mas partindo dessa perspectiva *em aproximação* com a Teologia Latino-Americana da Libertação, já que o teor escatológico que se vislumbra no nosso trabalho é esperança. A esperança, além de virtude, é também força de ação; estas duas expressões e manifestações teológicas contribuíram muito em seu tempo de origem e, ainda hoje, pelo conteúdo dos fundamentos e reflexões que possuem, têm algo próprio para oferecer ao mundo; um mundo que se apresenta de modo novo, mas não totalmente novo, no sentido teológico de ser, transformador; trata-se de um novo confuso, incômodo, complexo, próprio das novas realidades existentes que envolvem o ser humano e o aprisionam na sua complexidade. Descobrir o lócus dessa esperança no atual contexto e a partir daí apontar para o futuro de Deus só pode ser feito por uma teologia contextualizada, que se sinta inserida na realidade concreta e que a partir dela vislumbre um horizonte de ação, próprio da missão da esperança.

O motivo que nos levou a escolher Jürgen Moltmann como o nosso autor deu-se pelo fato de que ele foi (e ainda é) um dos teólogos que mais se debruçaram sobre o tema da esperança na teologia atual. Ressaltamos também o fato de que ele é um dos teólogos mais influentes da teologia contemporânea, tendo suas obras discutidas em várias partes do mundo, confrontadas com várias teologias e com o pensamento de vários teólogos e teólogas. Essa influência que ele exerce globalmente acontece em diversos meios, sejam Igrejas, universidades, comunidades, grupos, movimentos, pastorais etc. Seu pensamento aparece em ambientes cristãos e não cristãos, acadêmicos e não acadêmicos; contudo, sempre de modo disposto e encarnado na sociedade.

A esperança que esse autor nos propõe em sua teologia possui o caráter *ad extra* e não apenas *ad intra*. O que quer dizer que ela está sempre *a serviço* de e nunca apenas *em torno de*. É uma novidade que ele propõe ao apresentar a esperança como elemento hermenêutico de toda a teologia. É o todo da teologia sob um novo enfoque: a esperança. Portanto, fundamentar e refletir a esperança na Teologia da Esperança de Jürgen Moltmann tornou-se uma tarefa essencial para nós. Para Moltmann, falar de esperança na sua teologia é falar de esperança cristã. Resume-se para nós numa *experiência-ato*, caracterizada pela *missão* (*missio*) que dessa esperança provém, originada numa *promessa* (*promissio*) do próprio Deus.

Confirmamos então que a esperança cristã é uma temática que perpassa por todo o seu labor teológico e, com toda reverência, segundo o autor, ela deve ser vista de maneira provocativa. Entendemos assim – *provocativa* – porque o autor a apresenta de maneira *encarnada na história*, servindo-se dela também como elemento de transformação social e, mais que isso, como projeção para um futuro novo e, por sua vez, eterno. Ela não se encerra em utopias e ideologias, mas destina-se ao horizonte escatológico. A esperança cristã se desperta no momento kairológico em que se vive, mas em vista do *éschaton* definitivo. Essa percepção faz com que sua reflexão não se perca na obscuridade do discurso, mas que se instrumentalize no cotidiano, em torno de uma práxis correspondente, que ele entende por missão da esperança. Na sua teologia, Moltmann utiliza a esperança como elemento teológico articulador. Só a esperança é capaz de antecipar à realidade presente o *éschaton* prometido à realidade futura.

Outro ponto que a nosso ver torna a sua teologia relevante e atual para o discurso teológico contemporâneo é que em várias partes do mundo, onde suas obras foram traduzidas, sua esperança traduziu-se por *ação*. Destacamos aqui a Teologia Política, a Teologia da Libertação, a Teologia Negra, a Teologia Feminista e demais movimentos ou expressões. Moltmann dá ênfase a essa perspectiva ao refletir no final de sua Teologia da Esperança sobre as consequências de uma escatologia cristã.

Nesse prisma, buscamos fazer este estudo da escatologia que se desenvolve na Teologia da Esperança de Jürgen Moltmann em aproximação com a Teologia Latino-Americana da Libertação. Para tanto, procuramos ver também o que é específico dessa teologia, quais são seus fundamentos e reflexões e por onde parte a sua metodologia e o seu discurso. Por ser uma teologia da práxis, age diretamente na sociedade em que está inserida e busca responder a ela eficazmente, sempre à luz da fé. É a fé que ilumina a realidade e que aponta para o desfecho futuro, que é, seguramente, a salvação em Deus, mas que já se experimenta e se visualiza – *concretamente* – no transcurso da história.

Como resultado dessa aproximação, percebemos que houve uma recepção da Teologia da Esperança de Moltmann na Teologia Latino-Americana da Libertação e, também, um reflexo dessa na Teologia da Esperança de Moltmann. O fato de falarem de uma esperança que atua e que liberta não impede de se destacar as diferenças de abordagem, próprias do contexto onde surgem as duas teologias. No entanto, essas diferenças não se tornam obstáculos de diálogo, mas pistas de aproximação, que a partir da esperança, passando pelo encontro com o Deus da esperança e que liberta, encontrando-se com Cristo e o seu Reino, chegamos à missão da esperança. No fundo, o que se busca com esse encontro aproximativo é visualizar o modo como essas duas teologias podem responder às interpelações do contexto atual, tendo em vista o tema de nosso estudo: o futuro de Deus na missão da esperança. Chegamos então às consequências teológicas deste estudo. Provavelmente, nelas se encontra a grande contribuição do nosso trabalho.

Dessa maneira, acreditamos ser verdadeira a projeção que fizemos, de que o nosso trabalho se encerra, mas não totalmente; que o seu fim é um fim-não-fim, mas um fim-para. Por falar de esperança, projetamo-nos para além de nós mesmos e visualizamos a perspectiva do Reino que vem e que nos foi apresentado pelo homem de Nazaré. Esse é o futuro de Deus. Um Reino que ainda esperamos, mas que já pode ser experimentado e vivenciado no cotidiano da história. Essa é a missão da esperança.

Para que esse futuro de Deus possa ser compreendido na missão da esperança, faz-se necessário adentrar no mistério do próprio Deus, que em Jesus de Nazaré assume a nossa história e condição e nos conduz à comunhão com Deus. Adentra a nossa história e tempo, para que o nosso tempo e história se consumam no seu amor. Vive intensamente a nossa vida, liberta-nos e motiva-nos em esperança para o encontro definitivo, o "hoje" escatológico, quando Deus será tudo em todos e em todas as coisas. Diremos então, nas pistas de Jesus: *hoje se cumpriu aos nossos olhos e ouvidos estas palavras da Escritura, pois o futuro de Deus veio até nós e o acolhemos em seu Espírito, que age em nós e nos conduz para evangelizar os pobres, libertar os presos, curar os cegos, a outros fazer andar, e anunciar o Evangelho a todos e todas e proclamar o tempo da graça do Senhor.*

O futuro de Deus na missão da esperança.

6. Referências bibliográficas

Obras de Jürgen Moltmann

A alegria de ser livre. São Paulo: Paulinas, 1974.

A fonte da vida: o Espírito Santo e a teologia da vida. São Paulo: Loyola, 2002.

A Igreja como *communio*. *Concilium*, Petrópolis-RJ, n. 245, p. 161-163, 1993/1.

A plenitude dos dons do Espírito e sua identidade cristã. *Concilium*, Petrópolis-RJ, 279-283, p. 46-52, 1999.

A vinda de Deus: escatologia cristã. São Leopoldo-RS: Unisinos, 2003.

Ciência e sabedoria: um diálogo entre a ciência natural e teologia. São Paulo: Loyola, 2007.

Cristo, fin de la tortura. *Selecciones de teologia*, Barcelona, v. 31, n. 124, p. 311-316, oct./dic. 1992.

Deus na criação: doutrina ecológica da criação. Petrópolis-RJ: Vozes, 1993.

Der Gekreuzigte Gott. Das Kreuz Christi als Grund und Kritik christlicher Theologie. München: Gütersloher Verlagshaus, 2007.

Dio nel progetto del mondo moderno. Contributi per una rilevanza pubblica della teologia. Brescia: Queriniana, 1999.

El Dios crucificado. Salamanca: Sígueme, 1975.

El experimento esperanza. Introduciones. Salamanca: Sígueme, 1977.

El hombre. Antropologia cristiana en los conflictos del presente. Salamanca: Sígueme, 1973.

El lenguaje de la liberación. Salamanca: Sígueme, 1974.

Esperança y planificación del futuro. Perspectivas teológicas. Salamanca: Sígueme, 1971.

Experiências de reflexão teológica: caminhos e formas da teologia cristã. São Leopoldo-RS: Unisinos, 2004.

Ethik der Hoffnung. München: Gütersloher Verlagshaus, 2010.

Futuro della creazione. 2. ed. Brescia: Queriniana, 1993.

Geschichte des dreieinigen Gottes, p. 222. Apud: HAMMES, E. J. A cristologia escatológica de J. Moltmann. *Teocomunicação*, Porto Alegre, v. 30, n. 130, p. 606, 2000.

Im Ende – der Anfang. Eine kleine Hoffnungslehre. München: Gütersloher Verlagshaus, 2005.

In dialogo con Ernst Bloch. Brescia: Queriniana, 1979.

La critica como deber. In: ARNDT, A.; MOLTMANN, J. *Hacia una sociedad critica.* Salamanca: Sígueme, p. 21-25.

La dignidad humana. Salamanca: Sígueme, 1983.

La giustizia crea futuro. Una politica ispirata alla pace e un'etica fondata sulla creazione in un mondo minacciato. Brescia: Queriniana, 1990.

La Iglesia fuerza del Espiritu. Hacia una eclesiologia messiânica. Salamanca: Sígueme, 1978.

La pasión de Cristo y el dolor de Dios. Selecciones de teologia, Barcelona, v. 33, n. 129, p. 17-24, ene./mar. 1994.

Messianic Theology in the Making VIII. Apud: HAMES, E. J. A cristologia escatológica de J. Moltmann. *Teocomunicação.* Porto Alegre, 2000, v. 30, n. 130, p. 605-606.

My theological career, 1991, p. 170. Apud: MUELLER, E. R. Apresentação da 3. ed. São Leopoldo, 2005. In: MOLTMANN, J. *Teologia da Esperança*: estudos sobre os fundamentos e as consequências de uma escatologia cristã. 3. ed. São Paulo: Teológica, Loyola, 2005. p. 14-15.

MOLTMANN, Jürgen (ed.). *Biografia e teologia.* Itinerari di teologi. Brescia: Queriniana, 1998.

MOLTMANN, Jürgen; ARNDT, Adolf. *Hacia una sociedad critica.* Salamanca: Sígueme, [s/d].

MOLTMANN, Jürgen; BASTOS, Levy. *O futuro da criação.* Rio de Janeiro: Mauad X, 2011.

MOLTMANN, Jürgen; METZ, Johann Baptist. El dolor de Dios: una discussion teológica. Apud: CORMENZANA, F. J. V. Jürgen Moltmann. El fin de la indiferencia. *Sal terrae: revista de teologia pastoral*, t. 86/10, n. 1006, p. 852-853, nov. 1997.

MOLTMANN, Jürgen et al. *The future of hope*. Theology as Eschatology. Herder and Herder, 1970.

No fim – está Deus. *Concilium*, Petrópolis-RJ, n. 277, p. 130-140, 1998/4.

No fim, o início: breve tratado sobre a esperança. São Paulo: Loyola, 2007.

O caminho de Jesus Cristo: cristologia em dimensões messiânicas. Petrópolis-RJ: Vozes, 1993.

O caminho de Jesus Cristo: cristologia em dimensões messiânicas. São Paulo: Academia cristã, 2009.

O Deus crucificado: a cruz de Cristo como base e crítica da teologia cristã. Santo André-SP: Academia cristã, 2011.

O Espírito da vida: uma pneumatologia integral. Petrópolis-RJ: Vozes, 1999.

Paixão pela vida. São Paulo: ASTE, 1978.

Primero el Reino de Dios. *Selecciones de teologia*, Barcelona, v. 30, n. 117, p. 3-12, ene./mar, 1990.

Progresso y precipício. Recuerdos del futuro del mundo moderno. *Revista latinoamericana de teologia*, San Salvador, n. 54, p. 235-253, sep./dic. 2001.

Quem é Jesus Cristo para nós hoje? Petrópolis-RJ: Vozes, 1997.

Respuesta a la crítica de la Teología de la Esperança. In: MARSCH, W.-D.; MOLTMANN, Jürgen. *Discusión sobre teologia de la esperanza*. Salamanca: Sígueme, 1972. p. 187-192.

Ressurreição – fundamento, força e meta da nossa esperança. *Concilium*, Petrópolis--RJ, n. 283, p. 110-120, 1999/5.

Sein Name ist Gerechtigkeit. Neue Beiträge zur christlichen Gotteslehre. München: Gütersloher Verlagshaus, 2008.

Teologia da Esperança: estudos sobre os fundamentos e as consequências de uma escatologia cristã. 3. ed. São Paulo: Teológica/Loyola, 2005.

Teologia latino-americana. In: SUSIN, L. C. (org.). *O mar se abriu*: trinta anos de teologia na América Latina. São Paulo: Loyola, 2000. p. 225-227.

Temas para una teología de la esperanza. Buenos Aires: La aurora, 1978.

Theologie der Hoffnung: Untersuchungen zur Begründung und zu den Konsequenzen einer christlichen Eschatologie. München: Gütersloher Verlagshaus, 2005.

Trindade e Reino de Deus: uma contribuição para a teologia. Petrópolis,-RJ: Vozes, 2000.

Vida, esperança e justice: um testamento para a América Latina. São Bernardo do Campo-SP: Editeo, 2008.

Weiter Raum. Eine Lebensgeschichte. München: Gütersloher Verlagshaus, 2006.

Obras sobre Jürgen Moltmann e a Teologia da Esperança

BLOCH, Ernst et al. *El futuro de la esperança*. Salamanca: Sígueme, 1973.

CAPPS, Walter Holden. *Hope against hope*. Moltmann to Merton in one decade. Philadelphia: Fortress Press, p. 147-167.

CORMENZANA, Francisco Javier Vitoria. Jürgen Moltmann. El fin de la indiferencia. *Sal terrae: revista de teologia pastoral*, t. 86/10, n. 1006, p. 852-853, nov. 1997.

GARCÍA, Bonifacio Fernández. *Cristo de esperança*. La cristologia escatológica de J. Moltmann. Salamanca: Biblioteca Salmanticensis, 1988. p. 163-273.

GEYER, H.-G. Acotaciones a la Teología de la Esperanza de Jürgen Moltmann. In: MARSCH, W.-D., MOLTMANN, J. *Discusión sobre teologia de la esperanza*. Salamanca: Sígueme, 1972. p. 41-81.

GIBELINI, R. *La teologia di Jürgen Moltmann*. Brescia: Queriniana, 1975.

HAMMES, E. J. A cristologia escatológica de J. Moltmann. *Teocomunicação*, Porto Alegre, v. 30, n. 130, p. 605-634, dez. 2000.

JONG, J. M. Teologia de la Esperanza. In: MARSCH, W.-D.; MOLTMANN, J. *Discusión sobre teologia de la esperanza*. Salamanca: Sígueme, 1972.

MARSCH, W.-D. Para introducir: A donde? Hacia más allá de las alternativas. In: MARSCH, W.-D.; MOLTMANN, J. *Discusión sobre teologia de la esperanza*. Salamanca: Sígueme, 1972.

MARSCH, W.-D.; MOLTMANN, Jürgen. *Discusión sobre teologia de la esperanza*. Salamanca: Sígueme, 1972.

MOLTMANN, Jürgen et al. *Hope for the Church*. Moltmann in Dialogue with Practical Theology. Nashville: Abingdon, p. 128-136.

MONDIN, Battista. *Os grandes teólogos do século vinte*. São Paulo: Teológica, 2003. p. 283-303.

MUELLER, Enio R. Apresentação da 3. ed. São Leopoldo, 2005. In: MOLTMANN, J. *Teologia da Esperança*: estudos sobre os fundamentos e as consequências de uma escatologia cristã. São Paulo: Loyola/Teológica, 2005. p. 11-18.

PETERS, Tiemo Rainer; URBAN, Claus (edd.). *La provocazione del discorso su Dio*. Joseph Ratzinger, Johann Baptist Metz, Jürgen Moltmann, Eveline Goodman-Thau, Jürgen Werbick. Brescia: Queriniana, 2005.

PIAZZA, O. F.; MOLTMANN Jürgen. In: PACOMIO, Luciano; OCCHIPINTI, Giuseppe. *Lexicon*. Dizionario dei Teologi. Pieme, p. 897-899.

KUZMA, C. A ação de Deus e sua realização na plenitude humana: uma abordagem escatológica na perspectiva de Jürgen Moltmann. In: SANCHES, M. A.; KUZMA, C.; MIRANDA, M. F. *Age Deus no mundo?* Múltiplas perspectivas teológicas. Rio de Janeiro: PUC-Rio/Reflexão, 2012. p. 225-246.

_____. A esperança cristã na "Teologia da Esperança": 45 anos da Teologia da Esperança de Jürgen Moltmann. *Pistis & Práxis*, Curitiba, v. 1, n. 2, p. 443-467, jul./dez. 2009.

_____. O teólogo Jürgen Moltmann e o seu caminhar teológico realizado na esperança: acenos teobiográficos. *Atualidade teológica*, Rio de Janeiro, v. 17, n. 43, p. 15-38, jan./abr. 2013.

Obras sobre a Teologia Latino-Americana da Libertação

ALVES, Rubem. *Teologia della speranza umana*. Brescia: Queriniana, 1971.

ANDRADE, Paulo Fernando Carneiro. *Fé e eficácia*. O uso da sociologia na Teologia da Libertação. São Paulo: Loyola, 1991.

AQUINO JUNIOR, Francisco de. *A teologia como intelecção do reinado de Deus*. O método da Teologia da Libertação segundo Ignacio Ellacuría. São Paulo: Loyola, 2010.

_____. Clodovis Boff e o método da Teologia da Libertação. Uma aproximação crítica. *REB*, Petrópolis-RJ, v. 68, n. 271, p. 597-613, 2008.

_____. A teologia como "intellectus amoris". A propósito de crítica de Clodovis Boff a Jon Sobrino. *REB*, Petrópolis-RJ, v. 69, n. 274, p. 388-415, 2009.

ASSMANN, Hugo. *Teología desde la praxis de la liberacion*. Sígueme: Salamanca, 1973.

BOFF, Clodovis. *Cartas teológicas sobre o socialismo*. Petrópolis-RJ: Vozes, 1989.

_____. Como vejo a teologia latino-americana trinta anos depois. In: SUSIN, L. C. (Org.). *O mar se abriu:* trinta anos de teologia na América Latina. São Paulo: Loyola, 2000, p. 79-95.

_____. *Comunidade eclesial, comunidade política*: ensaios de eclesiologia política. Petrópolis-RJ: Vozes, 1978.

_____. PIXLEY, Jorge V. *Opção pelos pobres.* Petrópolis-RJ: Vozes, 1986.

_____. *Sinais dos tempos*. Princípios de leitura. São Paulo: Loyola, 1979.

_____. *Teologia e prática*: teologia do político e suas mediações. Petrópolis-RJ: Vozes, 1978.

_____. Teologia da Libertação e volta ao fundamento. *REB*, Petrópolis-RJ, 2007.

_____. *Teologia pé-no-chão*. 3. ed. Petrópolis-RJ: Vozes, 1993.

_____. *Teoria do método teológico*. 2. ed. Petrópolis-RJ: Vozes, 1999.

_____. Teologia da Libertação e volta ao fundamento. *REB*, Petrópolis-RJ, v. 67, n. 268, p. 1001-1022, 2007.

_____. Volta ao fundamento: réplica. *REB*, Petrópolis-RJ, v. 68, n. 272, p. 892-927, 2008.

BOFF, Leonardo. *A fé na periferia do mundo*. 5. ed. Petrópolis-RJ: Vozes, 1991.

_____ *A graça libertadora do mundo*. 2. ed. Petrópolis-RJ: Vozes, 1977.

_____. *A ressurreição de Cristo:* a nossa ressurreição na morte. 7. ed. Petrópolis--RJ: Vozes, 1986.

_____. *América Latina:* da conquista à nova evangelização. São Paulo: Ática, 1992.

_____. *E a Igreja se fez povo – eclesiogênese*: a Igreja que nasce da fé do povo. 2. ed. Petrópolis-RJ: Vozes, 1986.

_____. *Eclesiogênese*: a reinvenção da Igreja. Petrópolis-RJ: Vozes, 2008.

_____. *Igreja*: carisma e poder. São Paulo: Ática, 1994.

_____. *Jesus Cristo Libertador*: ensaio de cristologia crítica para o nosso tempo. 18. ed. Petrópolis-RJ: Vozes, 2003.

_____. *O caminhar da Igreja com os oprimidos*: do vale de lágrimas à terra prometida. 2. ed. Petrópolis-RJ: Vozes, 1998.

_____. *O destino do homem e do mundo*. 7. ed. Petrópolis-RJ: Vozes, 1991.

_____. *Paixão de Cristo, Paixão do mundo*. Petrópolis-RJ: Vozes, 2007.

_____. Pelos pobres contra a estreiteza do método. *REB*, Petrópolis-RJ, v. 68, n. 271, p. 701-710, 2007.

_____. Quarenta anos de Teologia da Libertação: uma metáfora do Mistério Pascal. In: OLIVEIRA, Pedro A. Ribeiro; DE MORI, Geraldo. *Religião e educação para a cidadania*. São Paulo: Paulinas, SOTER, 2011. p. 129-143.

_____. *Teologia do cativeiro e da libertação*. 3. ed. Petrópolis-RJ: Vozes, 1983.

_____. *Vida para além da morte*. 20. ed. Petrópolis-RJ: Vozes, 2002.

BOFF, Leonardo; BOFF, Clodovis. *Como fazer Teologia da Libertação*. Petrópolis-RJ: Vozes, 1986.

_____. *Da libertação:* o sentido teológico das libertações sócio-históricas. Petrópolis-RJ: Vozes, 1979.

_____. *Teologia da Libertação no debate atual.* Petrópolis-RJ: Vozes, 1985.

BOFF, Leonardo; BOFF, Clodovis; RAMOS-REGIDOR, José. *Teologia da Libertação*: balanço e perspectiva. São Paulo: Ática, 1996.

BRIGHENTI, A.; HERMANO, R. (Org.). *A Teologia da Libertação em perspectiva*. São Paulo: Paulinas, 2013

COMBLIN, J. As estranhas acusações de Clodovis Boff. *REB*, Petrópolis-RJ, v. 69, n. 273, p. 196-202, 2009.

DUSSEL, Enrique D. *Caminhos de libertação latino-americana*. São Paulo: Paulinas, 1985.

_____. *De Medellín à Puebla*: uma década de sangue e esperança. São Paulo: Loyola, 1981.

_____. *Ética da libertação*: na idade da globalização e da exclusão. Petrópolis-RJ: Vozes, 2000.

_____. *Liberación y cautiverio*. Debates en torno al método de la teología en la América Latina. México: D. F., 1975.

_____. *Para uma ética de libertação latino-americana*. São Paulo: Loyola, 1987.

_____. *Teologia da Libertação*: um panorama de seu desenvolvimento. Petrópolis-RJ: Vozes, 1999.

FÜSSEL, Kuno. Teologia da Libertação. In: EICHER, Peter (Dir.). *Dicionário de conceitos fundamentais de teologia*. São Paulo: Paulus, 1993. p. 865-870.

ELLACURÍA, Ignacio; SOBRINO, Jon (Org.). *Misterium Liberationis*. Conceptos fundamentales de la teología de la liberacion. San Salvador: UCA, 1991. v. 1.

ELLACURÍA, Ignacio; SOBRINO, Jon (Org.). *Misterium Liberationis*. Conceptos fundamentales de la teología de la liberacion. San Salvador: UCA, 1991. v. 2.

GUTIÉRREZ, Gustavo. *Teologia da Libertação*: perspectivas. São Paulo: Loyola, 2000.

_____. *A força histórica dos pobres.* Petrópolis-RJ: Vozes, 1981.

_____. *Beber em seu próprio poço*: itinerário espiritual de um povo. São Paulo: Loyola, 2000.

_____. *Deus ou o ouro nas Índias*: século XVI. São Paulo: Paulinas, 1993.

_____. *Hacia una teologia de la liberacion.* Bogotá: Indo-American Press Service, 1971.

_____. *Onde dormirão os pobres.* 3. ed. São Paulo: Paulus, 2003.

GUTIÉRREZ, G.; GIBELLINI, Rosino. *La nueva frontera de la teología en América Latina.* Salamanca: Sígueme, 1977.

GUTIÉRREZ, G.; MÜLLER, G. *Dalla parte dei poveri.* Teologia della Liberazione, Teologia della Chiesa. Pádova: Messaggero, 2013.

GUTIÉRREZ, G.; MÜLLER, G. *Ao lado dos pobres*: Teologia da Libertação. São Paulo: Paulinas, 2014.

LIBÂNIO, J. B. Excesso de zelo metodológico. *REB*, Petrópolis-RJ, v. 69, n. 274, p. 472-474.

_____. *Teologia da Libertação*: roteiro didático para um estudo. São Paulo: Loyola, 1987.

RUBIO, Alfonso García. *Teologia da Libertação*: política ou profetismo. São Paulo: Loyola, 1983.

SOBRINO, Jon. *A fé em Jesus Cristo*: ensaio a partir das vítimas. Petrópolis-RJ: Vozes, 2000.

_____. *Cristologia a partir da América Latina*: esboço a partir do seguimento do Jesus histórico. Petrópolis-RJ: Vozes, 1983.

_____. *Jesus o Libertador*: história de Jesus de Nazaré. Petrópolis-RJ: Vozes, 1994.

_____. *Jesus na América Latina*: seu significado para a fé e a cristologia. São Paulo/Petrópolis-RJ: Loyola/Vozes, 1985.

_____. *O princípio misericórdia*: descer da cruz os povos crucificados. Petrópolis-RJ: Vozes, 1994.

_____. *Messias e messianismos*: reflexões a partir de El Salvador. *Concilium*, Petrópolis-RJ, 245, p. 133-144, 1993/1.

SEGUNDO, Juan Luis. *Libertação da Teologia.* São Paulo: Loyola, 1978.

_____. *Ação pastoral latino-americana.* São Paulo: Loyola, 1978.

_____. *Teologia da Libertação*: uma advertência à Igreja. São Paulo: Paulinas, 1987.

_____. *Da sociedade à teologia*. São Paulo: Loyola, 1983.

SUSIN, L. C. (Org.). *O mar se abriu*: trinta anos de teologia na América Latina. São Paulo: Loyola, 2000.

_____. *Teologia para outro mundo possível*. São Paulo: Paulinas, 2006.

SUSIN, Luis Carlos; HAMMES, Erico J. A Teologia da Libertação e a questão dos seus fundamentos: em debate com Clodovis Boff. *REB*, Petrópolis-RJ, v. 68, n. 270, p. 277-299, 2008.

WESS, Paul. *Deus, Cristo e os pobres*: libertação e salvação na fé à luz da Bíblia. São Bernardo do Campo-SP: Nhanduti, 2011.

Demais obras

AGOSTINHO, S. *Confissões*. 3. ed. São Paulo: Paulus, 2006.

_____. *A Trindade*. São Paulo: Paulus, 1994.

ALLMEN, J.-J. V. (Dir.). *Vocabulario bíblico*. Madrid: Marova, 1968.

ALMEIDA, Antonio José de. *Lumen gentium*: a transição necessária. São Paulo: Paulus, 2005.

AMERÍNDIA. *Sinais de esperança*. São Paulo: Paulinas, 2007.

_____. *Tejiendo redes de vida y esperanza*. Bogotá, 2006.

ARNS, Paulo Evaristo. *Brasil: nunca mais*. 32. ed. Petrópolis-RJ: Vozes, 2003.

AZEVEDO, M. *Modernidade e cristianismo*. São Paulo: Loyola, 1981.

BARAÚNA, Guilherme (Dir.). *A Igreja do Vaticano II*. Petrópolis-RJ: Vozes, 1965.

BARBAGLIO, G.; DIANICH, S. *Nuovo dizionario di teologia*. Milano: Paoline, 1985.

BAUMAN, Zigmunt. *O mal-estar da pós-modernidade*. Rio de Janeiro: Zahar, 1998.

_____. *Tempos líquidos*. Rio de Janeiro: Zahar, 2007.

_____. *Modernidade líquida*. Rio de Janeiro: Zahar, 2001.

_____. *Ética pós-moderna*. São Paulo: Paulus, 1997.

BAURER, J. B. *Dicionário de teologia bíblica*. São Paulo: Loyola, 1973.

BELLOSO, J. M. R. Esperança. In: SAMANES, Cassiano Floristán; TAMAYO--ACOSTA, Juan-José (Dir.). *Dicionário de conceitos fundamentais do cristianismo*. São Paulo: Paulus, 1999. p. 227-233.

BENTO XVI. *Jesus de Nazaré*. São Paulo: Planeta, 2007.

_____. *Sacramentum caritatis*. São Paulo: Paulinas, 2007.

_____. *Spe salvi*. São Paulo: Paulinas, 2007.

BERGER, Peter. *O dossel sagrado*. São Paulo: Paulus, 1985.

BERGER, Peter L.; LUCKMANN, Thomas. *A construção social da realidade*. 28. ed. Petrópolis-RJ: Vozes, 1996.

BERNABÉ, C. Reino de Deus. In: SAMANES, Cassiano Floristán; TAMAYO--ACOSTA, Juan-José (Dir.). *Dicionário de conceitos fundamentais do cristianismo*. São Paulo: Paulus, 1999. p. 674-683.

BÍBLIA de Jerusalém. Português. Nova edição revista e ampliada. São Paulo: Paulus, 2002.

BINGEMER, Maria Clara L. *Um rosto para Deus?* São Paulo: Paulus, 2005.

BLOCH, Ernst. *Ateismo nel cristianesimo*. Per la religione dell'Esodo e del Regno. Milano: Feltinelli, 1971.

_____. *Derecho natural y dignidad humana*. Madrid: Aguilar, 1980.

_____. *O princípio esperança*. Rio de Janeiro: Contraponto, 2005. v. 1.

BOFF, Leonardo. *Crise: oportunidade de crescimento*. Petrópolis-RJ: Vozes, 2011.

BOFF, Lina. A esperança como teologia da história: relendo as nossas Conferências Episcopais. *Atualidade Teológica*, Rio de Janeiro, ano XIV, n. 35, p. 133-153, maio/ago. 2010.

_____. *Da esperança à vida plena*: vivendo as realidades que entrevemos. Juiz de Fora: Editar, 2010.

_____. *Espírito e missão na obra de Lucas-Atos*: para uma teologia do Espírito. São Paulo: Paulinas, 1996.

_____. Índole escatológica da Igreja peregrinante. *Atualidade teológica*, Rio de Janeiro, ano VII, n. 13, p. 9-31, jan./abr. 2003.

BORN, A. Van Den (Red.). *Dicionário enciclopédico da Bíblia*. 2. ed. Petrópolis-RJ: Vozes, 1977. p. 476-477.

BRIGHENTI, Agenor. *A missão evangelizadora no contexto atual*: realidade e desafios a partir da América Latina. São Paulo: Paulinas, 2006.

_____. *A Igreja perplexa*: a novas perguntas, novas respostas. São Paulo: Paulinas, Soter, 2004.

BRIGHENTI, Agenor; HERMANO, Rosario (Org.). *A missão em debate*: provocações à luz de Aparecida. São Paulo: Paulinas, 2010.

BUSSMANN, M. Reino de Deus. In: EICHER, Peter (Dir.). *Dicionário de conceitos fundamentais de teologia*. São Paulo: Paulus, 1993. p. 769-775.

CABRAL, R. (Dir.). *Logos*: Enciclopédia Luso-Brasileira de Filosofia. Lisboa: Verbo, 1990. v. 2.

CALVINO, J. Institutio, IIIs, p. 42. Apud: MOLTMANN, J. *Teologia da Esperança*: estudos sobre os fundamentos e as consequências de uma escatologia cristã. São Paulo: Teológica, Loyola, p. 35.

CELAM. *Conclusões da Conferência de Medellín, 1968*: trinta anos depois, Medellín ainda é atual? São Paulo: Paulinas, 1998.

_____. *Evangelização no presente e no futuro da América Latina*. Conclusões da Conferência de Puebla – texto oficial. São Paulo: Paulinas, 1979.

_____. *Conclusões da Conferência de Santo Domingo*: nova evangelização, promoção humana, cultura cristã. 5. ed. São Paulo: Paulinas, 2006.

_____. *Documento de Aparecida*. Texto conclusivo da V Conferência Geral do Episcopado Latino-Americano e do Caribe. São Paulo: Paulinas, Paulus, CNBB, 2007.

CNBB. *Missão e ministérios dos cristãos leigos e leigas*, n. 62. São Paulo: Paulinas, 1999.

COMBLIN, José. *O tempo da ação*: ensaio sobre o Espírito e a história. Petrópolis-RJ: Vozes, 1982.

DUNN, James D. G. *A teologia do apóstolo Paulo*. São Paulo: Paulus, 2003.

ENGELHARDT, P. Esperança. In: EICHER, Peter (Dir.). *Dicionário de conceitos fundamentais de teologia*. São Paulo: Paulus, 1993. p. 238-243.

EICHER, Peter (Dir.). *Dicionário de conceitos fundamentais de teologia*. São Paulo: Paulus, 1993.

FEATHERSTONE, M. (Coord.). *Cultura global*: nacionalismo, globalização e modernidade. Petrópolis-RJ: Vozes, 1994.

FORTE, Bruno. *A Igreja*: ícone da Trindade. 2. ed. São Paulo: Loyola, 2005.

_____. *Para onde vai o Cristianismo?* São Paulo: Loyola, 2003.

FRAIJÓ, M. *Fragmentos de esperança*. São Paulo: Paulinas, 1999.

FREIRE, Paulo. *Educação como prática de liberdade*. 35. ed. Rio de Janeiro: Paz e Terra, 1980.

_____. *Pedagogia da autonomia*: saberes necessários à prática educativa. São Paulo: Paz e Terra, 2007.

_____. *Pedagogia da esperança*: um reencontro com a pedagogia do oprimido. 15. ed. Rio de Janeiro: Paz e Terra, 2008.

_____. *Pedagogia do oprimido*. 36. ed. Rio de Janeiro: Paz e Terra, 2003.

FREITAS, Maria Carmelita. América Latina: 500 anos de evangelização. In: SILVA, Antonio Aparecido (Org.). *América Latina: 500 anos de evangelização*. São Paulo: Paulinas, 1990. p. 13-36.

FRIES, H. (Dir.). *Dicionário de teologia*: conceitos fundamentais da teologia atual. São Paulo: Loyola, 1970.

FURTER, P. *Dialética da esperança:* uma interpretação do pensamento utópico de Ernst Bloch. Rio de Janeiro: Paz e Terra, 1974.

GIBELINI, R. *A teologia do século XX*. 2. ed. São Paulo: Loyola, 1998.

GIDDENS, Anthony. *Mundo em descontrole*. Rio de Janeiro, 2003.

_____. *As consequências da modernidade*. São Paulo: Unesp, 1991.

_____. *Modernidade e identidade*. Rio de Janeiro: Zahar, 2002.

GOMES, Cirilo Folch. *Antologia dos Santos Padres*: páginas seletas os antigos escritores eclesiásticos. São Paulo: Paulinas, 1973.

GÓMEZ-HERAS, J. M. G. *Sociedad y utopía en Ernst Bloch*: presupuestos ontológicos y antropológicos para una filosofía social. Salamanca: Sígueme, 1977.

HERVIEU-LÉGER, D. *Vers um nouveau christianisme*. Paris: Cerf, 1986.

_____. *O peregrino e o convertido*: a religião em movimento. Lisboa: Gradiva, 2005.

HIDALGO, Manuel. A missão diante da crise econômica: interpretação, consequências e desafios. BRIGHENTI, A.; HERMANO, R. *A missão em debate*: provocações à luz de Aparecida. São Paulo: Paulinas, 2010. p. 51-67.

HOFFMANN, P. Esperança. In: FRIES, H. (Dir.). *Dicionário de teologia*: conceitos fundamentais da teologia atual. São Paulo: Loyola, 1970.

JONAS, Hans. *Princípio responsabilidade*: ensaio de uma ética para a civilização tecnológica. Rio de Janeiro: Contraponto, 2006.

KASPER, Walter. *Jesus, el Cristo*. Salamanca: Sígueme, 1978.

KEHL, Medard. *Escatología*. Salamanca: Sígueme, 1992.

KESSLER, Hans. Cristologia. In: SCHNEIDER, Theodor. *Manual de dogmática*. 2. ed. Petrópolis-RJ: Vozes, 2002. v. 1, p. 389-390.

LANG, Bernhard. Céu. *Dicionário de conceitos fundamentais de teologia*. São Paulo: Paulus, 1993. p. 79-85.

LECOUR, Guzmán M. Carriquiry. *Uma aposta pela América Latina*: memória e destino histórico de um continente. São Paulo: Paulus, 2004.

LÉON-DUFOUR, X. *Vocabulario de teología bíblica*. Barcelona: Herder, 1965. p. 251.

LIBÂNIO, J. B. *Eu creio, nós cremos*: tratado da fé. São Paulo: Loyola, 2000.

_____. *Teologia da revelação a partir da modernidade*. 5. ed. São Paulo: Loyola, 2005.

_____. *Utopia e esperança cristã*. São Paulo: Loyola, 1989.

_____. A dimensão conflituosa da missão na sociedade do conhecimento. In: BRIGHENTI, A.; HERMANO, R. *A missão em debate*: provocações à luz de Aparecida. São Paulo: Paulinas, 2010. p. 41-50.

LIBÂNIO, J. B.; BINGEMER, M. C. L. *Escatologia cristã*: o Novo Céu e a Nova Terra. Petrópolis-RJ: Vozes, 1985.

LIPOVESTSKY, G. *A era do vazio*. Lisboa, 1989.

LYON, David. *Pós-modernidade*. São Paulo: Paulus, 1998.

MARDONES, J. M. *Sociedad moderna y cristianismo*. Bilbao, 1985.

_____. *El desafio de la postmodernidad al critianismo*. Santander, 1988.

MARTINI, N. *L'indole escatologica della chiesa peregrinante e sua unione con la chiesa celeste nella costituzione conciliare "Lumen gentium"*. Brescia: Morcelliana, 1972.

MENDOZA-ÁLVAREZ, Carlos. *O Deus escondido da pós-modernidade*: desejo, memória e imaginação escatológica. Ensaio de teologia fundamental pós-moderna. São Paulo: Realizações, 2011.

MESTERS, Carlos. *Deus – onde estás?* Uma introdução prática à Bíblia. 15. ed. Petrópolis-RJ: Vozes, 2010.

METZ, Johann Baptist. *Teologia política*. Porto Alegre: Escola Superior de Teologia São Lourenço de Brindes; Caxias do Sul: UCS, 1976.

_____. *Para além de uma religião burguesa*: sobre o futuro do cristianismo. São Paulo: Paulinas, 1984.

MIRANDA, Mario de França. *A Igreja numa sociedade fragmentada*: escritos eclesiológicos. São Paulo: Loyola, 2006.

_____. *A salvação de Jesus Cristo*: a doutrina da graça. São Paulo: Loyola, 2004.

MOINGT, Joseph. *Deus que vem ao homem*: do luto à revelação de Deus. São Paulo: Loyola, 2010. v. I.

_____. *O homem que vinha de Deus*. São Paulo: Loyola, 2008.

MÜNSTER, Arno. *Ernst Bloch:* Filosofia da práxis e utopia concreta. São Paulo: Unesp, 1993.

_____. *Utopia, messianismo e apocalipse nas primeiras obras de Ernst Bloch*. São Paulo: Unesp, 1997.

NAZIANZENO, G. Poema sobre a natureza humana. In: GOMES, Cirilo Folch. *Antologia dos Santos Padres*: páginas seletas dos antigos escritores eclesiásticos. São Paulo: Paulinas, 1973. p. 192.

NOCKE, Franz-Josef. Escatologia. In: SCHNEIDER, Theodor. *Manual de dogmática*. 2. ed. Petrópolis-RJ: Vozes, 2002. v. II, p. 339-426.

OLIVEIRA, Delambre de. Neopentecostalismo. Lugar paradoxal. Pode o Espírito soprar aí? In: TEPEDINO, Ana Maria (Org.). *Amor e discernimento*: experiência e razão no horizonte pneumatológico das Igrejas. São Paulo: Paulinas, 2007. p. 163-182.

PAGOLA, José Antonio. *Jesus: aproximação histórica*. Petrópolis-RJ: Vozes, 2010.

_____. *Teologia Sistemática*. Santo André-SP: Academia cristã, 2009. v. 1, 2 e 3.

PARRA, Alberto. *Os ministérios na Igreja dos pobres*. Petrópolis-RJ: Vozes, 1991.

PAULO VI. Discurso de abertura do terceiro período do Concílio. In: VATICANO II. *Mensagens, discursos, documentos*. São Paulo: Paulinas, 1998. p. 72.

ELLACURÍA, Ignacio; SOBRINO, Jon. *Humanae vitae*. 10. ed. São Paulo: Paulinas, 2004.

_____. *Populorum progressio*. São Paulo: Paulinas, 2010.

PIEPER, J. Esperança. In: FRIES, H. (Dir.). *Dicionário de teologia*: conceitos fundamentais da teologia atual. São Paulo: Loyola, 1970.

POZO, José del. *História da América Latina e do Caribe*: dos processos de independência aos dias atuais. Petrópolis-RJ: Vozes, 2009.

QUEIRUGA, Andrés Torres. *A revelação de Deus na realização humana*. São Paulo: Paulus, 1995.

_____. *Fim do cristianismo pré-moderno*. São Paulo: Paulus, 2003.

_____. *Recuperar a salvação*: por uma interpretação libertadora da experiência cristã. 2. ed. São Paulo: Paulus, 2005.

_____. *Repensar a revelação*: a revelação divina na realização humana. São Paulo: Paulinas, 2010.

_____. *Um Deus para hoje*. 3. ed. São Paulo: Paulus, 2006.

RAHNER, Karl. *Curso fundamental da fé*: introdução ao conceito de cristianismo. 3. ed. São Paulo: Paulus, 2004.

RATZINGER, J. *Introdução ao cristianismo*. São Paulo: Loyola, 2005.

RIBEIRO, Hélcion. *Quem somos? De onde viemos? Para onde vamos?* Antropologia teológica. Petrópolis-RJ: Vozes, 2007.

ROSSI, Luiz Alexandre Solano. *Jesus vai ao McDonald's*. 2. ed. Curitiba: Champagnat, 2011.

RUBIO, Alfonso García. *O encontro com Jesus Cristo vivo*. São Paulo: Paulinas, 1994.

_____. *Unidade na pluralidade*: o ser humano à luz da fé e da reflexão cristãs. 3. ed. rev. e ampl. São Paulo: Paulus, 2001.

SAMANES, Cassiano Floristán; TAMAYO-ACOSTA, Juan-José (Dir.). *Dicionário de conceitos fundamentais do cristianismo*. São Paulo: Paulus, 1999.

SANCHES, Mário Antonio. *Bioética*: ciência e transcendência. São Paulo: Loyola, 2004.

SANTOS, M. F. *Dicionário de filosofia e ciências culturais*. 4. ed. São Paulo: Matese, 1966. v. IV.

SCHNEIDER, Theodor. *Manual de dogmática*. 2. ed. Petrópolis-RJ: Vozes, 2002. v. 1.

_____. *Manual de dogmática*. 2. ed. Petrópolis-RJ: Vozes, 2002. v. 2.

SCHILLEBEECKX, Edward. *História humana*: revelação de Deus. 2. ed. São Paulo: Paulus, 2003.

_____. *Jesus: a história de um vivente*. São Paulo: Paulus, 2007.

_____. *La mission de la Iglesia*. Salamanca: Sígueme, 1971.

SEGUNDO, Juan Luis. *Que mundo? Que homem? Que Deus?* Aproximações entre ciência, filosofia e teologia. São Paulo: Paulinas, 1995.

_____. *O dogma que liberta*: fé, revelação e magistério dogmático. 2. ed. São Paulo: Paulinas, 2000.

SELLA, Adriano. *Globalização neoliberal e exclusão social*. São Paulo: Paulus, 2002.

SILVA, Antonio Aparecido (Org.). *América Latina: 500 anos de evangelização*. São Paulo: Paulinas, 1990.

SOTER (Org.). *Religião e transformação social no Brasil hoje*. São Paulo: Paulinas, 2007.

SOTER & AMERÍNDIA (Org.). *Caminhos da Igreja na América Latina e no Caribe*: novos desafios. São Paulo: Paulinas, 2006.

SOUZA, Luiz Alberto Gómez de. *A utopia*: surgindo no meio de nós. Rio de Janeiro: Mauad, 2003.

SUNG, Jung Mo. *Sujeito e sociedades complexas*: para repensar os horizontes utópicos. Petrópolis-RJ: Vozes, 2002.

SUSIN, Luis Carlos. Missão em um tempo de mudanças profundas e desafios culturais inadiáveis. BRIGHENTI, A.; HERMANO, R. *A missão em debate*: provocações à luz de Aparecida. São Paulo: Paulinas, 2010. p. 25-40.

TABORDA, Francisco. *Sacramentos, práxis e festa*: para uma teologia latino-americana dos sacramentos. Petrópolis-RJ: Vozes, 1987.

TAMAYO, J.-J. Escatologia cristã. In: SAMANES, Cassiano Floristán; TAMAYO--ACOSTA, Juan-José (Dir.). *Dicionário de conceitos fundamentais do cristianismo*. São Paulo: Paulus, 1999. p. 220-227.

_____. Teologias da Libertação. In: SAMANES, Cassiano Floristán; TAMAYO--ACOSTA, Juan-José (Dir.). *Dicionário de conceitos fundamentais do cristianismo*. São Paulo: Paulus, 1999. p. 820-827.

TAYLOR, Charles. *Uma era secular*. São Leopoldo-RS: Unisinos, 2010.

TEIXEIRA, F. *Gênese das CEB's no Brasil*: elementos explicativos. São Paulo: Paulinas, 1988.

TORNOS, A. *A esperança e o além na Bíblia*. Petrópolis: Vozes, 1995.

TOURAINE, Alain. *Um novo paradigm*: para compreender o mundo de hoje. 3. ed. Petrópolis-RJ: Vozes, 2007.

_____. *Crítica da modernidade*. 6. ed. Petrópolis-RJ: Vozes, 1999.

VALADIER, P. *Catolicismo e sociedade moderna*. São Paulo: Loyola, 1991.

VATICANO II. *Mensagens, discursos e documentos*. São Paulo: Paulinas, 1998.

VELASCO, Juan Martin. *Doze místicos cristãos*: experiência de fé e oração. Petrópolis-RJ: Vozes, 2003.

VIGIL, José Maria (Org.). *Opção pelos pobres hoje*. São Paulo: Paulinas, 1992.

VV.AA. *América Latina: sociedades em mudança*. São Paulo: Paulus, 2005.

WACKER, M.-T. O Reino de Deus. In: EICHER, Peter (Dir.). *Dicionário de conceitos fundamentais de teologia*. São Paulo: Paulus, 1993. p. 765-767.

Demais referências

AMERÍNDIA. Disponível em: <http://www.amerindiaenlared.org>. Acesso em 11 de agosto de 2011.

ASETT/EATWOT. Associação ecumênica de teólogos do Terceiro Mundo. Disponível em: <http://www.eatwot.org>. Acesso em 11 de agosto de 2011.

BENTO XVI. *Spe salvi*, 2007. Disponível em: <http://www.vatican.va/holy_father/benedict_xvi/encyclicals/documents/hf_ben-xvi_enc_20071130_spe-salvi_po.html>. Acesso em 16 de novembro de 2011.

_____. *Sacramentum caritatis*, 2007. Disponível em: <http://www.vatican.va/holy_father/benedict_xvi/apost_exhortations/documents/hf_ben-xvi_exh_20070222_sacramentum-caritatis_po.html>. Acesso em 16 de novembro de 2011.

CASALDÁLIGA, P. [Compositor]. Hino da caminhada dos mártires. In: *Caminhada dos mártires*. Brasil. 1 CD (ca 40 min). Faixa 1. Remasterizado em digital.

CONGREGAÇÃO PARA A DOUTRINA DA FÉ. *Liberatis nuntius*: instrução sobre alguns aspectos da Teologia da Libertação, 1984. Disponível em: <http://www.vatican.va/roman_curia/congregations/cfaith/documents/rc_con_cfaith_doc_19840806_theology-liberation_po.html>. Acesso em 21 de agosto de 2011.

CONGREGAÇÃO PARA A DOUTRINA DA FÉ. *Liberatis conscientia*: instrução sobre a liberdade cristã e a libertação, 1986. Disponível em: <http://www.vatican.va/roman_curia/congregations/cfaith/documents/rc_con_cfaith_doc_19860322_freedom-liberation_po.html>. Acesso em 21 de agosto de 2011.

DOCUMENTOS DO CONCÍLIO VATICANO II. Disponível em: <http://www.vatican.va/archive/hist_councils/ii_vatican_council/index_po.htm>. Acesso em 16 de novembro de 2011.

FÓRUM MUNDIAL DE TEOLOGIA E LIBERTAÇÃO. Disponível em: <http://www.wftl.org/default.php?lang=pt-br&t=padrao&p=capa&m=padrao>. Acesso em 12 de agosto de 2011.

FRIZZO, A. C. *A trilogia social*: estrangeiro, órfão e viúva no Deuteronômio e sua recepção na *Mishná*. Tese de doutorado apresentada ao Programa de Pós-Graduação de Teologia da Pontifícia Universidade Católica do Rio de Janeiro em 2009. 241p. Disponível em: <http://www.dominiopublico.gov.br/pesquisa/DetalheObraForm.do?select_action=&co_obra=163790>. Acesso em 16 de novembro de 2011.

FRANCISCO. *Evangelii Gaudium*, 2013. Disponível em: <http://www.vatican.va/holy_father/francesco/apost_exhortations/documents/papa-francesco_esortazione-ap_20131124_evangelii-gaudium_po.html>. Acesso em 09 de dezembro de 2013.

JOÃO PAULO II. *Carta aos Bispos da Conferência Episcopal dos Bispos do Brasil*, 1986. Disponível em: <http://www.vatican.va/holy_father/john_paul_ii/letters/1986/documents/hf_jp-ii_let_19860409_conf-episcopale-brasile_po.html>. Acesso em 21 de agosto de 2011.

_____. *Laborem exercens*, 1981. Disponível em: <http://www.vatican.va/edocs/POR0068/_INDEX.HTM>. Acesso em 04 de novembro de 2011.

MINISTÉRIO DA EDUCAÇÃO. *Carta de Pero Vaz de Caminha ao Rei de Portugal*. <http://www.dominiopublico.gov.br/download/texto/ua000283.pdf>. Acesso em 11 de agosto de 2011.

PAULO VI. *Humanae vitae*, 1968. Disponível em: <http://www.vatican.va/holy_father/paul_vi/encyclicals/documents/hf_p-vi_enc_25071968_humanae-vitae_po.html>. Acesso em 16 de novembro de 2011.

_____. *Populorum progressio*, 1967. Disponível em: <http://www.vatican.va/holy_father/paul_vi/encyclicals/documents/hf_p-vi_enc_26031967_populorum_po.html>. Acesso em 11 de agosto de 2011.

SOTER. Sociedade de Teologia e Ciências da Religião. Disponível em: <http://www.soter.org.br>. Acesso em 11 de agosto de 2011.

UNESCO. Ano Internacional dos Afrodescendentes. Disponível em: <http://www.unesco.org/new/pt/brasilia/about-this-office/prizes-and-celebrations/international-year-for-people-of-african-descent>. Acesso em 04 de novembro de 2011.

VATICANO. Disponível em: <http://www.vatican.va/phome_po.htm>. Acesso em 16 de novembro de 2011.

Impresso na gráfica da
Pia Sociedade Filhas de São Paulo
Via Raposo Tavares, km 19,145
05577-300 - São Paulo, SP - Brasil - 2014